重‧返實踐

組織傳播理論與研究

秦琍琍◎著

Re-turn to Practice:
Organizational Communication Theory and Research

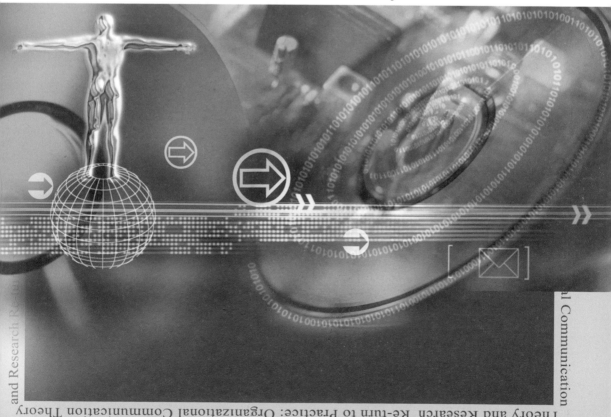

回到未來

　　多年來，筆者屢次從台塑關係企業內外聽到一個傳說：經營之神王永慶年輕時和創業夥伴吃早餐喝豆漿，總是先叫豆漿不加蛋，等啜幾口後，才又改叫加蛋。同伴奇怪他為什麼不直接叫豆漿加蛋。他解釋說，蛋會占空間，先喝幾口，可以騰出空間來加蛋，付同樣的錢喝更多的豆漿。

　　這個故事的真實性待考。但是，根據各種組織傳播溝通（又譯組織傳通，本文簡稱組傳）❶的理論，如何論斷這個傳說呢？第一個可能的說法是，有人編造這個故事來提醒台塑員工遵守節約物料和能源的規定；第二個可能的論斷是，這則傳說反映台塑企業集團的價值觀，是台塑文化的一部分；第三種論斷是質疑台塑利用這則故事來傳送公司理念（或意識型態)，操縱員工的行為，穩固管理階層的權力。

　　那麼，這三種說法根據哪些理論呢？讀通了秦琍琍教授的「重・返實踐——組織傳播理論與研究」一書就知道，第一種說法是重視規則、方法和效率等的古典／科學論點；第二種詮釋是以意義為中心的文化詮釋觀點（culture-interpretive perspective）；第三種論斷是「後現代主義」（post-modernism）的批判論點（critical perspective）。這些論點的組織概念、傳播本質和研究重點與方法，在這本書第二章第二節有很簡潔清楚的矩陣圖表說明。

---

❶ communication 一詞的中文翻譯各地各情境不同，在大眾傳播的情境中大多譯成「傳播」，但在人際溝通的情境中則譯成「溝通」。在涵蓋兩者的情境中，筆者稱之為「傳播溝通」，簡稱「傳通」。組織傳播主要是人際溝通，同時也包含大眾傳播，所以宜譯「組織傳通」，簡稱為「組傳」。本文視情況兩者兼用。

但是，這本著作不限於討論這三種組傳理論，另外還有風行多年的系統理論、剛站穩腳步的語藝取徑（rhetorical approach）、對話（dialogue）的論點及新興的性別取徑等等。

　　秦博士在探討理論前，先追溯各個理論所本的哲學根源（如本體論、知識論、方法論和建構主義等等）。而在理論之後，又接著討論由理論所衍生的研究、架構與方法。儘管理論的篇幅占了這本書相當的比例，它們只是為此書的主題搭台。本書的主題——也是精髓——在「實踐篇——組織傳播在華人社會的發展」。讀了前面的哲學根本和組織傳播理論，更能體會秦博士這一篇三章的論點。

　　實踐篇三章的要義是：(1)以本體論中「後現代性」的形變（becoming）觀點，主張建構有在地特色的組織傳播知識體系，為當代和本土企業提供另一個運作模式；(2)以「後現代主義」的哲學為基礎，主張在研究組織傳播時，要對任何真實的「再現」（representation）提出不斷的質疑、提問、反思和批判；(3)主張拓展組織素養、組織學養和組織修養三個層次的視野，以提升公民與企業到更動態、更全面、更多元、更跨界的彈性狀態。

　　自從1983年鄭瑞城博士歷史性地出版了「組織傳播」一書以來，根據這本書所述，除了譯作，台灣還沒有出版過第二本。難怪有關心台灣組傳學術發展的人士，以「大旱之望雲霓」來形容他們的心情。美國高德柏出版第一本以「組織傳播」為名的書（Goldhaber, 1974），比鄭博士出書早九年，到2010年美國約有五十本書名含有「組織傳播」字眼的大學部用書。這還不包括組傳個案研究、組傳諮商（consultation）和以「管理溝通」為名的書，也不包括以研究生為對象的專題書籍，如「文化與組織溝通」、組織傳通的理論與研究等。二十年來，選修組傳的學生直線上升，全國傳通學會（NCA）徵求教師廣告中，組傳也占所有傳通學門的

第二高比率，僅次於人際溝通（interpersonal communication）❷。

美國的發展顯示出台灣傳播學界領袖陳世敏教授的視野和遠見。他近年曾發起撰寫「組織傳播」的大學用書。筆者雖一度響應其號召，卻因被另一長期研究計畫耽誤，迄未交卷，愧歉交加，與時俱增。筆者初讀秦博士的書稿，既稍覺寬慰，又感驚訝──這居然不是入門書籍。但是卒讀全書後，驚訝又轉變為一連串的驚喜。

第一個驚喜的是，第一本高層次的中文組織傳通理論和研究的書籍問世了。這本高階的專書不只詳細地連敘帶論「組傳」的哲學背景、理論派別和研究方法，也提出在地發展這門學問的展望、策略和研究取徑。

第二個驚喜的是，書中所引的在地組傳研究的數量和品質都顯示人才濟濟，只是作者散居各個學門而有待聯繫而已。組傳學術在地化的發展似已具備了決定性的質量 （critical mass），此書將有助於引發這個學門起飛的能量。

第三個驚喜是，這本著作的位階與在地發展組傳的拙見不謀而合。筆者曾在「新聞學研究」期刊 以「組傳秘方」為題 （以「組傳覓方」為題應更正確），提出淺見：先發展研究所組傳教育，再期待建構大綱和建構方略，推展大學部組傳教學。比起歐美，這個模式像是「先有未來，再談現在」。

秦博士大作延續以往多篇研究論文所展現的嚴謹作風，廣徵博引，憑她多年的行政經驗以及組傳學養、素養和修養所淬礪成的這部傑作，將可嘉惠中文的組傳教學、組傳界內外學者，包括人文社會學者以及所有組織人。在研究生的講座課（seminar）上使用此書時，若能讓教授提問而由學生回答，而且由學生蒐集實例，隨堂印證理論，辯論但不求結論，

---

❷據 2008 年一篇拙作，1990 到 2003 年間，全國傳通協會（National Communication Association, NCA）新聞信 Spectra 所刊的求才（大多為大學助理教授）廣告，組織傳通占所有傳通學科的 10% 左右，僅次於人際溝通的 12%。這個求才趨勢反映了學生選課的趨勢。

將可師法亞里斯多德，但超越他[3]，使講座課衍生大量「思生子」（conceptual children）[4]。這種教學法，不但可避免教授的「知識暴力」壟斷與限制學生的思考和創意，也符合秦教授在書中實踐篇的後現代理念。

在研究方面，此書力主本土化研究，連結理論和實際。秦博士以身作則，以第一手研究作示範（見第五、六、七三章）。這個主張和成就，將對組傳學界創造歷史性的貢獻。筆者在此略獻芻蕘，佐證秦博士這個主張的潛力：

第一，華夏歷史中，有一個組織溝通的特點：諫官制度。若干臣子有正當性（legitimacy）和受託權（mandate）向皇帝進諫，有的甚至連私生活也過問。例如，唐太宗和魏徵的互動關係中，有許多吸引人的上行溝通史例。這是其它文化所罕見的[5]。研究這種制度，以在地化研究，檢視今天的東方組傳，查看是否（及如何）反映東方文化中價值觀的深層結構，以及對組織溝通的影響或啟示，以古鑑今，可凸顯東西差異，或理論化東方特色，或許有助於達成秦博士書中所懸的理想。

第二個本土化組傳研究的特點是「氣」的研究。任何組織內都含有無數的二元對峙情況或辯證，例如本書所引用的「創造性」對「限制性」（creativity vs. constraint），就是一例。這些都是陰陽，都能沖氣，影響傳通。這是東方文化所獨有的概念，過去十年已發展出「氣」的傳通理論雛型來，並已運用在組傳研究上（Chung, 2008），甚至在廣義的組織溝通公共關係裡（Chung, 2009, 2011）。這是組傳研究待墾的沃土，類似研究與秦博士的本土化研究主張應可相輔相成。

自朱謙博士在1980年代首倡本土化傳播研究以來（Chu, 1980），本

---

[3] 亞里斯多德的對話教法是先提問題，再引導學生往他的答案作結論。如今以「後現代」的多元，無標準答案矣。

[4] 兩人以上的對話，都會產生新的思想概念，有如新生兒。一場對話，由雙方思考沖激而生的「思生(孩)子」何只千萬？英文原稱 spiritual child，筆者擅改為 conceptual child 以免有褻瀆神明之嫌。

[5] 在西方歷史中，鮮有的例子是英國亨利七世的顧問 St. Thomas More。這位哲學家反對英王兼任英國國教的最高領袖，因而被處死。

土化議題間歇性地在中、港、台浮起。到了二十一世紀，更有三池賢孝（Yoshitaka Miike）提倡以亞洲文化為中心的傳通理論得到重視（Miike, 2007）。筆者在為一本溝通學的書所寫的組織溝通一章中指出，歐美學術系統畫地自限，缺少其他地區的輸入是極不健全的。但這不能全怪歐美學者，因為歐美以外組織溝通研究正在發展。學者如秦博士等濟濟多士辛勤耕耘，為這個學門做出大貢獻和大成就，指日可待。

　　從在地的需求和學術的發展來看，從理論和實踐互相印證的必要來說，本書出版是組織傳通學術界的盛事，也將是組傳研究與教育的一個里程碑。謹向作者、讀者及組傳學界道賀，也預祝組傳學界「回到未來」，「奔向未來」。

鍾振昇

舊金山州立大學

San Francisco State University

Chu, G. (1988). In search of an Asian perspective of communication theory. In W. Dissanayake (Ed.), *Communication theory: The Asian perspective* (pp. 204-210). Singapore: Asian Mass Communication Research and Information Center.

Chung, J. (2008). The *Chi/Qi/Ki* of organizational communication: The process of generating energy flow with dialectics. *China Media Research, 4* (3), 92-100.

Chung, J. (2009). *I-Ching, chi (qi/ki)* and communication: Philosophical implications of the book of changes to the external organizational communication. *China Media Research, 5* (3).

Chung, J. (2011). *Chi*-based strategies for public relations in globalizing world. In N. Bardhan & K. Weaver (Eds.) *Public relations in global cultural contexts: Multiparadigmatic perspectives,* 226-247. New York: Routledge.

Goldhaber, G. (1974). *Organizational communication.* Dubuque, IA: William C. Brown.

Miike, Y. (2007). An Asiacentric reflection on Eurocentric bias in communication theory. *Communication Monograph, 74* (2) , 272-278.

自序

花，開了……

出書前兩個月，到客家電視台演講，順道拜訪了初任公廣集團董事長的趙雅麗老師，談到將出版的新書與寫作過程，趙老師在鼓勵之餘，也分享她當年出書的經歷，其間我們很自然的用到「花，開了……」的隱喻，來描述一本學術著作的誕生，彷彿涵養花朵般，需要時間與心力的澆灌，及至其順時自然的熟成綻放而無須過多的矯飾。

但在順時自然的背後，依然有著個別獨特的心路歷程。組織傳播學門的確立，至今已超過七十個年頭，自己接觸這個領域也超過二十年，從初遇時對其兼容並蓄的跨學門特色感到驚喜、到隨後衍生出關乎自身與學術定位的提問，乃至這些年來思索種種研究可能與尋找答案的過程，其實也是一個自我觀照與定位、角色形塑與協商，以及定義組織傳播學研究及其之於台灣乃至華人社會的過程。

這本書的寫作，也彷彿是一系列生成、展現與實踐的過程，從行動者到實踐場域的一路梳理，書寫的不只是理論與學術知識，也是自己這一路走過的歲月與學術實踐。因此，本書的主旨不僅在於描繪／詮釋／界定出研究者、被研究者、學門、傳播、組織與所處社會及彼此間的關係，也蘊含了對當下生活世界建構一個知識框架，以解決種種實務問題的企圖，這也是本書取名「重・返實踐」之意，因為本書彰顯的是在地迸生的知識，好讓我們能知其所以然的更貼近所處的社會與組織真實。

在高等教育機構與傳播學術社群的這些年中，有十年多的時間是兼任行政職務，也陸續參與不同學術團體的運作，在種種角色的扮演中，有著對於機制運作的建立與衝撞、個人理想與組織利益的權衡、領導與被領導角色的拿捏，以及人際關係的建立與消散等種種經驗；而從研究美國的

老人中心和消防隊等組織起，到歷經台灣福特六和、華航、東元電機、南僑化工、中華電信、公廣集團，以及數家媒體組織文化的田野研究迄今，加上其中因不同研究案而不斷進出金融業、科技業、傳播業以及外商公司等組織進行訪談與觀察，在每次進出場域和深入訪談中，無論研究主題是文化、衝突、決策、性別或是領導，也不管訪談的對象是董事長、總經理、中層管理者或是基層員工，總能感受到個體成員在當代組織行動－結構、個體－集體以及自主－限制等二元對峙中所有的悲與喜、成敗與得失以及掙扎與希望。

因此，本書從「驚奇」與「提問」開始，希望在書寫的過程中，回應與思考關乎自身的「組織傳播學之於自我人生意味著什麼？」關於社會的「組織傳播學之於社會的其他人有何意義與幫助？」以及關於學術建制的「華人社會能有自己的組織傳播學嗎？」等問題。書中共分理論篇、研究篇與實踐篇三個部分，其目的一方面希望能提供理解組織傳播學從理論到實踐兩者關係間一個新的視角與可能；另一方面也期待從台灣本土組織傳播研究而至華人社會組織傳播學門的發展中，對在地知識的建構與實踐提出一個思考框架，並能透過組織傳播學的應用，幫助個體與群體超越結構的束縛與限制，並能以多重的實踐形式達成想望與目標。

一朵花的綻放，需要許多關愛與澆灌；一本書的出版，也一樣有著許多的關懷與祝福。感謝從大學起帶領我走進傳播學門的陳世敏、林東泰、關尚仁與趙雅麗等老師，這些年來，老師們總不忘在適當的時候幫我一把。感謝Tom Daniels、Fredric Jablin等老師帶領我進入組織傳播的領域，當年因為能跟著大師級的Jablin在UT-Austin學習而雀躍不已，但在隨後的幾年間，也常因跟著一位治學嚴謹的老師吃到不少苦頭，但無論學術上如何要求，Jablin對學生的認真負責與關懷總是能讓人感懷在心，老師已在幾年前因意外過世，而這幾年在帶領博士班與碩士班學生的過程中，越來越感受到其身教對於我的影響；感謝從念碩士起就認識的彭芸老師，因緣際會在Ohio University相識後的許多照顧，每次見面總會提醒我

要寫書，這回也特別在百忙中給我很多中肯的建議；感謝世新的成嘉玲董事長、牟宗燦前校長、賴鼎銘校長和熊杰副校長，因為他們的賞識與託付，讓我能在這些年兼行政職務的過程中實踐與反思所學，終能有自己的思維與洞見，額外的收穫則是能跟著幾位長輩學到許多待人處世之道；感謝我在世新的好同事們，從傳研所時代的黃光玉與戚栩遷兩位老師，到口傳系的黃鈴媚、葉蓉慧、沈錦惠、周玉山老師等，在相處與共事的日子中，他們於公於私的協助和體諒，讓世新歲月更有人情味，尤其要謝謝黃鈴媚老師在極短時間幫我看完草稿並提供寶貴意見；此外，衷心感謝鄭瑞城老師，能在寫作過程中給予建議和提醒；特別要感謝人在美國舊金山州立大學的鍾振昇老師允諾寫序，當年還是學生時即拜讀過鍾老師的文章，鍾老師是美國少數研究組織傳播的傑出華人學者，鑽研此領域數十年間有其獨特的見解，也一向關心華人學術社群的發展，能得此前輩先進為本書寫序，覺得十分光榮。

最後，感謝愛我、帶領我一生的天父，讓所學能與生活和工作完全扣連，而走過的人生歲月雖未必皆是天色常藍、花香常漫，但父神的美意總讓我得以成長和蛻變；感謝愛我和我所愛的家人們，父母親終生的付出、先生的鼓勵與體恤，以及八歲女兒在寫作過程中常因為無法得到媽媽陪伴而流的委屈淚水，謝謝你們的愛常常溫暖我的心。

花開燦爛，衷心希望這本書能對讀者和學術社群有所幫助與貢獻。但能力有限，在內容及撰寫上不免仍有不足之處，書中若有錯誤或疏漏的地方，尚祈各界賢達不吝賜教為感。

秦琍琍

2011暑期於美國加州

目　錄

Chapter 9　現代主義、後現代主義與本土組織傳播學研究的再思　191

Chapter 10　從素養到學養──再思組織傳播在華人社會的實踐與發展　217

Chapter 1

重·返實踐——
新世紀的組織傳播學

第一節　從驚奇與提問開始

　　這不只是一本關於組織傳播學理論與理論建構的書，也是一本闡明組織傳播學之於你、我與這個社會的書。傳播學研究向來重視實踐（Craig, 1993, 2006），多年來，組織傳播學者也一直關注如何將學術知識的產製與人們實際的組織生活進行連結，而在新舊世紀的交替中，不僅學術研究與知識形構出新的典範、理論與觀點，二十一世紀的組織生活與形貌也趨向多元化、全球化與彈性化的發展，因此，本書回到實踐的觀點來談新世紀的組織傳播學，除了可以深化哲學層面、理論層面、以及實證研究三個層面的思考與論述外，實踐的觀點也讓我們不得不重視實務發生的場域、情境和在地的詮釋，因為人們是參與組織生活，並透過溝通以建構意義的，實踐在此被視為是人們於其生活中做（do）之事，此種情境下的知識方能成為可行動的知識（actionable knowledge）。

　　在哲學層面上，知識與行動或是理論與實踐間的關係向來是哲學範疇中論辯的焦點之一，這不僅關係到我們對於社會科學在知識論與本體論中的基本概念，也必然涉及倫理的（ethical）面向。而植基於傳統的現象學、詮釋學與建構主義，則認為知識是無法置身於生活世界之外的（Dilthey, 1926），這個由Edmund Husserl（1970）所進一步闡釋的生活世界（life-world/Lebenswelt），乃是人們尋常經驗之所在與知識之來源，因此，每個意向活動不同的個體，在處於相同的生活世界與視域融合的過程中產生意義，乃至凝聚社群（轉引自Jarzabkowski, Mohrman & Scherer, 2010）。其後，Heidegger（1996）和Gadamer（1960）更強調了社會情境對於我們理解真實與賦予意義的重要性。於是建構主義論者直指知識的建構乃是植基在實踐之上，而理論的發展乃是對實務系統性的延展與再建構（Scherer & Steinmann, 1999）。

　　從理論層面來看，儘管組織傳播的興起不過是二十世紀後半期的

事，在台灣乃至華人社會的傳播學界仍屬新興學門，但其在美國的發展已臻成熟，今日組織傳播學者已習慣於研究領域的分歧與多元（Cheney, 2000），從詮釋—文化論點的出現，到批判理論、女性主義、後現代與後結構主義等取徑研究的發表，也說明此領域正在典範的轉移中。這樣的移轉主要在於學者對於「組織」和「傳播」的概念有著不同的認知，使得這個跨學門的傳播次領域發展出各異其趣的研究取徑。此外，組織傳播理論也常因立論強調的層次、正式傳播或是非正式傳播、溝通方向、內部傳播或是外部傳播等不同而有所歧異。

而從研究的角度觀之，學術知識與實務之間存在的鴻溝並非是不能跨越的，對實務工作者而言，當理論和知識在技術面、文化面以及語言面上是合理與適切時，就會被運用（Campbell, 1997）；對於研究者而言，學術理論與實務知識之不可分割性，也意味著研究者必須更貼近研究對象的生活場域，對組織和組織實務進行學術的檢視（academic examination）。這一方面回應了Scherer和Steinmann（1999）所言——理論的發展乃是對實務系統性的延展與再建構，另一方面則凸顯了理論建構過程中，在地的實務情境與實踐過程（context of practice and of practical application）是必須要被關切到的。

如此，則本書的目的是從華人社會在地的組織傳播知識發展中，檢視學術理論與實際組織運作的扣連。近年許多組織研究從社會學、人類學、現象學與後現代學說等角度來探討實踐的概念（Miettinen, Samra-Fredericks, & Yanow, 2009），某些學者甚至以「實踐的轉向」（practice turn）（Stern, 2003）稱之。本書所提的「重‧返實踐」（re-turn to practice）之意，在於指出縱使「實踐」（practice or praxis）在社會科學乃至哲學上並非新的概念，但於二十一世紀的今日來看組織傳播學在華人社會的現況與發展，卻可以賦予新的意義，故而「重‧返實踐」之意，蘊含著建構一個知識框架的企圖，以重新思考從Marx對於實踐與工作、Deway從實用主義談實踐與行動等的概念，並將探討核心直指人類組織中

能動—結構的兩難困境（agency/structure dilemma），以求在探討理論與理論建構之外，更透過對研究方法與取徑、關懷議題與課題、教學現況與教育機制等面向的分析與檢視，對當下的生活世界（life world）提出洞見與貢獻。這也即是法國社會學者Bourdieu所提出的實踐概念，意味著將研究重心轉移到行動者的實踐場域中，深入至行動者以及社會結構中兩者交錯互動所形成的具有結構和建構雙重性質的實踐（Bourdieu, 1977）。

至於這本書的源／緣起，則是從「驚奇」與「提問」而來的。美國社會學家Berger和Berger在其介紹社會學書中一開始便提及[1]，我們因經驗而導出的社會想像基本上有兩種：一為大驚奇（big surprise）；另一則是例行事件（routine events）（Berger & Berger, 1975, pp. 3-4）。這裡談到的驚奇，指的是我們童年以稚子之心看世界時，每每產生的新奇與驚喜，即使到成年，我們依然能對許多事物感到驚奇；然而另一方面，驚奇終將會成為例行，唯有當我們與他人互動的經驗透過例行化並進一步形成結構時，方能串聯個體形成社會群體，並從而建立秩序與制度。借用這兩位學者的說法於此處，一方面可以描繪作者對於組織傳播學的親身經驗；另一方面，亦可以說明本書的宗旨，即在強調人們是透過傳播以取得個人創意與組織限制的平衡（Eisenberg & Goodall, 2004; Wentworth, 1980），並得以解決組織生活本質的能動—結構兩難困境。

初於白雪皚皚的俄亥俄州碩士班，隨著Dr. Tom Daniels[2]的帶領，接觸組織傳播時，即驚奇於這門學科從傳播出發，卻又能進入組織與管理的範疇；其內容既強調人們種種互動當下的微妙，但又能兼顧從個人微觀而至環境鉅觀的溝通視角；尤其是此學門的發展歷史雖從實證典範與實用主義的傳播效果出發，卻早在1970年代起漸朝語言轉向，發展出詮釋與批判

---

[1] Berger, P., & Berger, B.(1975). *Sociology: A biographical approach* (pp. 3-4). NY: Basic Books, Inc.

[2] Tom D. Daniels為School of Communication Studies, Ohio University教授，為組織傳播領域知名學者。

取徑等新視野。當時決定，這就是自己安身立命之處。

　　直至到德州受教於Dr. Fredric Jablin、Dr. Larry Browning和Dr. Patricia Witherspoon[3]等名師的博士班，在修習博士學位的數年間，有兩個問題漸次在腦海中浮現，其一是打從上Dr. Jablin的第一堂課起，就不禁想問這些理論與思維「能夠適用於台灣嗎？」若再後推，則「如果能，為什麼？」和「如果不能，又是為什麼？」

　　在對於語言、文化、組織與傳播有更深刻的感受與領悟後，漸漸發現思考答案的過程，就如美國著名作家Gertrude Stein在臨終前進手術房時，問其摯友Alice Toklas「答案是什麼？」而當Toklas默然未接口之際，Stein繼續說道「既然如此，問題是什麼？」般，問題與答案其實是同時出現在當下的。終而明白，傳播乃是理解組織的理路，在組織傳播的過程中，彼此依賴的人們相互溝通並交換訊息、解釋並分享意義、創造並形塑真實與文化、完成組織／個人任務並達成組織／個人目標。如此，不同組織文化與社會文化中的種種要素遂成為一種權變的情境（contingent context），從語言與傳播的角度切入，即意味著進入對於組織本體論的探究，而理論「適用」（appropriateness）與否的疑惑，乃因視「組織」的意義為固著不變（fixity of meaning），然而從Wittgenstein、Heidegger以降到持社會建構論的學者看來，意義存在於語言的使用中，組織真實既是成員共享的心智基模（Heracleous, 2004），也必如社會再現般，是鑲嵌在情境中透過語言和言說開展的（Moscovici, 1981）。如此，則組織乃是如論述，甚至如對話般，意義並非固著，而是透過人們的互動與理解，不斷的再製與流動。

　　至於第二個問題，一方面是第一個問題的延續，另一方面則是因為

---

[3] Fredric M. Jablin、Larry D. Browning和Patricia D. Witherspoon，是當時Department of Speech Communication（現改名為Department of Communication Studies），University of Texas at Austin的教授，為組織傳播領域知名學者，該系亦為美國組織傳播學教育與研究的魁楚。

回到台灣教書而終至具體的。回台教書後首先要克服之事，就是如何將在美國發展的組織傳播學理論與研究，用中文和在地的概念、並就著台灣的現象與案例，說給傳播社群中的同儕和課堂上的學生聽。隨著時光流逝，在高等教育機構與傳播學術社群的十數年中，有十年的時間是兼任行政職務，也陸續參與不同學術團體的運作，種種角色的扮演，有著對於機制的建立與衝撞、個人理想與組織利益的調適、領導與被領導的拿捏，以及人際關係的建立與消散等種種經驗，每每自問：「組織傳播學之於我的人生意味著什麼？」當然，提問最終的關懷並非只停留在個體終能安身於此否，若再挪移，則進入一個實務功能的問題「組織傳播學之於這個社會的其他人而言，有何意義與幫助？」以及學術建制的思維「台灣乃至華人社會，能有自己的組織傳播學嗎？」

這期間，隨著研究觸角的拓展和自身經歷的開展，慢慢悟出多年來對於組織傳播研究的發想，除了出於對現象的好奇、問題的困惑，以及欲找出解決的方案外，其實也是一個觀照與定位自我、形塑與協商角色，以及定義何謂組織傳播學研究在台灣乃至華人社會的過程。如此，則本書將組織傳播學視為是一門關乎人們日常組織生活與互動行為的學問，傳播乃是理解組織的理路，而其意義乃在於界定我們（個體與群體）的位置。在這個複雜的跨學門領域中所彰顯的，是人們如何在日常組織情境中，經由傳播（或溝通）得以存有並展現人性（humanness）。因此，傳播即實踐，在此乃包含了理解與行動，其內涵不只是提供有效溝通的知識和技巧，更賦予了組織成員擺脫既存組織結構的制約，並開展其個人能動性的可能。

第二節　傳播作為理解組織的理路

　　瞭解組織傳播學的本身就是一個豐沛的傳播過程，因此，與其說明「什麼是組織傳播」，不如討論「我們所認知的組織傳播以及其能做什麼」來得有趣。Deetz（2001）認為當代西方對於組織傳播學概念化有三種面向：其一是視組織傳播為一學門，致力於回顧與展望學門的歷史和發展，並從中爬梳何為／何非組織傳播；其次是視傳播為組織中的現象，如此，任何討論組織中傳播現象的研究都是組織傳播，但因不同的理論對於何謂組織、何謂傳播有不同的見解，於是，在定義組織傳播為一跨學門領域（multi-disciplinary field）的同時，常常將對理論的論辯窄化至討論方法論的差異上；第三種視角則是視傳播為描述與解釋組織的方式，於是傳播成為與心理學、社會學或經濟學等其他學門有所區隔的一種獨特思考和理解組織的方式。

　　最後一種對於組織傳播的概念，凸顯的是符號互動的組織過程（process of organizing through symbolic interaction），而非只是雲淡風輕的說聲「組織中的傳播」（Hawes, 1974），這樣的概念在1980年代初期逐漸萌生呈現。過去許多組織傳播學者一如既往的社會學者般認為，由於持有一些相同的心理特性，且身處相同結構性質的社會與組織處境，人們往往有著相對一致的普遍行為模式，且無法擺脫外在既存的社會與組織結構形式的制約。

　　持此傳統的學者如功能派學者（functionalists）、通則論者（covering-law theorists）與從事變項分析（the variable analytic scholars）等人認為，理性的經濟（rational goal of economic）目標乃為學門研究的重心，此種現代性論述強調的是規律與秩序，組織乃為工具性目的而存在的物件，其目的通常為更有效率的獲利或是其他的發展目標。傳播多被討論成具有掌控與說服內涵的「資訊」（information）（Beniger, 1986），

在通則論、系統理論和溝通技巧理論等三個面向上，研究主題圍繞著上司／下屬溝通、順服取得、網絡、權力與掌控，以及公眾關係等發展（Deetz, 2001）。

然而，就如社會學家對社會真實的說法有了新的詮釋一般，許多組織傳播學者轉而研究此結構形式制約之所以可能的條件與過程，也就是探討組織與人作為行動者之作為（agency能動性）間的關係，並進一步提陳組織既非人作為的無條件產物，也絕非獨立於人的作為而存在著；而結構只是人們行動的諸多依據之一，組織文化中的種種要素與個人的特殊取捨遂成為一種權變的情境（contingent context）。因此，組織傳播學作為一種對人們日常組織生活場域與互動活動的研究，則其意涵不僅在於是從傳播去理解與詮釋組織，更凸顯出組織溝通與論述的本質，乃在於界定個別組織成員與群體的自我。

1980年代起，學者的眼光從強調經濟活動轉而聚焦於組織的社會活動，在人類學家Geertz 對於文化的論述（見Pacanowsky & O'Donnell-Trujillo, 1982）、社會學家對於現象學與符號互動論的思想（Bantz, 1983），以及詮釋學和質化研究方法論（Trujillo, 1987）的影響下，從詮釋取徑出發的組織文化研究，將過往只重視管理者的研究旨趣，轉而至關懷組織中許許多多的他者與文化群體，這種理解被研究者的理解之雙重詮釋（a double hermeneutic of interpretation of the subject's interpretation）與溝通關於傳播的複雜過程（complex communicative process of metacommunication），需要在組織場域中進行實際的田野調查，以從表象進入深層文化的閱讀，當然，組織成員也就不再只是研究對象，而是組織中的行動者。

至於批判學派的學者，則是進一步對於詮釋學派的研究，注入對於意義形構的批判（Martin, 1992）。組織既為政治場域，那麼一般社會理論中關於公共領域的相關論述自然適用，研究焦點在於檢視人們對於自身利益的理解與行動背後的虛假共識、扭曲傳播，以及例行性與正規化

等。對於倫理的關注使得此類研究的目標在於免除社會和工作場域的宰制，以讓所有成員都能有平等的貢獻與付出，如此，則女性、勞方和少數群體等自然會成為主要研究對象。Deetz（2001）認為，這類研究主要以Marx意識形態的批判和Habermas的溝通行動論為兩大軸線。

　　而後現代主義對話的論點（dialogic perspective），則在政治議題之外，迸生了斷裂（fragmentation）、文本性（textuality）和抵抗（resistance）三個概念。植基在Bourdieu、Derrida、Lyotard、Kristiva、Foucault、Baudrillard、Deleuze和Guattari等人的哲學思維上，學者們更多聚焦於微觀的政治過程以及權力和抵抗連結的本質（參見Calás & Smircich, 1991; Hawes, 1991; Martin, 1990; Mumby & Putman, 1992等）。在此，宰制不再如前述批判學者所看待一般，而是成為流動的、情境的、沒有場域或起源的，此類研究所強調的，乃為異識（dussebsus）的生成與在地／情境（local/situated）的理解。

　　這樣的概念與思維，意味著對於組織傳播的看待進入了後設層次（metalevel）的探討，一方面將對於行動與結構張力的核心論辯，從結構決定論轉至真實建構論；另一方面將傳統解決組織秩序問題（problem of order）的討論，導入至組織控制問題（problem of control）的探究。這樣一來，可以同時觀照研究者與組織中被研究者的溝通、行動、旨趣、世界觀與意識形態，也因此研究組織傳播的過程，遂成為描繪／理解／界定研究者、被研究者、學門自身、組織與所處社會的過程。如此，我與我的同儕們，在過去年歲中的種種努力，終能對於「組織傳播是什麼？」「組織傳播之於個人乃至於這個社會能做什麼？」以及「這個學術社群未來會如何？」等提問與挑戰清朗的回答。

第三節　知識的產製與實踐

　　知識產製涉及作為和溝通互動（Habermas, 1972; Sayer, 1992），作為（work）是因目的而做的轉換，組織傳播理論的建構從提問與探究開始，需要種種形式的作為方能成就；而溝通互動（communicative interaction）則指在特定的語言社群中，進行意義的交流與共享，這包括了組織場域中和學術社群裡的溝通。本書將分別從理論建構、研究方法和在地知識的產製與應用等三個部分，來闡明組織傳播知識與其建構，期待在意義的交流中產生反思性的對話（reflective dialogue, Numagami, 1998, pp. 11-12）。

　　知識的產製既是行動也是作為，其目的則是為了解決生活世界中的種種問題，本書透過理論篇、研究篇與實踐篇等三個篇章進行所產製的知識，主要在於解決Laudan（1977）所說的實證問題（empirical problem）、概念問題（conceptual problem），以及Cohen（1994）再加上的實務問題（practical problem），因此，在理論篇解構並建構理論以及探討新的概念之後，扣連到實證研究與實務情境的研究篇，即在呼應Whittington（2006）所言之實踐轉向（practice turn），此種經由理論與實務對話所共同產製的知識，並非是強調放諸四海皆準的律則（universal law），而是要彰顯它們的在地形構（locally become），這種Deetz（2001）所謂在地／迸生的知識（local/emergent knowledge），讓我們能知其所以然的更接近真實，而此一凸顯日常生活世界的觀點，也開展出本書最後在實踐篇所意欲討論的華人組織傳播建構之可能性。

　　本書分為三大篇共十章，第一章為開場白，旨在破題並提供讀者一個閱讀的地圖，除了說明本書對於新世紀組織傳播學內涵與定義的思想外，並透過作者自身接觸組織傳播的經驗與提問，點出本學門之發展與流變，同時也進入核心議題的論辯與反思中，最後並透過書中章節結構與內

容的介紹，扣連回組織傳播知識的產製即為實作與實踐的主旨。

　　在首篇「理論篇──新理論的建構」中，先從第二章「傳播與組織」的概念談起，探討在改變中的世界與工作場域裡，我們應該如何思維組織和傳播的關係；之後，進入第三章「重探組織傳播學的古典理論與研究取徑」，從對於古典理論的傳統與研究取徑的回溯與檢視中，論述組織傳播研究的哲學思辨議題，以及討論幾個重要的理論構面；最後，則以第四章「組織傳播理論與研究的新轉向」，探討語言轉向的迸生如何影響組織傳播學的發展，並對語言本身、語言的使用和研究文本的產製三個面向進行析論。

　　至於第二篇「研究篇──組織與論述」，將以三章的篇幅從詮釋取徑的角度出發，將組織傳播視為「論述」或是「會話」，對於性別、世代、權力以及文化等新興議題進行探究。在此等研究多樣、對立，乃至於跨界的背後，本篇的重點在於將組織論述看成是組織中各個成員對自我與組織定位的認知框架，並且藉以建立社會真實的基本機制，因而在介紹相關的研究方法外，將進一步在第五章「跨世代的組織溝通──工作價值觀與領導互動」，從台灣社會與世代變遷的意涵中，探究不同世代媒體工作者的工作價值觀、領導互動和組織溝通；為具體呈現組織論述的多樣與跨界，將從第六章「組織論述、組織認定與組織文化」的研究中，透過研究文本深層論述結構的梳理，析論被研究者的主體認同與社會實踐；而於第七章「組織傳播、性別與領導」中，則透過紮根理論的使用，探討女性領導與組織溝通相關議題。

　　本書最後的「實踐篇──組織傳播在華人社會的發展」，主要從三篇建立概念性架構（conceptual framework）的研究中，勾勒出華人社會組織傳播學的發展現況、所面臨的挑戰，以及未來知識建構的方向與內容。從第八章「華人社會組織傳播學的發展與建構」開始，剖析組織傳播學在地化發展與研究取徑、並對華人組織傳播學發展的挑戰提出關懷與思考；接著，第九章「現代主義、後現代主義與本土組織傳播學研究的再思」，則

從現代主義、後現代主義與本土組織傳播學研究的反思中，對在地知識的建構與實踐建立一個思考框架；而第十章「從素養到學養──組織傳播在華人社會實踐與發展的新方向」，乃從素養、學養與修養三個層次，總結本書從理論建構開始，並透過對研究取徑、關懷議題、教學現況與教育機制等各個面向的分析與檢視，提出具體建議與知識體系。

參考文獻

Bantz, C. (1983). Naturalistic research tradition. In L. L. Putman & M. E. Pacanowsky (Eds.), *Communication and organization: An interpretive approach* (pp. 55-72). Beverly Hill, CA: Sage.

Beniger, J. (1986). *The control revolution*. Cambridge, MA: Harvard University Press.

Bourdieu, P. (1977). *Outline a theory of practice*. Cambridge: Cambridge University Press.

Calás, M., & Smircich, L. (1991). Voicing seduction to silence leadership. *Organization Studies*, *12*, 567-602.

Campbell, J. (1997). Mechanisms of evolutionary change in economic governance: Interaction, interpretation and bricolage. In L. Magnusson & J. Ottosson (Eds), *Evolutionary economics and path dependence* (pp. 10-32). Cheltenham: Edward Elgar.

Cheney, G. (2000). Thinking differently about organizational communication: Why, how, and where? *Management Communication Quarterly, 14*(1), 132-141.

Cohen, B. P. (1994). Sociological theory: The half-full cup. In J. Hage (Ed.), *Formal theory in sociology: Opportunity or pitfall* (pp. 66-83). Albany, NY: State University of New York Press.

Craig, R. T. (1993). Why are there so many communication theory? *Journal of Communication, 43*(3), 26-33.

Craig, R. T. (2006). Communication as a practice. In G. J. Shepherd, J. St. John, & T. Striphas (Eds.), *Communication as ……: Perspectives on theory* (pp. 38-47). Thousand Oaks, CA: Sage.

Deetz, S. A. (2001). Conceptual foundations. In F. M. Jablin & L. L. Putman (Eds.), *The new handbook of organizational communication: Advances in theroy, research, and methods*. Thousand Oaks, CA: Sage.

Dilthey, W. (1926). *Gesammelte werke*. Stuttgart: Teubner.

Eisenberg, E. M., & Goodall, H. L. Jr. (2004). *Organizational communication: Balancing creativity and constraint* (4th ed.). Boston, MA: Bedford/St. Martin's.

Gadamer, H. G. (1960). *Truth and method*. New York: Seabury Press.

Habermas, J. (1972). *Knowledge and human interests*. London: Heinemann.

Hawes, L. (1974). Social collective as communication: Perspectives on organizational behavior. *Quarterly Journal of Speech, 60*, 497-502.

Hawes, L. (1991). Organizing narratives/codes/poetics. *Journal of Organizational Change Management, 4*, 45-51.

Heracleous, L. T. (2004). Interpretivist approaches to organizational discourse. In D. Grant, C. Hardy, C. Oswick, & L. Putnam (Eds.), *The sage handbook of organizational discorse*. Thousand Oaks, CA, Sage.

Heidegger, M. (1996). *Being and time* (trans. Joan Stambaugh). Albany, NY: State University Press.

Jarzabkowski, P., Mohrman, S. A., & Scherer, A. G. (2010). Organization studies as applied science: The generation and use of academic knowledge about organizations Introduction to the special issue. *Organization Studies, 31*(9), 1189-1207.

Laudan, L. (1977). *Progress and its problems*. Berkeley, CA: University of California Press.

Martin, J. (1990). Deconstructing organizational taboos: The suppression of gender conflict in organizations. *Organization Studies, 1*, 339-359.

Martin, J. (1992). *Cultures in organizations: Three perspectives*. NY: Oxford University Press.

Miettinen, R., Samra-Fredericks, D., & Yanow, D. (2009). Re-turn to practice: An introductory essay. *Organization Studies, 30*(12), 1309-1327.

Moscovici, S. (1981). On social respresation. In J. P. Forgas (Ed.), *Social cognition: Perspectives on everyday understanding* (pp. 181-209). London: Academic Press.

Mumby, D. K., & Putman, L. (1992). The politics of emotion: A feminist reading of bounded rationality. *Academy of Management Review, 17*, 465-486.

Numagami, T. (1998). The feasibility of invariant laws in management studies: A reflective dialogue in defense of case studies. *Organization Science, 9*(1), 2-15.

Pacanowsky, M. E., & O'Donnell-Trujillo, N. (1982). Communication and organizational cultures. *Western Journal of Speech Communication, 46*, 115-130.

Sayer, A. (1992). *Method in social science*. London: Routledge.

Scherer, A. G., & Steinmann, H. (1999). Some remarks on the problem of incommensurability in organization studies. *Organization Studies, 20*, 519-544.

Stern, D. G. (2003). The practical turn. In S. Turner & P. Roth (Eds.), *The blackwellguide to philosophy of social sciences* (pp. 185-206). Malden, MA: Blackwell.

Trujillo, N. (1987). Implication of interpretive approaches for organizational communication research and practice. In L. Thayer (Ed.), *Organization-communication: Emerging perspectives II* (pp. 46-63). Norwood, NJ: Ablex.

Wentworth, W. (1980). *Context and understanding*. NY: Elsevier.

Whittington, R. (2006). Completing the practice turn in strategy research. *Organization Studies, 27*(5), 613-634.

理論篇
——新理論的建構

　　本篇以三章的篇幅從剖析傳播與組織的關係開始，強調傳播乃組織運作的核心，即組織是經由成員的傳播行動而建構（與再建構）的，因此，組織成員若能對傳播與組織的本質有較多瞭解時，則更能夠因應自身在組織中各種角色的扮演與轉變，以建立關係、完成任務、達成目標、共享意義或是形塑文化。如此，則從溝通的角度重新檢視與探究組織傳播學的古典理論與研究取徑自有其必要與價值，而在學門的建制與發展上，此一研究領域也因正在典範的轉移中，向語言乃至向語藝轉向的組織傳播學研究，讓此學域充滿著多重聲音、多重理解與多重意義的同時並陳。這意味著相關研究開始強調田野調查和組織中的言說（organizational talk），新研究取向逐漸浮出，其中尤以從闡釋—文化論點（interpretive-cultural perspective）出發的組織民族誌（organizational ethnography），與從批評論點（critical perspective）發展出的研究方法最受重視。前者融合了傳統語藝理論、語藝批判理論、語言學中的論述分析、社會學中的符號互動論、人類學中的文化人類學，以及社會語言學中的俗民方法學等理論與方法，在當代大師級學者如Austin、Bateson、Geertz、Goffman、Mead、Sacks和Garfinkel等人的啟蒙與影響之下，對於組織傳播的研究不只採微觀的語藝分析法，更透過多層次的分析對組織真實的建構，以及文化的創造及演變進行深入的瞭解與更鉅觀的研究。這樣的情況就如傳播領域的發展般，存在著困境與轉機，而對於委身於此學域的組織傳播學者而言，自有深思與為文的責任。

Chapter 2

傳播與組織

第一節　人與組織——改變中的世界與工作場域

「人能否脫離組織？」這個問題的答案恐怕和「人能否不溝通？」一樣是否定的。數百年前，英國詩人John Donne曾寫過一首名詩〈沒有人是一座孤島〉（No man is an island），詩中點出我們的一生是由一個又一個的人際網絡所接續起來，而人類社會亦是由一個又一個的人際網絡所構築而成，因此，無論從個體的微觀角度，或是從社會的鉅觀角度來看，個人在家庭中的家族關係、求學時的同儕關係、進入社會時的職場關係，乃至於一個國家中各種社會組織間互動關係的好壞，其影響絕不會只是單一個體人生的喜樂與哀愁，乃是一個組織，甚至於一個社會成功與失敗的關鍵所在。

然而，這個由人與關係所連結出來的當代世界，卻如Anthony Giddens（1991）在 *Modernity and Self-Identity: Self and Society in the Late Modern Age*[1] 一書中所描繪，一方面是以「進步」與「理性」的姿態被經驗著，進而從對人的信任轉為對以專家與知識為主的系統的信任，然而專家知識充滿著不穩定與不確定性，人們對於生活與存在的焦慮油然而生；另方面在歷經現代化的過程中，當代社會固然形成一致性，但同時也造成許多邊緣化的多樣性，如Benavides（1998）所說的有機／機械、群體／個人、科層／平等、神聖／世俗等元素混合夾雜（轉引自蔡彥仁，2004）；而在工業化的生產過程裡，這個世界也成為由物質產品與自動機械廣泛應用後所體現出來的社會關係，以及資本主義所夾帶的市場式競爭與商品化勞動的行動體系等兩個面向所構築出之制度化與組織化的場域。這些現代性對個體自我與生活型態所產生的影響，則主要是從組織的層面窺知。

---

[1] Giddens, A. (1991). *Modernity and self-identity: Self and society in the late modern age*. Standford, CA: Standford University Press.

這種掙扎狀態正點出組織生活的本質以及相關學說的核心，即能動─結構的兩難困境（agency/structure dilemma）。基於行為主義之概念，化約論（reductionism）的擁護者認為，人的行動是依賴理性評估、工具性的心理驅動以及機械式的程序活動；結構決定論（structural determinism）者則認為有一社會結構因果關係的決定力量支配著個體的能動；混合論者（conflationism）主要依據Giddens與Bourdieu的論說，企圖在社會科學的反思中去解決能動與結構的兩難問題。他們認為能動與結構是本體論上不可分離與相互構成的狀態，社會行動是一種過程與實踐，在其中包含著對系統的重構能力；至於關係論（relationism）者則是一方面強調人與人間的互動性創造，另一方面又承認日常生活中的社會現實，因此社會與個人的關係乃是一種複雜且動態的「雙向構成」（double constitution of agency and structure）（Reed, 2003），此種現象學的本體論與方法論觀點，強調社會關係中的情境會指導著行動，而個體在對於時間與空間的情境體現中，亦同時在形塑自我，此乃一種「主觀的客觀性」，亦即日常生活中客觀的物質環境與組織的真實，其實是存在於個體的合作之間。

　　即使如此，我們的一生無法脫離組織，而溝通與互動又是每日組織生活的重心，因此，瞭解組織中訊息產製、互動模式、意義建構、符號論述、領導統御以及文化形塑等傳播行為，除有助於我們對自己每天所過的組織生活與所處的組織真實有更清晰的洞見外，也能幫助我們脫離既有組織結構的限制，而能寄望於有更多元與民主的組織生活。因為身為一位現代人，不可避免的會與各種組織有所關聯，而個體的自我認同以及和組織的關係，則主要是經由語言論述以及溝通互動才得以形成的。

　　從傳播觀點來看人與組織，提供了一個終生成長的角度（a life-span perspective）來看個體的組織生活，這與從管理者的角度出發，以提高組織效益為前提，關切如何有效的領導、激勵與掌控的傳統管理學和組織學的實證觀點不同。因為當我們視傳播為人類組織的過程時（Johnson,

1987），那麼其所產製的意義是每個組織成員在完成任務時都必須倚賴與理解的，因此，若能對傳播本質與組織真實有更多的認識與瞭解，那麼一方面個體會更知道如何看待與批判組織中的種種現象（例如為什麼做事沒有做人難，或是換了位置就換了腦袋等）；另一方面則更能夠因應自身在組織中的各種角色（無論是管理者、被管理者、雇主、員工、客戶、會員或是志工），以達成組織和個人的共同目標。

這樣的觀點，也更適合現今的職場形貌。有人曾說：「在組織中唯一不變的就是會變。」組織中的人、制度、技術、結構、文化，甚至外在環境都會不斷改變，因此對於組織的管理者而言，如何在改變與延續中尋得平衡永遠是個難題；而對組織的成員而言，如何在組織的掌控與個體的自主中獲得平衡，則是我們每天都要面對的課題。

在全球化與傳播科技發展迅速的二十一世紀中，上述課題無法有放諸四海皆準的制式答案，必須視組織與產業而異，而本世紀的職場形貌也可以具體的從空間、時間和忠誠度等三個面向的轉變來描述（Eisenberg & Goodall, 2004; Eisenberg, Goodall, & Trethewey, 2007）。首先，全球與區域性經濟體系之重構，造成勞力市場的移轉與多元文化的管理，而此跨越空間的組織形貌，更因科技的發展使得組織結構產生改變，像是虛擬或是行動辦公室，增加了組織溝通與管理的複雜程度，在全球化的趨勢下，資金、貨物、服務、人員、知識和訊息的流動打破了空間與國家的界線；其次，從美國的911恐怖攻擊，到日本的311大地震，說明了今日組織必須以彈性和速度來面對動盪多變的環境，此種跨越時間的組織形貌，強調的是組織能透過對內外部各個面向與層次的溝通，迅速與即時的回應社會、市場和利益關係人的需求；最後，知識經濟的崛起與時代的變遷，產生新的社會契約與工作價值觀，改變勞資關係與人們對工作的認知，這種忠誠度的轉移使得資方不再強調終生雇用，勞方也不可能從一而終，人們對於工作的意義和價值也不再像父母輩般一切以工作為重，轉而強調自身的旨趣、需求和意義，並凸顯工作外家庭與社交生活的重要性，這種現代人工

作－生活衝突的樣貌（work/life conflict; Kirby et al., 2003），也成為組織溝通與性別研究的重要議題之一。

　　台灣社會在此趨勢下的形貌除有上述的改變外，更具體的來看，則有國際化與多元化、整合化、顧客導向、低齡化、變動與流動等五個特色。國際化與多元化不僅意味著因勞動市場外移而衍生的企業出走，也代表了本土企業組織人才需求的國際化與多元化，因此國際視野與語言能力也越來越重要；而整合化說明了科技匯流與產業間的整併，相對的亦強調知識與技能的整合，故而能整合並解決問題的能力也就益發重要；而在以服務顧客為導向的思維、溝通能力與情緒的管理遂成為焦點；在台灣社會漸趨高齡化的過程中，受到科技發展和全球經濟環境變動的影響，越來越多的人在中壯年便須面對非自願性的離開職場，即使有退休金也無以養老，使得在職進修與終生學習變得更重要，因為人人須具備轉換職場之能力；最後，變動與流動說明了環境與就業市場的不穩定，使得充分就業與終生雇用越來越不可能，而另一方面是更多人在產、官、學三個領域中跨界轉職，這種流動與跨界的特性也展現在虛擬辦公室或是網路式的組織連結中。

　　顯然，當代任何形式、內容與目地的組織溝通，都不是件容易的事。因此，對於組織傳播的探討，應著重於對生活世界的建構與問題的解決，傳播的本質也如文化（Carey, 1989）、協商（Deetz, 1994a）或是實踐（Craig, 2006）般，人們透過傳播建立自我、認識他人、組成社群、學習並傳遞知識，以及建構所謂的客觀世界與真實。

 ## 第二節　組織傳播學的想像與發展

　　組織傳播學之源起，可回溯至人類文明發展的前期，即早在人類社會形成政治與經濟組織之時，就有了相關概念。而隨著人類文明的演

進，自工業革命以降，私人企業興起，人類的經濟活動亦由區域性、國際性，進而發展至全球化的階段，組織傳播學門的重要性與影響力也與日俱增。

在實用目的（pragmatic purposes）的需求下，「組織傳播」這一學門在二十世紀初，即植基於語藝學傳統、早期管理與組織理論，以及人際關係等三個主要學說上（Redding & Tompkins, 1988），並藉由工業心理學、社會心理學、組織行為、行政管理學、人類學與政治學等學門的相關理論，得以萌芽與成長（Daniels et al., 1997; Allen, Tompkins, & Busemeyer, 1996）。換言之，雖然植基於歷史悠久的語藝傳統之上，組織傳播學卻也同時深受起於二十世紀初之組織行為與組織管理理論發展之影響。而組織行為與組織管理是應用的行為科學，許多相關學科都對其研究論點與理論建構有貢獻與影響，因此，其發展過程亦與整體傳播學門中各次領域般（如人際傳播、小團體傳播與大眾傳播），呈現出一跨學門（interdisciplinary）的發展態勢，其相關學門與學科、相關概念與理論，以及研究分析的對象與層次請見**表2-1**。

在整個理論建構的過程中，組織傳播理論的初期發展，主要在於將自Aubrey Fisher（1978）所提之人類傳播的四大論點（即機械mechanistic、心理psychological、詮釋－符號interpretive-symbolic及系統－互動systems-interaction），與傳統的組織學理論四大主流學派（即古典科學管理classical-scientific management、人際關係human relations、人力資源human resource及系統理論system theory）加以結合（Euske & Roberts, 1987; Krone et al., 1987）。Putnam（1982）則根據Burrell和Morgan（1979）對於社會科學的分類說明[2]，指出組織傳播理論的建構由於對於組織秩序（organizational order，組織中的權力結構與秩序是穩定或快速變動的）和組織真實（organizational reality，組織真實是具體且客觀的或

---

[2] Burrell, G., & Morgan, G. (1979). *Sociological paradigms and organizational analysis*. New Hamisphire: Heinemann Educational Books.

表2-1 其他學科對組織傳播研究的影響

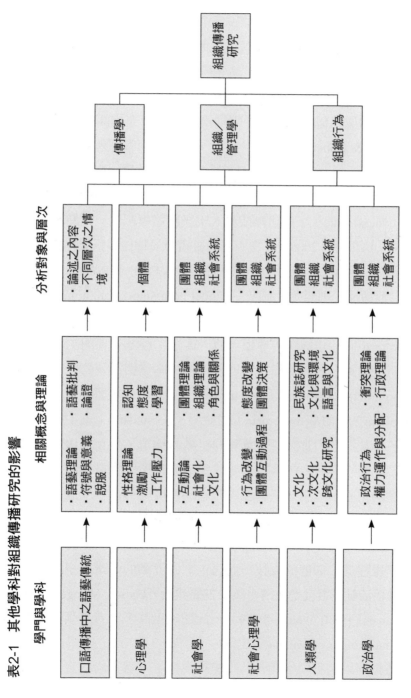

資料來源：引自泰瑞利（2000）。

是共享的主觀經驗）的兩個面向認知不同，分為功能主義、詮釋主義、基／激進（radical）的結構主義和基／激進的人文主義四大觀點。

在此結合之下，組織傳播理論建構的整個輪廓乃在於從傳播研究的多重論點中，去探討跨越組織不同層次的現象與問題。而整合組織理論與傳播理論的原始概念，即在於淬取兩者間相似與相關的概念，並加以扣連（Euske & Roberts, 1987）。尤其，在組織與管理理論進入權變的取向（contingency approaches），視組織為動態的建構過程時，傳播在組織的角色便不再局限於僅僅是傳達訊息；相對的，傳播成為一種「社會的黏著劑」（social glue），將組織成員、次級團體與部門，以及不同的組織連結起來（秦琍琍，2000）。在不同的組織成員特性與組織特性的交互影響與互動下，傳播成為組織建構的基礎所在；Euske和Roberts（1987）也認為，若無傳播，則無從組織起（without communication, organizing could not occur）。

因此，不同於組織與管理學者將「傳播」視為管理的工具，僅在行為與技巧上討論，組織傳播學者則視傳播的本質與符號的使用乃為組織形塑（organizing）的中心點。Tompkins（1987）甚至認為，若無符號論（symbolism）、語藝（rhetoric）與說服（persuasion）就不會有組織。而受語藝傳統影響與實證科學薰陶的組織傳播學，卻直至1950年後由於相關科系的設立與研究陸續發表，才逐漸被學術與實務界所接受。對於組織傳播的定義，也由早期組織中訊息的接收與傳達，或是商業溝通技巧，轉變視傳播為組織系統內成員的互動與協調，以達組織目標的基本過程（Daniels et al., 1997; Tompkins, 1984）。至此，傳播行為在組織中不再只是線性的、靜態的或技巧而已，在由互動的個體所組成的組織系統中，傳播活動其實就是建構組織的主要活動（Farace, Monge, & Russell, 1977; Hawes, 1974; Weick, 1969），此即晚近許多學者主張傳播即組織（communicating is organizing）之因。

雖然長期以來不同學者曾為「組織傳播」下過不同的定義，但統合

起來可以尋出下列幾個共同點：(1)組織傳播產生在一複雜開放的系統中，此一系統與其所處之環境會互相影響；(2)組織傳播涉及訊息傳遞的流程、方向、目的與使用之媒介；(3)組織傳播牽涉到人的態度、感情、關係與技巧。由此不難看出，初學者勢必先對何謂「組織」與何謂「傳播」有一正確與深入的瞭解，才可能對組織中各層次的傳播（如人際、小團體、公眾溝通等）、傳播與文化、傳播與組織結構、傳播與新傳播科技，以及領導、決策、衝突與組織社會化等更深入的課題有進一步的認識；而相關的組織理論、管理理論以及組織行為等學理與概念，亦是研讀「組織傳播」不可或缺的基礎知識（秦琍琍，2000）。

這說明了這是一個多元與分歧的領域，從學者的訓練背景、教科書的撰寫，到研究旨趣都大異其趣。*Harvard Business Review*在 1993年的文章中[3]，談論到這個領域的範疇，包括了正式與非正式溝通、內部與外部溝通，以及對於組織中鉅觀、中觀與微觀層次傳播現象的檢視，研究主題尚且包含了創新、組織學習、知識管理、多元化與傳播科技管理等新興議題。如同傳播領域一般，組織傳播這個傳播次學門的發展，也面臨許多挑戰。

Redding與Tompkins（1988）曾將這個主要在美國發展的學門，劃分為三大時期：(1)1900到1940年為準備期，此一時期主要是在商用英語（business speech）和工業傳播（industrial communication）兩大領域的整合，主要的方向也是在於人際傳播過程與技巧的研究；(2)1940到1970年是所謂的學門確立與整合期，此時「組織傳播」一詞逐漸取代「商業傳播」或「工業傳播」，更多的學者投入理論與概念的建構，主要的研究方向也轉延伸至傳播網絡與結構，1950年時在Northwestern University、Ohio State University與Prudue University 等大學的口語傳播學系陸續產製出相關的博士論文（Daniels et al., 1997），而1962年也在Ohio University

---

[3]Harvard Business Review (1993). *The articulate executive: Orchestrating effective communication*. Harvard Business School Press.

大學部成立第一個「組織傳播」的主修課程（Boase & Carlson, 1989）；
(3)最後一時期乃是自1970年至今的成熟創新期，此時組織傳播理論發展
漸臻完成，從早先深受傳統組織與管理學門的影響，只重視實證－功能主
義與傳播效果的論點，漸增發展到囊括文化－闡釋、批判與後現代等論點
（Putnam, 1982; Tompkins & Redding, 1988）；而研究重點更從70年代著
重上司與下屬的人際溝通與領導行為（Jablin, 1979, 1980, 1982），擴大至
80年代將焦點置於組織文化與變遷，以及90年代興起的國際化、全球化與
多元化等議題上（Daniels et al., 1997; Miller, 1995; Mumby, 1988）。

　　另一方面，組織傳播的理論建構與研究取向，也呼應了整個傳播學
研究的典範移轉，即由傳統論點，到詮釋論點，而至批判論點（Putnam,
1982; Redding, & Tompkins, 1988）。雖然學者從許多不同的面向論及這
三個學派（Daniels et al., 1997; Mumby, 1987; Putnam, 1982; Redding &
Tompkins, 1988），但歸納起來，其最主要之差異乃在於對組織、傳播本
質以及研究重點三方面的認知不同（見**表2-2**）。

　　對持傳統實證論點的學者而言，任何的人類組織都只是物件
（objects），更明確的說，任何組織只是機器（machine），透過古
典管理理論（classical management）的運作，組織強調的是科學化
（scientific）與去人性（impersonal）的管理機制；傳播的本質僅只於一
種工具性的運用，其目的主要在於達成管理階層的有效溝通，而此有效的
溝通其實就是經由各種溝通技巧去布達命令與獲得員工的服從，以遂管理
掌控之目的。因此，此一學派主要的研究重點，乃在於從功能論與行為論
出發，由傳播功用、結構與層次等三個主要面向，來探究傳播過程與組織
效能之關係（Daniels et al., 1997）。

　　對文化詮釋學派而言，任何人欲研究組織應如研究文化般
（Pacanowsky & O'Donnell-Trujillo, 1982），深入探究成員外在行為背後
的價值、信念、意識形態、世界觀與假設等。換言之，任何組織之所以為
「這個」組織（ "the" organization），是一種主觀而非客觀的現象，而唯

表2-2 組織傳播的三個主要論點比較

	組織的概念	傳播本質	研究重點與方法
傳統論點	• 組織如機器般 • 組織真實是客觀的 • 重點在達成組織目標與成效	• 傳播是達成組織目標與成效的工具	• 如何有效的經由傳播的行為、結構、技巧與策略達成管理掌控 • 主要採管理階層之觀點 • 主要以量化實證研究為主
詮釋論點	• 組織如文化般 • 組織真實是主觀的，經由傳播達成的社會建構 • 重點在探究個別組織的獨特性質	• 傳播是意義的建構與經驗的共享 • 傳播過程即是組織形塑的過程	• 探究組織成員符號的使用、意義的共享與共識的達成 • 採不同組織成員的多重論點 • 主要以質化研究方法為主
批判論點	• 組織是階層宰制的機制 • 組織真實是主觀的，經由社會互動而來 • 重點在顯露因組織結構與傳播過程所造成之不平等	• 傳播的本質與行為呈現出組織的深層結構（deep structure） • 符號與語言的使用表露出組織的權力結構與運作機制	• 組織的深層結構與被宰制階層 • 扭曲的傳播與意識形態的塑造 • 主要從被管理者的觀點探究 • 主要從批判論點闡述組織現象，較少有實證研究

資料來源：引自秦琍琍（2000）。

有經由在此組織情境中的人們透過傳播與社會互動，才能建構出屬於這一群人的組織真實。傳播於此乃超越工具性的使用，而回歸到人類共有經驗與意義建構的本質中。此一本質的顯現不僅存在於不同形式的組織行為與組織符號中，更存在於集體論述與全方位互動（transactions）的組織產物中。於是，透過傳播的本質、組織真實的建構與組織文化的探究，研究者得以更深入全面的瞭解研究人類多樣的組織生活，而在此過程中亦不難發現，人類傳播乃是組織在形成、結構、運作與管理等過程中不可或缺的基本要素。

至於持批判論點的組織傳播學者，則主要關注組織中權力的運作與意識形態的宰制。視組織是階層宰制的工具（instruments of oppression），因此研究的重點在於組織中被宰制的階層（如勞工、女性或弱勢團體等）（Daniels et al., 1997）。此類研究強調的是探討組織中的深層結構（deep structure），以及在此結構中如何經由各種符號表徵的使用，呈現出權力機制的產生、運作和支配（domination）。傳播的本質即在於此權力結構與運作機制的過程中所扮演的角色，而多數的學者認為在此過程中傳播是被管理階層有系統的扭曲（Deetz, 1982; Mumby, 1987），以塑造對其有利的意識形態。

　　而女性主義論點近年來亦漸受重視，雖然女性主義各流派主張不同，但對於性別角色、性別歧視與性騷擾等存在已久的組織現象與問題的探究上，女性主義學者確實為新世紀的組織傳播研究開出了另一條路。Buzzanell（1994）就在其文章中指出，相對於傳統以男性觀點出發，強調競爭的個人主義、因果關係的線性思考模式，以及個體與自主性等三大主旨的組織研究，漸漸受到一個新的、女性觀點思維的衝擊與挑戰，這個觀點強調的是合作性的創制關係、全觀或整合性的思考模式以及個體的連結性。

　　此外，後現代理論將我們領進了後現代社會的氛圍中，學者認為前述科學性的推論與方法，難以刻劃後現代性組織的快速變動與暗昧不明，如Lyotard（1984）在 *The Postmodern Condition: A Report on Knowledge* 書中所說的「大敘事已死」（the grand master narratives are dead, p. 23）❹，現代社會視Frederick Taylor的科學管理為大敘事的正當性並不能在後現代社會成立，相反的，Lyotard（1984）認為後現代社會中的知識建構乃是由小敘事（micro-narratives）組成；此外，Baudrillard則是認為在後現代世界中，由於真實與影像的界線越來越模糊，遂萌生了一個比真實還

❹Lyotard, J. (1984). *The postmodern condition: A report on knowledge*. Minneapolis, MI: University of Minnesota Press.

要真的超真實（hyperreality），如此，則此派學者不再關注組織的秩序與共識，轉而關心個體組織成員的小敘事與異識（desensus），而在探討組織文化與真實時，更挪用Baudrillard的擬像概念（simulacrum）（Deetz, 1994b）。

後現代理論將組織傳播學研究推進到對話的論點（Deetz, 2001），在對於斷裂、文本性及抵抗的關注中，組織猶如嘉年華會般充斥著多元、對峙，乃至流動的真實，此類研究強調微觀的分析，也就是在地的知識與異識的構成，主要的研究方法為解構和系譜學。

綜上所述，可知此一學科發展至今，已逐漸跳脫早期為滿足經營者或管理者企圖改善傳播技巧、模式、風格或策略以達組織績效的實證取向，而有越來越多的學者與實務工作者朝向理論的建構與知識的產製上下功夫（Spiker & Lesser, 1995）。這樣的轉變，不只對原先為解決管理難題以達有效溝通的實務現象有所幫助，事實上也直接對組織中每一分子能更有效的在組織中生活，以及建構與理解組織真實有所助益。

第三節　傳播與組織

Morgan（1986）在*Images of Organization*一書中[5]，使用隱喻分析對組織相關理論與研究進行檢視，分析出主流研究分別將組織比喻為機器、有機體、文化、精神監獄、頭腦、政治系統以及宰制機制等。而Putnam、Phillips和Chapman（1996）則進一步分析出指引組織傳播研究的七個主要隱喻群：導管（conduit）、鏡頭（lens）、接合（linkage）、展演（performance）、符號（symbol）、聲音（voice）和論述（discourse）。隱喻群組（cluster）中的數個隱喻或次隱喻

---

[5] Morgan, G. (1986). *Images of organizations*. Beverly Hills, CA: Sage.

（submetaphor）或許不同，但會呈現一個基本隱喻（root metaphor）。

　　導管的比喻是將組織視為如管道般的容器，強調在其中傳播訊息的流量、類型、方向和結構；傳播即訊息的傳輸（transmission），研究主題包括訊息的承載與正確性，以及傳播科技與媒體的使用等。鏡頭的比喻則將傳播描述成濾鏡的概念，可以守門、過濾，或是扭曲訊息。接合的概念則將傳輸轉為連結（connection），視組織如個體互相連結的系統或網絡一般；傳播行為主要在建立關係、產成互連，以及整合工作與家庭。

　　接下來的四個隱喻，主要強調互動和意義。展演與符號的隱喻，則將組織研究對於傳播的想像與定義，轉向了強調組織本質的意義和理解。從建構論視野出發的展演隱喻，借用了Goffman表演（presentation）的概念，將傳播勾勒成社會互動，組織真實乃是透過傳播性的展演具象。符號的比喻則是從組織文化論出發，傳播宛如敘事、隱喻、典禮和儀式般運作，以說服公眾、提供意義或是進行掌控。

　　至於聲音和論述的說法則是從批判和後現代的論點出發。聲音一說集結了扭曲傳播和壓制衝突等多重概念，組織是一個眾聲喧嘩的場域，傳播是發聲和表達，如何說、怎麼被聽見與是否被瞭解則是重點。最後，論述的隱喻則是強調了傳播如對話般，聚焦在過程與結構、集結行動的完成和情境的參與上，在這個隱喻群中包括了語言、言說、言說行動與論述實踐等概念。

　　隱喻的使用反映了學者對於傳播過程的認知，上述七個主要隱喻群代表了當前對於將傳播視為資訊傳遞、策略控制、全方位互動過程，以及平衡創意與限制的四種主流看法（Eisenberg, Goodall, & Trethewey, 2007）。資訊傳遞論將傳播看成達到目的的工具，然而資訊接收者的主動性與參與過程卻被忽略；策略控制論者則視傳播為掌控環境的工具（Parks, 1982），傳播者具有多重溝通目的，因此好的溝通者須選擇和運用策略，以有效達成多重溝通目的，而在益發複雜的當代組織中，有時甚至需要考慮到策略性模糊（strategic ambiguity）以達目標（Eisenberg,

1984），這種以組織行動為前提的論點，自然引發相關倫理的爭議。

全方位互動過程論者強調回饋與非語言互動，並彰顯訊息接收者對於意義建構的參與，這種對於符號互動和意義共享的主張，意味著共識的存在與其重要性，但無法說明現實生活中組織存在著的模糊暧昧、矛盾衝突與多元聲音；Eisenberg等人則自能動—結構的兩難困境中，提出將傳播看成是平衡個體創意與組織限制的論點，這個攪雜了Giddens（1984）的結構化理論（structuration theory）和Wentworth（1980）所謂社會生活乃在平衡創意和箝制的看法，強調傳播乃是在解決當下個體與組織的拉扯張力，於是群體一方面能夠建立秩序得以運作，另一方面個體也能自由的完成個別目標。

如此，傳播提供了理解組織的理路——即情境（context），這是種結構雙重性（duality of structure）的呈現，透過溝通人們創建情境，但卻也同時受限於情境來互動（Putnam, 1985），此時，人們經由溝通創造情境、透過情境理解訊息、再運用訊息去改變情境。組織傳播的理解常常是多重情境的展現，人們在溝通時同時理解、展現與再現自我、他人與行動。而當不同的個體集合起來協調彼此的情境、理解、行為與目標時，就是在組織（organizing）。因此，組織即傳播（Cheney et al., 2004）。

Eisenberg、Goodall和Trethewey（2007）則進一步用組織即對話，來說明傳播如何可能平衡個體創意和組織箝制。他們認為組織中的對話並非是一種論述的獨白，而是多元聲音的並陳與交流；換言之，每個人皆能有發聲與被聽見的時候，也能同時對他人的聲音敞開與聆聽，這種同理心的對話（empathic conversation），儘管在當代社會組織中尚為少數，但此一從傳播出發視組織為對話的主張，確實為新世紀的組織傳播學開啟了一個新的視野（見**表2-3**）。

然而，回顧與前瞻組織傳播學的發展，則應對三個面向思考與反思：「組織傳播的理論建構和研究取徑如何反映其多元和跨學門的特性？」「在全球化和科技發展中如何瞭解傳播及組織的變革？」以及

表2-3　組織傳播研究的主要隱喻

隱喻	組　織	傳　播
導管	組織如管道般的容器，強調在其中傳播訊息的流量、類型、方向和結構	傳播即訊息的傳輸，亦為管理的工具
鏡頭	組織猶如眼睛或是視覺的器官，代表著某種視野與知覺以及訊息處理的過程	傳播猶如各式鏡頭，可以守門、過濾或是扭曲訊息
接合	組織如個體互相連結的系統或網絡	傳播是接合器或是連結系統，將成員扣連並產生如網絡般的關係
展演	組織是由協調性的行動所構成，組織真實是透過傳播性的展演具象	傳播是社會角色的扮演與社會互動，是一個共製的過程
符號	組織是一複雜符號表徵再現的環境	傳播乃是意義的建構、維持和轉換，藉由敘事、隱喻、典禮和儀式等運作，以說服公眾、提供意義或是進行掌控
聲音	組織猶如眾聲喧嘩的場域或是合唱團，但成員並不能公平的發聲或都是吟唱同樣的曲調	傳播是組織成員的發聲表達或是被壓抑的聲音
論述	組織如文本，是一套結構性的事件或是儀式性的互動行為	傳播如對話般，聚焦在過程與結構、集結行動的完成和情境的參與上，在這個隱喻群中包括了語言、言說、言說行動與論述實踐等概念
對話	組織即對話，是多元聲音的並陳與交流	傳播為個體創意和組織結構限制間的平衡

資料來源：作者根據Putnam et al. (1996)以及Eisenberg et al. (2007)等文獻製作。

「在此變革中我們應如何思考倫理議題？」對於這三個問題的思考將陸續在書中觸及，下面兩章則將分別從組織傳播學古典理論的反思中，討論新的研究取徑與典範的轉移，並對問題一有所回應。

 參考文獻

中文部分

秦琍琍（2000）。〈企業論述與公共關係——從語藝的觀點出發〉。《廣告學研究》，15，27-48。

蔡彥仁（2004）。全球化與宗教研究：再思伊利雅德的「新人文主義」，「覺醒的力量」，世界宗教博物館。

英文部分

Allen, B. J., Tompkins, P K., & Busemeyer, S. (1996). Organizational communication. In M. B. Salwen & D. W. Stacks (Eds.), *An integrated approach to communication theory and research*. Mahwah, NJ: LEA.

Benavides, G. (1998). Modernity. In M. C. Taylor (Ed.), *Critical terms for religious studies* (pp. 186-204). Chicago and London: The University of Chicago.

Boase, P. H., & Carlson, C. V. (1989). The school of interpersonal communication: An historical perspective. Unpublished manuscript, School of interpersonal Communication, Ohio State University.

Buzzanell, P. M.(1994). Gaining a voice: Feminist organizational communication theorizing. *Management Communication Quarterly*, 7, 339-383.

Carey, J. W. (1989). *Communication as culture: Essays on media and society*. Winchester, MA: Unwin Hyman.

Cheney, G., Christensen, L. T., Zorn, T. E., & Ganesh, S. (2004). *Organizational communication in an age of globalization: Issues, reflections, practices*. Prospect heights, IL: Waveland Press.

Craig, R. T. (2006). Communication as a practice. In G. J. Shepherd, J. St. John, & T. Striphas (Eds.), *Communication as ……: Perspectives on theory* (pp. 38-47). Thousand Oaks, CA: Sage.

Daniels, T. D., Spiker, B. K., & Papa, M. J. (1997). *Perspectives on organizational communication* (4ᵗʰ ed.). Madison, WI: Brown & Benchmark Press.

Deetz, S. A. (1982). Critical interpretive research in organizational communication. *Western Journal of Speech Communication, 46,* 131-149.

Deetz, S. A. (1994a). Future of the discipline: The challenges, the research, and the social contribution. In S. A. Deetz (Ed.), *Communication yearbook 17* (pp. 565-600). Thousand Oaks, CA: Sage.

Deetz, S. A. (1994b). Representative practices and the political analysis of corporations: Building a communication perspective in organization studies. In B. Kovacic (Ed.), *Organizational communication: New perspectives* (pp. 209-242). Albany, NY: State University of New York Press.

Deetz, S. A. (2001). Conceptual foundations. In F. M. Jablin & L. L. Putman (Eds.), *The new handbook of organizational communication: Advances in theory, research, and methods.* Thousand Oaks, CA: Sage.

Eisenberg, E. M. (1984). Ambiguity as strategy in organizational communication. *Communication Monographs, 51,* 227-242.

Eisenberg, E. M., & Goodall, H. L. Jr. (2004). *Organizational communication: Balancing creativity and constraint* (4ᵗʰ ed.). Boston, MA: Bedford/St. Martin's.

Eisenberg, E.M., Goodall, H. L. Jr, & Trethewey, A. (2007). *Organizational communication: Balancing creativity and constraint* (5ᵗʰ ed.). Boston, MA: Bedford/ St. Martin's.

Euske, N. A., & Roberts, K. H. (1987). Evolving perspectives in organization theory: Communication implications. In F. M. Jablin, L. L. Putnam, K. H. Roberts, & L. W. Porter (Eds.), *Handbook of organizational communication: An interdisciplinary perspectives.* Newbury Park, CA: Sage.

Farace, R. V., Monge, P. R., & Russell, J. M. (1977). *Communicating and organizing.* Reading, MA: Addison-Wesley.

Giddens, A. (1984). *The constitution of society: Outline of the theory of structuration.* Berkeley, CA: University of California Press.

Giddens, A. (1991). *Modernity and self-identity: Self and society in the late modern age.* Standford, CA: Standford University Press.

Hawes, L. (1974). Social collective as communication: Perspectives on organizational behavior. *Quarterly Journal of Speech, 60*, 497-502.

Hawes, L. C. (1976). How writing is used in talk: A study of communication logic-in-use. *Quarterly Journal of Speech, 62*, 350-360.

Jablin, F. M. (1979). Superior-subordinate communication: The state of the art. *Psychological Bulletin, 86*, 1201-1222.

Jablin, F. M. (1980). Organizational communication theory and research: An overview of communication climate and network research. In D. Nimmo (Ed.), *Communication yearbook 4* (pp. 327-347). New Brunswick, NJ: Transaction.

Jablin, F. M. (1982). Organizational communication: An assimilation approach. In M. E. Roloff & C. R. Berger (Eds.), *Social cognition and communication* (pp. 255-286). Newbury Park, CA: Sage.

Johnson, G. (1987). Commentary on chapter I. In A. Pettigrew (Ed.), *The Management of strategic change*. Oxford: Basil Blackwell.

Kirby, E., Golden, A., Medved, C., Jorgenson, J., & Buzzanell, P. (2003). An organizational communication challenge to the discourse of work and family research: From problematics to empowerment. In P. Kalbfleish (Ed.), *Communication yearbook* (vol.27, pp. 1-44). Mahwah, NJ: Erlbaum.

Krone, K. J., Jablin, F. M., & Putnam, L. L. (1987). Communication theory and organizational communication: Multiple perspectives. In F. M. Jablin, L. L. Putnam, K. H. Roberts, & L. W. Porter (Eds), *Handbook of organizational communication: An interdisciplinary perspectives*. Newbury Park, CA: Sage.

Lyotard, J. (1984). *The postmodern condition: A report on knowledge*. Minneapolis, MI: University of Minnesota Press.

Miller, K. (1995). *Organizational communication: Approaches and processes* (1st ed.). Thousand Oaks, CA: Sage.

Mumby, D. K. (1987). The political function of narrative in organizations. *Communication Monographs, 54*, 113-127.

Mumby, D.K. (1988). *Communication and power in organizations: Discourse, ideology, and domination*. Norwood, NJ: Ablex.

Pacanowsky, M., & O'Donnell-Trujillo, N. (1982). Communication and organizational cultures. *Western Journal of Speech Communication, 46,* 115-130

Parks, M. (1982). Ideology in interpersonal communication: Off the couch and into the world. In M. Burgoon (Ed.), *Communication yearbook* (vol.5, pp. 79-108). New Brunswick, NJ: Transaction.

Putnam, L. L. (1982). Paradigms for organizational communication research: An overview and synthesis. *Western Journal of Speech Communication, 46,* 192-206.

Putnam, L. L. (1985). Contraditions and paradoxes in organizations. In L. Tayer (Ed.), *Organization and communication: Emerging perspectives* (pp. 151-167). Norwood, NJ: Ablex.

Putnam, L. L., Phillips, N., & Chapman, P. (1996). Metaphors of communication and organization. In S. R. Clegg, C. Hardy, & W. R. Nord (Eds.), *Handbook of organization studies* (pp. 375-408). Thousand Oaks, CA: Sage.

Redding, W. C., & Tompkins, P. K. (1988). Organizational communication—past and present tense. In G. Goldhaber & G. Barnett (Eds.), *Handbook of organizational communication* (pp. 5-33). Norwood, NJ: Ablex.

Reed, M. (2003). The agency/structure dilemma in organization theory: Open doors and brick walls. In H. Tsoukas & C. Knudsen (Eds.), *The Oxford handbook of organization theory: Meta-theoretical perspectives* (pp. 289-309). Oxford University Press.

Spiker, B. K., & Lesser, E. (1995). We have met the enemy. *Journal of Business Strategy, 16,* 17-21.

Tompkins, P. K. (1984). Functions of communication in organizations. In C. Arnold & J. W. Bowers (Eds.), *Handbook of rhetorical and communication theory* (pp. 659-719). Boston, MA: Allyn & Bacon.

Tompkins, P. K. (1987). Translating organizational theory: Symbolism over substance. In F. M. Jablin, L. L. Putnam, K. H. Roberts, & L. W. Porter (Eds), *Handbook of organizational communication: An interdisciplinary perspectives.* Newbury Park, CA: Sage.

Weick, K. E. (1969). *The social psychology of organizing.* Reading, MA: Addison-Wesley.

Wentworth, W. (1980). *Context and understanding.* NY: Elsevier.

Chapter 3

重探組織傳播學的古典理論與研究取徑

第一節　建構與解構理論

　　人類行為的探究，無法單用自然科學理論強調的解釋、預測和控制來看待，理論也並非為了理論建立者而存在，乃是藉此能讓人們生活得更好或是更趨近於其所想望，故此，傳播理論的本質，主要在於凸顯溝通與人們生活間的關係。任何理論的產生都有其歷史與文化背景，因此在論述鋪陳中承載了理論建構者的世界觀，特別是對真理、知識與世界的看待。

　　Eisenberg、Goodall 和Trethewey（2007）認為，如所有的言說一般，現今組織傳播理論也是一種歷史敘事，因此必須認清其往往是部分的、有派別的，以及可能產生問題的。理論可以刻劃真實，但從沒有一個理論能方方面面的展現所有真實，充其量也只是敘述了部分的故事，如Derrida（1972）所言，所有思維乃由語言所雕琢，而無可避免的語言本身有其弔詭與延異性，因為一方面語言所描繪的世界無絕對的意義，二方面在地的語言使用更無法讓其顯得完整，故而使用語言陳述的理論也必然是部分的。

　　理論的建構也必然承載了理論建構者的意識形態與世界觀，這雖然是社會科學後設哲學要討論的範疇，但理論有其黨派之別，不僅僅是典範的差異，從人心與人性而言，我們說的任何一種敘事，必然是我們偏愛或是認同的版本。而無可諱言，典型的組織傳播學門相關理論，乃是以西方社會、白人、男性，以及管理者的論述出發，直至近年方漸有非西方、不同族群、女性，以及組織中邊緣分子的聲音被聽見。既然沒有任何一個群體的觀點與理解可以放諸四海皆準，那麼多元的聲音必然可以更加豐富組織傳播的敘事。

　　當然，如果我們誤認理論已經或是可以回答所有的問題，無疑是陷入迷思中。組織傳播理論如同敘事，但並非就此完結，若認清其本質，自然瞭解我們其實是可以，也應該加入其中進行對話、提出理解，或是產生

質疑的。

　　而在瞭解理論的本質與組織傳播學分歧的現況後，則應對於後設理論進行反思，亦即對於現存的知識、獲取知識的途徑，以及與實務的關係有所思考。從前面的章節中，可知組織傳播理論主要有四種科學知識的分野：實證、詮釋、批判與後現代。實證論者期待建立付諸四海皆準的組織傳播法則（universal laws），認為組織現象應由其他可測量的組織事實（facts），而自組織成員的意識與經驗來說明。這種強調客觀真實與邏輯推演的理性概念，鑲嵌在組織傳播理論中，則凸顯組織如何進行決策以建立最符合環境需求、並產生效率和效能的功能主義，在此過程中訊息的獲取、使用／誤用自然成為關鍵。

　　詮釋取徑對於「科學」的看待，則是強調對於知識的宣稱（knowledge claims）應更謹慎和細緻。亦即對「如何知道所宣稱的組織傳播知識？」「所宣稱的知識的基本價值為何？」「組織真實為何？」「獲取知識的方法如何影響所獲得的知識？」等種種知識論、本體論、價值論與方法論等面向問題的持守。

　　如果生活世界無法如物理世界般被瞭解，且對人們而言意義才是重點，那麼從事物的表象進入本質，以及對組織成員的社會行動和經驗進行理解，顯然才是探究豐沛意義之可能。這樣一來，文化論和符號論成就了詮釋取徑進入組織研究的可能，至此，實證論靜態實存（being）與因果論的思維被形構（becoming）的動態思維所取代，而詮釋取徑的一路發展，也漸從語言轉向至敘事，以及從語藝轉向到反思（reflexive turn）（Hatch & Yanow, 2003）。

　　批判理論學者主要對於實證論背後所根據的「科學主義」展開哲學性的反省，像是Habermas在其*Knowledge and Human Interests*（1971）書中指出❶，人類對知識構成的認知旨趣（cognitive interests）分別為技術

---

❶ Habermas, J. (1971). *Knowledge and human interests*. Boston: Beacon Press.

的、實踐的和解放的三類，其所對應發展的學術取向如經驗性—分析性的學科（empirical-analytical science）、歷史性—詮釋性的學科（historical-hermeneutical science），以及批判取向的學科（critically oriented science）（黃瑞祺，1986）。由於批判理論重視主體的闡揚，因此即使無法全盤撇棄結構決定論的束縛，但主張展開對於宰制的批判，同時也重視實踐，認為在各種社會實踐形式中的人有其主動性，可以改造自身和環境。

儘管「後現代」一詞因常見於不同領域而語意不穩定（semantic instability）（Hassan, 1985, p. 121），但可以被視為是一種不同於現代性思維的新概念。相對於現代性對於科學知識理性、客觀、固著以及規律的重視，後現代學者則認為是語言結構性的本質，才讓真實給人穩定和法則般的印象。Saussure（1966）就指出，若非透過語言所進行的區隔、命名、認定、分類等社會行動，真實恐怕將只是無形，無異於一團糟罷了（轉引自Chia, 2003）。

因此，在強調形構（becoming）過程的本體論下，真實乃是流動與變動的，只是語言的使用，像是命名和符號再現等功能，促使我們得以定位與固著生活中的種種經驗。這樣，理論之於我們就更趨於實用，因為只要能為人所用，即使理論不是恆真也無法告訴人們真實究竟為何又何妨。這樣的視角提供了組織傳播學理論的新思維，這種根莖狀（rhizomic）的概念❷，打破了傳統以線性的概念來考量組織與變革，個體乃是在自我認同和制度化形構過程中的混合主體（Chia, 2003），而人類組織乃是一個世界建構（world-making）的過程。

---

❷ Deleuze, G., & Guattari, F. (1988). *A thousand plateaus: Capitalism and schizophrenia*. London: Athlone Press.

第二節　從理性到效率——古典科學管理取徑

從亞里斯多德（Aristotle）在兩千四百年前論道人是理性的動物開始，理性思維即在西方哲學中扮演重要的角色。在現代組織中，理性意味著人們能客觀、理性的看待所行與所思，也進一步演變成系統和科學性的官僚體制。Weber（1978）就認為客觀性、可計算性等形式上的合理性，是西方資本主義開展所必須具備的客觀條件，也促成了規律化而有秩序的合理生活態度，這代表著在經濟倫理上一種新的生活方式，影響著資本主義世界中每一個生活於其中的個體。換言之，現代社會結構的首要特徵，乃在於圍繞著資本主義企業和官僚國家機器的組織核心運行。Weber把這個分化過程理解為目的理性的經濟行為和宰制行為的制度化。

在過去數百年間，西方社會面臨工業革命的社會變動乃至一、二次世界大戰等的社會和經濟轉變，組織也從帝國變成了政府一般，對人們的生活有著強大乃至主導性的影響。值此之際，人類組織不僅延續了社會結構與階層的概念，且當代思維像是Adam Smith（1776）的《國富論》（The Wealth of Nations）、以及Karl Marx在相關論述中，都對層級與分工制度加以讚揚，組織結構猶如語言結構般，使得管理與傳播皆奠基在這種階層控制的理法之下，效能遂成為社會與組織的重要目標。如此可以窺知，古典科學管理取徑的基本假設乃在於對科學理性控制的信念。

早期對於組織和傳播的研究，主要是延續西方自十九世紀末工業革命的傳統而來，當時人類的生產技術正由手工邁入機械化時代，因而多數學者都視人類的「組織」如「機械」（machine）一般，如何使「機械」可以有效能與效率的運作，則是管理者最重要的工作。以下就分別介紹科學與古典管理、人際關係，以及人力資源等三個主要論點。

一、科學與古典管理取徑

有「科學管理之父」之稱的Frederick Taylor在其出版的*The Principles of Scientific Management*書中❸，提出工作與管理的本質乃是科學性的，因而從微觀的角度來思考如何更有效的改善組織功能。他認為管理者的主要工作就是制定規範與原則，並且應依照最科學的方式來分派、指定與監督員工工作。而他提出的四個管理原則：只要根據科學的方法，每件工作都有一個最好的完成方式；要適才適用，因此員工的選取、訓練與發展應科學化；應視員工的表現計酬，每一項工作皆有其固定的報酬，但表現好的員工則應有額外的獎勵；應有明確的分工，因此管理者的工作是制定與計畫工作，而員工的工作則是遵循與完成管理者的規劃，至今仍被許多經理人所遵循。

雖然Taylor的初衷，是期待經由理性科學為管理者和工作者兩造帶來和解，然而科學取徑的信念其實更加深了管理者和工作者、以及工作者間的距離——管理者是訂定與監督計畫的執行，而受雇者的工作是執行計畫，當然受雇者也有白領與藍領、男性與女性之別。

科學管理取徑主要是從管理者和產能的角度來看組織與傳播，管理者和工作者的最主要差別在於——管理者思考、工人工作（Morgan, 1986）。在線性的理性思維下，工作動機、人際關係和環境因素完全無須多慮。

同一時期的Henri Fayol，則是根據其實務經驗提出了一般性的管理原則以強調效率與行政管理❹，他認為管理有規劃、協調、命令、組織和控制五大程序和十四點原則，被後人歸於行政管理或是古典學派。Miller

❸ Taylor, F. W. (1911). *The principles of scientific management*. London, UK: Harper & Brothers.

❹ Fayol, H. (1949). *General and industrial management* (Constance Storrs, Trans.). London: Sir Isaac Putnam.

（2003）將他所提出的十四點管理原則，歸納為結構、權力、獎賞和態度四大類。

就結構而言，Fayol提出了分工、職權、紀律，以及指揮方向等原則，強調的仍然是透過金字塔式的階層結構，來進行領導與管理；而權力的面向，也仍然講求中央集權式的決策過程，職權的關係好像是一條由上而下的鏈條，一層管理一層，而溝通時也必須沿著此鏈進行，除非在獲得上級同意的情形下，才會允許跨鏈間的溝通，以免延誤工作，這即是有名的費堯橋梁（Fayol's bridge）的概念，意指在某些情況下直接的平行傳播應是被允許的。

至於獎賞，Fayol認為，員工薪資應在符合組織與個人的期望下公平合理的給付，這種公平原則強調的是員工應被和善與公平的對待，而其更進一步修正科學管理實務上高離職率的現象，提出穩定人事的原則，以使員工能更佳的執行工作；在態度面向上，Fayol列出主動原則，認為員工應主動思考且具備執行能力，並宣稱管理者應提倡團隊精神，以促進團結與和諧。

儘管古典科學取徑強調的是普同性，但在社會變遷下，理念與實務卻產生了衝突，該時雖然人權與勞工權益日漸高漲，但分殊主義（particularism）的盛行，卻又讓工作者不得不屈服在政府、組織，乃至管理者的特異權威中，於是官僚制度（bureaucracy）遂漸興旺以匡時風。

德國社會學家Max Weber，則使用科層體制來說明理想的組織形態。他認為在科層體制中的所有行為，都是依據機械性規則，而在一封閉的理性系統中所運作，因為工業社會中的組織必須強調速度、確定性與持續性，且成員是經由正式公平的遴選，在組織中亦有嚴格的分工、明確的職權階層，以及正式的法規與規範，同時具有不徇私的非人化（impersonality）管理方式[5]。

---

[5] Weber, M. (1947). *The theory of social and economic organizations*. NY: Oxford University Press. 和Weber, M. (1969). Bureaucracy. In A. Litterer (Ed.), *Organizations: Structure and behavior*. NY: John Wiley & Sons.

Weber期待藉由科層制度來達成普同主義（universalism），以使組織成員能夠被標準一致的平等對待，此一理想固然立意良善，但實際上卻有幾個困難無法克服：其一是組織行為不會只受限於組織內部環境因素，而會受到組織外部大環境的影響；其次是科層體制無法應付非例行性的任務；最後則是回歸到人們對於理性的認知未盡相同（Perrow, 1986）。這些不足，自然導致新的取徑出現。

而在上述的古典理論中，傳播被視為是一種管理上的工具（tool），它主要的功能不在於社會性的溝通或是創新傳播，因為最好的工作方式已經被科學化所決定了，因此組織中的傳播內容主要是正式的，且與工作有關的內容，而溝通訊息的流向自然是單向的，是一種由上而下垂直式的溝通。可想而知，這樣的傳播風格必然會以書面溝通為主，因而塑造出一種不帶有情感、正式而疏離的氛圍。

二、人際關係取徑

人際關係運動（human relations movement）的產生，一方面是受到其他學域發展的影響；另一方面則是起於對科學管理學派機械式組織思維的反動而來。而其時整個社會科學的發展，也漸從行為主義轉向符號互動論的潮流中，從Charles Peirce、William James、George Mead，到Herbert Blumer，意義成為人類互動的核心，也推衍出新的視野來看待人類行為。此外，其時人類社會亦走過經濟大蕭條和二次大戰，致使人們重新思考管理、工作和個體的關係。

從1920到1930年代應運而生的人際關係運動，強調個人的需要和社會關係，知名學者像是Mary Parker Follett即呼籲應透過團隊合作解決問題，並賦權於員工以分享資訊（Dixon, 1996; Hurst, 1992）。此外，學者們在伊利諾州西方電子公司的霍桑工廠所進行的一系列研究，即後來所謂的霍桑研究（Hawthorne Studies），也推動了人際關係取徑的思潮；另一

方面，許多學者和實務工作者亦對古典學派所強調的理性和去人性化的管理主張提出質疑。

　　霍桑研究主要是由哈佛大學的教授Elton Mayo及其同儕領導的研究團隊所進行的，起初的研究宗旨與泰勒的科學管理理論一致，是要探討如何改善生產環境，以提高員工生產力與組織效率。然而使用不同研究方法所進行的數個研究結果，卻顯示組織猶如一個社會體系般，員工參與組織工作有不同的動機而並非只有經濟因素；此外，個人的態度會影響其工作行為，而個人的態度又與監督者的態度以及團體士氣有密切關係。研究的發現指出，生產力高低主要決定於員工彼此以及和主管間的關係，而非工作環境，因此這項研究不僅使人際關係開始受到重視，也使人的行為與動機開始受到廣泛討論。

　　另一位兼具了理論與實務經驗的Chester Barnard，則在其*The Functions of the Executive*（1938）書中❻，強調社會與心理因素對組織效能的影響。他認為組織乃是一個開放的社會系統，這個系統的運作必須依賴成員的互動與互助，而管理者最重要的功能就在於激勵部屬。Barnard主要提出了三個重點來彌補之前學說的缺陷：(1)應重視個體行為的差異性，以及這些差異性可能對組織效能所產生的影響；(2)服從乃是一種合作的意願，而獲得員工服從的前提是他們願意先放棄其個人的喜好而接受命令，因此使用不同方式去激勵員工是必須的；(3)傳播是組織運作不可或缺的要素，因此管理者的首要功能就是要建立並維持組織中的傳播系統，事實上，組織結構就是一個傳播系統。

　　人際關係學派的核心概念，乃聚焦在工作場合中的社會性互動，因而就組織中的傳播內容而言，除了正式的、書面的，以及與工作有關的內容外，也強調非正式的、面對面的人際傳播內容，也因此傳播訊息的流動方向是多向性的，除了垂直的上行傳播和下行傳播外，亦包括了水平的平

---

❻Barnard, C. (1938). *The functions of the executive*. Cambridge, MA: Harvard University.

行傳播。

三、人力資源取徑

自人際關係運動之後，人的行為及其動機成為關注的焦點。然而人力資源理論的發展（human resource development）則是起於對人際關係運動的省思，因為若是依照人際關係理論，當員工的滿意度越高時，則其生產力應該會越高才對，但是在實務上一個對工作滿意的員工，生產力卻未必相對提高。

另一方面，有部分研究顯示，人際關係的理論在組織中常常只是被表面化的運用，一些經理人雖然支持對員工使用參與性的開放溝通，但他們並非真正認為員工具有獨立作業或是高品質決策的能力，僅僅只是以假性的人際關係（pseudo human relations）與假性的參與（pseudo participation）為策略，來滿足員工的需要以提高生產力，說穿了只是激勵與管理的手段。

然而人力資源取徑乃是在關切組織氣候外，亦同時強調組織成員的參與和對話。Maslow的需求理論、McGregor的X理論與Y理論，以及Likert的四管理型態理論等，可說是促成人力資源取徑的重要推手。這些理論主要指出人類工作的動機，除了經濟性與社會性以外，亦跟個人的存在價值以及自我實現有關。也因此，信仰人力資源理論的管理者一樣會鼓勵員工參與決策，並支持開放性的溝通方式，但與人際關係學派的差異在於，他們認為組織中的每一個人都具有值得重視的感知能力，任何員工的思想與創新觀念都對組織有貢獻，因此員工是組織最大的資產。

Maslow的需求層級理論（Maslow's Need Hierarchy, 1954）認為，人類行為乃是受到生理需求（physiological needs）、安全需求（safety needs）、社會性的需求（social needs）、自尊的需求（esteem needs）以及自我實現的需求（self-actualization needs）等五個不同層級需求的驅

使，唯有當低層級的需求滿足時，人們才會尋求高層級需要的滿足，而自我實現的需求即使被滿足後，仍能繼續驅動人們。此說自然異於Taylor等人認為經濟與謀生乃是人們工作的主要驅動力，且組織中只有少數菁英分子會有自我實現的驅動力，多數成員是需要嚴加管理的認知❼。

McGregor的X理論與Y理論（theory X & theory Y, 1960），則區分出兩種人類本性的基本假設，而這些假設顯然主導了管理者對於員工行為的認知和溝通的方式。所謂的X理論主要是基於古典理性經濟人的假設，認為人是不喜歡工作、不喜歡有責任且需要被督促的；而Y理論則認為人是獨立的、是喜歡工作、有責任且希望不斷成長的，也因此員工的組織行為會呈現出兩種截然不同的表現。為了讓人力資源有所提升與發展，組織必須成為創造開放溝通（open communication）、減少層級差異、讓工作更有趣，以及去中央集權的氛圍。

而在Likert的四管理型態（或是系統）理論（four types of four systems, 1961）中，系統1（system 1）的概念主要與X理論相似，系統4（system 4）的概念則是近似Y理論的內涵，而系統2和系統3則是介於兩者之間：系統1 是剝削性權威型（exploitative-authoritative），這是一種中央極權的管理模式，因此管理者與員工間的溝通極少，且多是一種由上而下的垂直式溝通；系統2是慈善性權威型（benevolent-authoritative），雖然也是權威式的管理，但管理者不會以威脅或剝削的方式對待員工，同時與員工則有較多的互動，也願意付出較多的獎勵來激勵員工；系統3則是諮商式參與型（consultative），組織中雖然決策權與控制權仍在上層的管理者手中，但員工的意見在決策過程中會被諮詢，管理者對員工也有更多的關懷與激勵，因此上行與下行傳播的數量皆十分頻繁；系統4為共享式參與型（participative），此種組織強調開放性的傳播，因而上對下、下對上的垂直傳播，以及水平傳播皆頻繁，傳播的內容也都是正確未扭曲

❼ 參見Maslow, A. H. (1954). *Motivation and personality*. NY: Haper & Low. 與Maslow, A. H. (1965). *Eupsychain management*. Homewood, IL: Richard D. Irwin.

的，且員工得以參與決策過程，因而目標的設定是確實可行的，同時員工可以經由回饋以進行自我控制。

由於人力資源取徑強調提升組織效率與滿足員工需要的雙重目標，因而此取向的組織傳播較人際關係取向更為開放，傳播內容則除了社會性以及與工作有關的內容外，亦包括了新觀念的傳布；而傳播訊息的流動方向是經由多重管道且多方向性的，除了垂直的上行傳播和下行傳播外，亦包括了水平的平行傳播，同時以參與及團隊為基礎的傳播風格亦為其特色。

由此可以看出組織傳播益發重要，且在參與式管理的前提下，組織成員較有自由發言與對話的空間。然而，此學說其實仍延續了前面幾個學派的思維，將所有人類組織視為類同，而忽略組織的文化差異與環境的變動；其次，即使增加了成員發聲以及與管理階層對話的空間，但對於從實用論來看的（如何可以增進？）和從組織政治面來看的（誰有發聲權？誰被允許發聲？）等實務上的複雜問題卻不曾處理，這不僅點出了為何即使當代有許多組織奉行人力資源管理，但卻並非個個皆成功的事實，另一方面也讓後續發展的理論有更多可以反思的空間。

第三節　從開放到權變——系統理論取徑

系統理論源起於生物學者Bertalanffy所發表的*General Systems Theory*（1968）[8]一書，相對於傳統科學的分析論、簡化論和線性因果關係的思維，提點出新的非線性動力學與整合性思考的世界觀；Katz 與 Kahn則寫成*The Social Psychology of Organizations*（1966）[9]，認為組織是開放系統

[8] Bertalanffy, L. von (1968). *General systems theory: Foundation, development, applications* (rev. ed.). NY: Braziller.

[9] Katz, D., & Kahn, R. (1966). *The social psychology of organizations*. NY: John Wiley & Sons.

的一種，每個組織都有其特性，但也都擁有開放系統的共同特色，這些特色包括從環境輸入能源、轉化這些能源為產出物、將產出物輸出至所處環境、並再將環境所取得資源轉為能源；而組織傳播學者Farace、Monge和Russell（1977）則是根據系統理論的原則，發展了一個結構—功能性（structural-functional mode）的組織傳播模式。

系統是指一群相互依賴之構成要素間的複雜關係，系統理論的重點主要是從結構—功能論出發，認為組織是一個繼續不斷與其環境互動的開放體系，因而組織猶如活的有機體（the living organism）一般，透過與外在環境的交換互動、以及自身內部的轉換過程，使得組織也有出生、成長、衰竭，甚至死亡的生命週期。

系統具有幾個重要的特徵：系統的組成要素（systems components）指出，系統是由具有高低階層秩序的許多要素所組成的，這些要素從大到小分別為超系統（supersystems）、系統（systems）與次系統（subsystems）；系統的相互依賴性（interdependence）則說明，各個系統要素間必須相互依賴方可運作；系統的可穿透性（permeability）是指每個系統皆具有可穿透的界限，以供訊息或物質的流進與流出。

而系統的運作過程主要是指一個開放系統透過可穿透的界限，從環境中輸入（input）各項資源，然後對這些資源進行轉換（transformation），最後再將這些物質釋放到系統外的產出（outputs）過程。這些產出大部分會回饋給環境，以交換更多的資源投入系統。因此整個系統的運作過程包括了交換與回饋的雙向過程。

系統的概念對於組織傳播研究與實務有幾個重要的提醒：整體性（wholeness）指出，各個系統間的要素必須相互依賴方可運作，因此一個整體互動良好的系統，其效能往往大於其中個體相加的總和；殊途同歸性（equifinality）說明了在一個複雜的系統中可以有很多方式與途徑去達成相同的目標，並非只有單一的方式可行；亂度是指封閉系統崩潰的趨向，因此一個開放性的系統必具有負面亂度的特性（negative entropy），

以防止系統衰退；必要多樣性（requisite variety）則提醒由於系統的開放性，因此其內部的運作情形必須和其所處的環境同樣的複雜多元，方能因應外在環境（Daniels, Spiker, & Papa, 1997）.。

　　系統理論提陳了一個複雜的組織在不可預知的動態環境中，必須不斷的運作以建構秩序，因而對於學界和實務工作者而言，系統理論導出了一種權變的論點（contingency approach），意指在複雜與變動的環境中，並沒有一種放諸四海皆準的運作方式，管理者必須同時考量內部情形與外部環境後，方能找出適合組織運作的方式。

　　如此，從視組織為開放系統到對於管理採權變取徑，系統理論更加凸顯了傳播在組織過程中的重要性。從傳播的面向來看，組織中除了正式與非正式的溝通，以及包括了上行、下行與平行等組織內部的傳播外，也須不斷的與組織外部進行溝通互動，尤其是進行跨越系統界限的跨界傳播（boundary spanning）以監測環境變動最為重要。另外，組織間成員、團體，以及組織與其他組織的互動也可以用傳播網絡（communication network）的概念來分析。

　　早年管理學者和組織傳播學者對系統論的運用，首推Karl Weick在*The Social Psychology of Organizing*（1979）[10]和*Sensemaking in Organizations*（1995）[11]兩本書中所提出的感知模式（sense-making model），主要指出組織處於高度複雜和快速變動的環境中，必須具備能夠感知外間環境的變化，同時也可為這些變化賦予意義的能力。故而組織和成員應具備溝通能力，以感知外在環境變化、賦予意義、做出決策、進行回應與適應，並為下一次的變動做準備。這個模式清楚的勾勒出組織理解與決策過程中的系統性思考。

　　近期管理學者Peter Senge（1990）亦成功的將系統性思考融入組織學

---

[10] Weick, K. (1979). *The social psychology of organizing* (2nd ed.). Reading, MA: Addison-Wesley.

[11] Weick, K. (1995). *Sensemaking in organizations*. Newbury Park, CA: Sage.

習理論[12]。Senge認為學習型組織的成員需要將心智轉向到強調參與和全觀的系統概念中，從自我對話以進行自身反思而改變個體的思維模式開始，推展到共享的願景，直至團隊的對話以學習和成長，這中間牽涉到自身、人際、團體，乃至組織中的層層溝通和互動。

　　系統論提出的全觀思維，除著重組織結構的靜態概念，亦將動態的傳播過程具體展現，並清楚勾勒出組織溝通的層次；而在方法論上除須系統性的資料分析外，也提出網絡分析（network analysis）的方法進行研究。其與先前古典科學取徑最大的差異在於強調整體性的概念，而導入環境、互動、相互依存與意義感知等概念，為組織傳播理論帶來新的思維。然而系統論因傾向普同主義與結構－功能的論點，仍無法滿足學者對於組織文化、組織認同，以及組織真實建構等在地知識的探究和尋求，使得組織傳播學研究漸朝文化─詮釋論和批判論等新典範轉移。

 參考文獻

中文部分

黃瑞祺（1986）。《批判理論與現代社會學》。台北：巨流。

英文部分

Chia, R. (2003). Organization theory as a postmodern science. In H. Tsoukas & C. Knudsen (Eds.), *The Oxford handbook of organization theory: Meta-theoretical perspective* (pp. 113-142). London: Oxford University Press.

---

[12] Senge, P. (1990). *The fifth discipline: The art and practice of the learning organization.* NY: Doubleday/Currency.

Daniels, T. D., Spiker, B. K., & Papa, M. J. (1997). *Perspectives on organizational communication* (4th ed.). Madison, WI: Brown & Benchmark Press.

Derrida, J. (1972). Structure, sign, and play in the discourse of the human sciences. In R. Macksay & E. Donato (Eds.), *The structuralist controversy: The language of criticism and the science of man*. Baltimore, ML: Johns Hopkins University Press.

Dixon, T. (1996). Mary Parker Follett and community. *Australian Journal of Communication, 23,* 68-83.

Eisenberg, E. M., Goodall, H.L. Jr., & Trethewey, A. (2007). *Organizational communication: Balancing creativity and constraint* (5th ed.). Boston, MA: Bedford/ St. Martin's.

Farace, R. V., Monge, P. R., & Russell, J. M. (1977). *Communicating and organizing.* Reading, MA: Addison-Wesley.

Hassan, I. (1985). The culture of postmodernism. *Culture & Society, 2/3,* 119-131.

Hatch, M. J., & Yanow, D. (2003). Organization theory as interpretive science. In H. Tsoukas & C. Knudsen (Eds.), *The Oxford handbook of organization theory: Meta-theoretical perspective* (pp. 63-87). London: Oxford University Press.

Hurst, D. (1992). Thoroughly modern-Mary Parker Follett. *Business Quarterly, 56,* 55-59.

Likert, R. (1961). *New patterns of management.* NY: McGram-Hill.

Maslow, A. (1954). *Motivation and personality.* NY: Harper & Row.

McGregor, D. M. (1960). *The human side of enterprise.* NY: McGram-Hill.

Miller, K. (2003). *Organizational communication: Approaches and processes* (3rd ed.). Belmont, CA: Wadsworth.

Morgan, G. (1986). *Images of organization.* Beverly Hills, CA: Sage

Perrow, C. (1986). *Complex organizations: A critical essay* (3rd ed.). NY: Random House.

Thayer, L. (1982). What would a theory of communication be for. *Journal of Applied Communication Research, 10*(1), 21-28.

Weber, M (1978). *Economy and society.* Berkeley, CA: University of California Press.

Chapter 4

組織傳播理論與研究的新轉向

第一節　轉向語言的組織傳播學

　　當代社會科學最重要的趨勢之一，就是對於「語言」的重視。如同社會學、社會心理學和人類學等領域般，傳播學和組織學者們亦重新思維語言與文本對於組織文化、認同、運作，以及真實建構的重要性。此語言的轉向（linguistic turn），將組織理論建構的焦點，轉移到語言再現和語言使用等相關議題上。

　　語言轉向的迸生，在於對既往認為語言猶如鏡子般反映真實說法的質疑（Chia & King, 2001; Alvesson & Kärreman, 2000），亦即對於語言「再現危機」的反思。這樣的質疑一方面產生在討論組織中傳播和感知過程；另一方面則是關乎語言在理論建構所扮演的角色。我們可以從語言本身、語言的使用和研究文本的產製三個面向加以說明和討論。

　　從語言本身來討論其可能性和不可能性，乃是關注語言的起點。語言本身為一符碼系統，我們固然可以透過語言瞭解組織秩序和關係，但再現的絕非是如映像般精準的真實。再現乃為抽象和組建的技術（a technology of abstraction and organization）（Cooper, 1992; Kallinikos, 1995），John Casti（1995）就認為我們之所見和我們描述所觀察間的關係，一如Wittgenstein 所說是無法用語言表達的 （1995, p. 8）。這樣，語言猶如再現的技術（representational technology）（Chia & King, 2001），透過其結構性的論述表達，來組織、創建和維持社會真實。因此語言行動將所認知的世界有條理的開展，這就進入如何界定在地真實（local reality）的範疇。

　　要探討在地真實的建立，則須從語言使用的角度切入。Derrida（1976）對於邏各斯中心主義（logocentrism）的批評，正足以說明西方哲學傳統視語言本身有一套恆常的秩序和結構，且語言與存在的意義絕對貼近看法的可議（見Cullelr, 1983）。現代知識論的語言觀不約而同地

將語言設置在一個「主體－客體」的二元基模（subject-object dualistic schema）中去突出語言「反映」或「再現」的鏡子功能。如此，則知識的真假判斷乃在於語言是否如實地「對應符合」或「反映」外在實體，語言要絕對服從先驗的主體意識結構去發揮其再現客觀世界的任務。那麼，則轉入對語言使用時的探討，其功能、互動與情境依附的本質或許更有助於詮釋真實。Alvesson 和 Kärreman（2000）就認為像是論述分析（Potter & Wetherell, 1987）、俗民方法學和會話分析（ethnomethodology and conversational analysis）（Silverman, 1993）等取徑，乃是將關注的焦點從語言本質的哲學探討中，成功移轉到語言在社會情境中如何被使用的實踐面向上。

　　研究文本的產製，乃至於理論的建構，則是另一個須思考的面向，如果延續Derrida對於邏各斯中心主義，乃至語音中心主義（phonocentrism）的批評，則顯然更應對服膺於西方理性文化主體與絕對真實的研究思維有所調整。研究文本的撰寫既然不再是那麼的客觀與疏離，則從研究分析到理論建構，我們顯然應該知覺到語言如何牽制研究者對於組織的瞭解和理論的建立（Drazin & Sandelands, 1992）。Cooper（1989）、Kallinikos（1995）和Gergen（1992）等人就不約而同的指出，除了研究組織中的言說、對話、故事和迷思等外，應更進一步將語言視為是組織研究的中心。

　　此種語言知覺（language-conscious）的組織研究，除了將語言視為是研究的中心外，也意味著語言是行動的表述、語藝的文本、權力的承載，或是社會議題的披露等。如此，組織研究亦須關注語言所附著的情境，這樣一來，向語言乃至向語藝轉向的組織傳播學研究，讓此學域充滿著多重聲音、多重理解與多重意義的同時並陳。這意味著相關研究開始強調田野調查（fieldwork）和組織中言說（organizational talk），於是新研究取向逐漸浮出，其中尤以從闡釋—文化論點（interpretive-cultural perspective）出發的組織民族誌（organizational ethnography），與從批評

論點（critical perspective）發展出的研究方法最受重視。

　　從融合了傳統語藝理論、語藝批判理論、語言學中的論述分析、社會學中的符號互動論、人類學中的文化人類學，以及社會語言學中的俗民方法學等理論與方法中，並在當代大師級學者如Austin、Bateson、Geertz、Goffman、Mead、Sacks和Garfinkel等人的啟蒙與影響之下，組織傳播的研究不只採微觀的語藝分析法，更透過多層次的論述分析對組織真實的建構，以及文化的創造及演變進行深入的瞭解與研究。

 ## 第二節　強調意義的詮釋取徑

　　詮釋學者認為，科學研究在人類社會中尋求放諸四海皆準的客觀法則幾乎是不可能，我們所居留與經歷的生活世界，亦存在著多重真實和多元理解。而社會真實是由社會演員在互動的情境中共構而成的，理解乃是經由詮釋而來，這種現象學與闡釋學所稱的情境特殊性（context-specificity），說明了此種知識乃是產製且隸屬於該情境的。因此，社會成員如何透過語言進行互動，以在情境中產製與理解意義，並形成社會關係遂成為研究重點。

　　從此取徑所進行的組織傳播研究，主要分為三大區塊：組織文化、對於詮釋的理論建構，以及組織敘事研究（Hatch & Yanow, 2003）。管理與傳播學界在使用「文化」的概念來檢視組織時，主要有兩種不同的見解：一種看法認為文化是組織所「擁有」的物件（culture as something an organization "has"），因此一個組織特別是企業組織需要有一個強勢文化（strong culture）以勝出；另一種看法則是認為組織就是文化（culture as something an organization is），就像IBM與Apple是不同的企業組織一般，IBM與Apple的文化也必定不同，而組織傳播就是這個文化的展現（Pacanowsky & O'Donnell-Trujillo, 1984）。

除了學術界興起相關的理論外，文化取徑的發展在實務界亦有三本書推波助瀾：(1)William Ouchi的《Z理論》（*Theory Z*）：Ouchi（1981）指出，企業的成功主要跟它們是否有能力可以根據其所在國的文化與卓越標準（standards for excellence）而不斷的調整有關。書中並提出「Z理論型態」的組織是最為理想的，因為此一型態的組織兼容並蓄了美國企業中注重個人主義與日本企業裡強調群體利益的所有優點；(2) Deal和Kennedy的《企業文化》（*Corporate Cultures*）：Deal與Kennedy（1982）根據相關的研究指出，構成「強勢文化」（strong culture）的五個重要因素分別是：企業的外在環境、組織的價值觀、組織的英雄人物、典禮與儀式，以及文化的網絡；(3)Peters與Waterman的《追求卓越》（*In search of Excellence*）：Peters和Waterman（1982）根據當時被人們認為「卓越」的六十二家企業進行分析，歸納出這些企業存有八個重要的文化面向：行動至上、接近顧客、鼓勵自主與創業精神、透過人來提高生產力、建立積極的價值觀、做內行的事、組織精簡，以及寬嚴並濟的管理方式。

　　從上可知，組織文化的概念其實在產業界早已形成，然而當年這些被視為具有優質文化以及卓越表現的企業組織，卻有許多在今日早已被淘汰或是不再具有領先地位，這說明了兩點事實：(1)組織文化的建立與運用必須動態且靈活，絕對沒有一個理想的文化模式能適用於任何組織，因為從權變的觀點來看，組織文化乃會因為組織所處的產業、環境、領導風格、組成成員與經營策略等而有所差異，因此管理者若勉強套用一個並不適合自己組織的文化模式，有時反而會造成企業成員的適應不良；(2)任何文化除了具有延續的特性外，它更具有改變的特性，因此管理者必須時時根據組織內外部環境進行變革的管理。

　　Pacanowsky和O'Donnell-Trujillo（1982）認為，若將企業組織當成是一個「過程」來看，則無論組織成員在其中做什麼都必須經由傳播與互動，而企業文化也正是如此建構出來的。同時，文化的傳承亦必須是在不同的情境中，經由語文和非語文傳播所組織起來，並傳遞給新進成

員的。如此一來，傳播成為一種組織的過程（the process of organizing）（Johnson, 1987），其所產製出的意義與價值觀，則是組織成員在完成任務時所必須倚賴的。

　　儘管看法分歧，多數學者對「組織文化」的概念存有下列共識：(1)組織文化是經由社會建構（socially constructed）而形成的；(2)組織文化提供組織成員瞭解事件與符號的參考基模，並提供其行為之指導；(3)組織文化並不是憑空存在（out there）且可以直接觀察的，其所形成之內涵是組織成員所共享和共同詮釋的；(4)組織文化是多重向度的結合體（秦琍琍，2000）。

　　Schein（1985, 1992）則將組織文化的構成元素分為三個層次：第一層是人造品和創造物：這是指在組織中最顯而易見的事與物，比如建築物、辦公室的擺設、使用的技術、人員的穿著、彼此的稱呼，以及傳播行為等；第二層是價值觀：通常是指在組織中的成員所廣泛具有，且可以意識得到的價值觀與信念。這種價值觀是一種被擁護的價值觀（espoused values）（Argyris & Schon, 1978），意思是，它雖然指出了在組織中應該如何（ought to happen），但不代表組織中的人真正如此行，例如一位管理者可能會說他很重視與員工的溝通、也很重視員工的意見，但其所行未必如此；第三層是基本假設（basic assumptions）：事實上這才是文化的內涵與精髓所在，但卻常常被組織成員視為理所當然（taken for granted），而內化到日常組織生活當中，因此基本假設常常是看不見也說不出，但確是實際引導著組織運作的，例如組織成員對人性的善惡、人與人之間的關係，以及人與自然的關係等信念，深深影響了組織的管理、溝通與制度的訂定。

　　而Trice和Beyer（1993）亦認為，組織文化並非是單一的概念或變數，像是組織氛圍、組織結構、價值觀、語言，或是比喻等。他們認為文化主要包括了兩個部分：由共享的價值觀信念以及規範等所構成的文化本質（culture substances），和可以從組織成員所言所行中觀察得到的文化

形式（cultural forms）。

　　對文化闡釋學派而言，想要研究組織就應如研究文化一般（Pacanowsky & O'Donnell-Trujillo, 1984），必須深入去探究成員外在行為背後的價值、信念、意識形態、世界觀與假設等。換言之，任何組織之所以為「這個」組織（"the" organization），是一種主觀而非客觀的現象，因為唯有經由在此組織情境中的人們透過傳播與社會互動，才能建構出屬於這一群人的組織真實。

　　因此，研究組織文化的重點是要從成員的角度（native's view）去觀察組織中每天的工作、正式與非正式的組織結構、典禮儀式、語言與非語言符號、故事、比喻等所有相關面向的文化意義。這種組織民族誌（organizational ethnography）的質化研究方法，主要將組織視為是研究的場域，而研究者從實際的參與和觀察中，來全面理解組織中的成員是如何經由傳播與互動來建構他們的組織真實與該組織文化的。傳播在此也就超越了工具性的使用，而被視為是文化形成與轉變的核心過程。換言之，這派學者是回歸到人類共有經驗與意義建構的本質中去討論傳播的意涵。

　　詮釋社會學（interpretive sociology）和文化人類學（cultural anthropology）對於組織文化的研究和詮釋的理論建構，都有相當深遠的影響。尤其是自Burrell和Mogan（1979）將詮釋取徑從功能論等其他組織研究取徑獨立出來後，組織研究的理論建構即揚棄了單一客觀真實與因果論的視野，而轉為從以過程為基礎（process-based）的思維模式（Chia, 1997），強調組織的本體非固著而是形變的，組織文化乃是透過這些溝通與互動所迸生，我們在如同蜘蛛網般的種種組織情境中，運用故事、笑話、典禮、儀式、迷思等互動並建構真實，因此研究方法著重透過質化研究，達成對於文化意義的理解。

 第三節　解放旨趣的批判取徑

　　自1980年代之後，批判理論在美洲大陸逐漸興起，主要是受到馬克思（Karl Marx, 1818-1883）學說的影響，認為在資本主義社會中，勞資關係有先天性的不平衡，因此需要批判來顯露人類社會的基本真實，此舉並將導致革命的發生，而其理論對之後的多位法蘭克福學派（Frankfurt school of critical theory）學者亦有極深遠的影響（Eisenberg, Goodall, & Trethewey, 2007）。

　　組織傳播研究的批判取徑，源起於對組織與傳播的認知有所轉變，主要的差異在於從獨白式的取向（monological approaches）轉移成對白式的取向（dialogical approaches）。就好像是舞台劇中的獨白與對話一般，所謂獨白式取向的重點，是指企圖在組織中尋求整體一致的故事與共識，即無論在其研究中採取了多少組織成員的觀點，研究者都習慣將其整合成一個單一貫穿的論述，這也就是為何有學者認為在任何組織中都必存在著一個整體的強勢文化的原因；而採對白式取向的學者則認為，組織中存在著多元認知與多種真實，組織就如同一個爭霸的場域般，當中不同的聲音和不同的觀點會不斷的相互角力，以爭取掌控的權力，因此論述本身就可以解釋成是權力的來源。

　　批判學說主要對於權力以及權力的運作有不同於以往的看法。傳統取徑的學者認為，組織中的權力主要是來自職位與個人特質，管理者或是因其職位權力（position power）而能對員工進行獎賞權（reward power）與懲罰的強制權（coercive power），或是因為其個人所具有的特質與魅力，而形成對員工有所影響的一種個人權力（personal power）；而文化取徑的學者則認為，組織中的權力是經由符號表徵與傳播互動所建立與運作的；至於批判論點則認為，人類組織中的權力與衝突主要來自資本家對生產模式（生產過程背後的經濟條件）與生產方式（實際的工作過程）的

控制、管理者對性別議題的控制，以及管理者對組織論述的控制等三個面向。

　　批判理論的學者認為，資本主義的生產模式是建立在對勞工剩餘勞力（surplus labor）的剝削上，資本家將利潤的達成視為是來自工廠與設備的投資，因此利潤多寡取決於市場條件而非勞力，所以員工無法決定其勞力所生產出的產品價值，同時工業化的結果亦帶來對人性的扁抑（dehumanization）與異化（alienation），然而這種潛藏的不平衡卻未必被勞方與資方所意識到。

　　女性主義的論點近年來亦漸受到重視，此派學者多從女性主義（feminism）的角度來探討父權制度（patriarchy）對於組織中的性別關係、知識結構以及男性主控等現象的影響，而在對於性別刻板印象、性騷擾、性別歧視等存在已久的組織問題上，女性主義學者也確實為新世紀的組織傳播研究開出了另一條路。

　　對組織論述（organizational discourse）控制的討論，則是因為學者認為組織真實主要是由成員的溝通互動所建構出來的，也就是由組織中的論述所建構而成的，而組織中的權力關係則是透過組織論述所產生和再製的（Deetz & Mumby, 1990），因此在組織中「誰能說？」「什麼能說？」「怎麼說？」以及「誰說了算？」等情形，其實都透露出論述就是一種掌控與宰制。

　　持批判論點的組織傳播學者主要視組織是階層宰制的工具，而傳播則是組織中權力的產生與運作最重要的場域。因此對於組織文化的研究關注則從理解的角度，轉進到揭露權力與意識形態的霸權與宰制。Mumby（1987）等人的研究就從組織的迷思、故事和隱喻中，揭露組織文化中許多理所當然的事物背後所暗藏的權力宰制。而在Michel Foucault、Antonio Gramsci、Jurgen Habermas與法蘭克福學派的新馬克思主義之影響下，許多學者從權力的正當性、權力的深層結構、霸權與扭曲的傳播、權力與衝突，以及意識形態的掌控等面向探討組織文化與真實。

批判理論的終極目標在於幫助被壓迫的團體，從被宰制的意識形態、假設、權力關係，以及認同的形塑等扭曲的真實與現象中解放出來，而唯有當被壓迫的團體能夠進行批判性的反思，並逐漸浮顯自主的意識時，解放才有可能達成。研究者則必須更貼近他們的研究對象，從組織中被視為理所當然的運作模式、規範章程與例行的事物中，去解析組織裡所隱藏的深層權力結構，因此整個研究主旨不只在於探究意義與詮釋，更要找出這樣的意義與詮釋究竟是符合誰的利益？

　　批判理論揭示了個體受到現代組織禁錮的情形，Deetz（1992）稱此為「生活世界的組織殖民」，人們所隸屬的企業或組織框架了日常生活的諸多面向，人們對於住在哪裡、何時有小孩，以及如何安排休閒時間等生活事件，常常受到組織的控制和生涯規劃的影響，而一旦人們離開學校、社群和組織，也會產生疏離感和缺乏認同，組織對於成員的深層控制，有時甚至凌駕了政府。

　　許多組織傳播學者（如Atkou, 1992; Deetz, 1992; Smircich & Calás，1987）就認為，管理者對於文化研究的偏好──即重視傳統科學研究、強調解釋、預測與控制──強化了組織殖民化的生活世界，而Stanley Deetz、Dwight Conquergood和Joanne Martin等人亦分別從意識形態、霸權、語藝的反思性、以及文化的多元性與分殊性等面向上，呼籲從事組織民族誌的研究者，在探究文化的創造、維持與變革之餘，更應正視權力與宰制的相關議題。批判學者們的實踐是進一步提陳出抗爭（resistance）的概念，以企圖為組織成員在意識到深層隱藏的權力和宰制後，能為自己和組織帶來正面的改變，當然這種種的努力，也將為後現代的組織研究開啟新的可能。

第四節　語藝轉向的組織研究

　　組織研究自從語言轉向以來，近年漸有學者從語藝的觀點，來檢

視組織管理者如何使用語言以建構真實與形塑認同（參見Cheney, 1991; Coupland & Brown, 2004; Elsbach & Kramer, 1996; Gowler & Legge, 1981, 1996; Linstead, 2001等），此種意義管理的本質乃是透過語藝說服來塑造意識形態的過程。

　　在古希臘時期，人們使用口語作為主要的溝通方式，語藝除用於說服的實踐外，另一重要的目的乃為發現真理。除了Corax和Tisias被視為是最早的語藝教師外，柏拉圖（Plato）、亞里斯多德（Aristotle）、西賽羅（Cicero）和昆蒂連恩（Quintilian）等人皆是重要的人物。柏拉圖為西方最有影響力的思想家，他對於古希臘時期以教授語藝與辯證維生的智辯士多所批評，主要原因在於柏拉圖相信超驗真理（transcendent truth）的存在，並認為語藝的價值乃在於透過辯證來探究真理與知識；亞里斯多德則將語藝視為是由論辯與訴求所組成，而這個組成必須植基於言者與聽者共享的前提上，他並提出言說者可以用邏輯說理（logos）、情緒感動（ethos）以及誠信的人格（ethos）等方式說服聽眾；西賽羅則企圖結合語藝與哲學，並發展出比以前語藝學者更完整的風格概念；昆蒂連恩則是引用柏拉圖、亞里斯多德、西賽羅等人的著述與論點系統化其著作，成為中古世紀教育理念的最重要來源之一。在此時期中，語藝擴張了人的思維，而語藝的五大要素像是創作（invention）、排列（arrangement）、風格（style）、傳遞（delivery）與發表（memory）等，可說是最早的傳播模式。

　　雖然古典語藝理論強調個別言者的意圖，但組織語藝研究的範疇則含括了組織中的各種傳播情境，也並不只聚焦在一個人或是決策者身上。Cheney等人（2004）認為，將語藝理論運用於組織情境時，主要在於文本、形式和策略三個面向。傳統語藝研究強調分析口說文本，然而組織語藝研究則包括了不相連貫的文本，像是CEO的公開信、組織任務與宗旨、市場宣導，以及公開聲明等；而形式主要指的是說服的方向是組織內部或組織外部。雖然組織界限有時模糊不清，且對內部組織成員的說服和

外部公眾的語藝可同時進行，但一般而言，組織論述可以進行對內的認同形塑（Bullis, 1993）、對外建立組織形象（Cheney, 1992），或是公共政策的制定（Vibbert & Bostdorff, 1993）等三種形式的語藝；而組織語藝的本身，即在根據溝通目地，進行訊息產製運作策略的決策，以期帶來態度與行為的改變，如此，組織語藝的相關範疇，可被延伸至公共關係與議題管理等面向。

Hartelius和Browning（2008）認為，語藝理論一方面提供了一個瞭解組織互動的理論視野，另方面也開展了介入組織互動的實踐性。經由語言的使用，語藝創見、維持，也可能挑戰了組織的文化與真實，如此，則相關研究的另一重點，乃是圍繞著語言和真實，或是語言和秩序間的關係進行的。像是Wittgenstein（1953）的語言遊戲（language game）理論，就常被用來探討領導溝通時語言的使用如何凝聚組織共識；而組織的語言與論述則為組織運作提供了制度的邏輯與理由。

Heracleous和Barrett（2001）更進一步指出，語藝是建立認同的基礎。在Kenneth Burke 語藝理論中的「認同」（rhetoric of identification）概念，長久以來即為當代語藝理論與語藝批判的中心點（Golden, Berquist, & Coleman, 1978）。他認為，唯有當個體因著本質的共享（consubstantiality）而彼此認同時，才能達到說服的目的。因此，認同的概念，一方面意味著區分（division）的存在，任何個人都有其獨特的性格、生活型態與自主性的活動機制；另一方面，也正因為個體間存在著差異與區隔，透過語言與符號的互動，使得分隔的個體能尋求共享的本質而產生認同，甚至於互相隸屬的感覺，從而形成社群與組織。

當從語藝取徑來檢視組織論述時，則組織「說什麼」與「如何說」之對象與功能將擴大，除了塑造內部成員的認同外，對於組織外部的公眾或是顧客亦可進行說服，即透過溝通策略性的將組織呈現給外部公眾，以形成有利於組織的形象，而當此印象累積成外界對組織集體且穩定的評價時，便形成了組織聲望。此一語藝性論述（rhetorical discourse）事

實上可追溯到亞里斯多德對於說服的形式、方法與功能的理念（Bizzell & Herzberg, 1990; 林靜伶，2000），所以語藝是連結與構築組織認同、組織文化與對外組織形象三者的重要框架。在Hoffman和Ford（2010）的書中，就直接將組織語藝（organizational rhetoric）界定成「為維持組織運作所藉以影響受眾思想、情感與行為的符號使用策略」（p. 7）。這說明了組織語藝在成為一研究視野與取徑時，除了對組織內、外部溝通可以有所助益外，在組織的關係管理和危機溝通，以及權力的形塑和運作的相關議題上，亦能有所貢獻。

 ## 第五節　從理論到實踐

自1980年代以降，組織傳播理論與研究逐漸隨著語言的轉向，從早期強調統計分析的量化研究，一路轉進到詮釋學派以論述分析、田野調查、敘事分析和語藝研究等為主軸的質化研究，隨後更因批判理論的挹注，繼而強調性別、族群、階級，以及知識／權力等議題，並因著後現代與後殖民等觀點的提出，使得主體性、認同，以及非白人和非西方觀點的他者（the Other）聲音得以被重視與聽見。

新理論與知識論的形成，除意味著在本體論上對於組織與傳播認知的歧異外，也說明了在眾聲喧嘩中所進行的學術反思與反動。George Cheney（2000）曾在其〈對組織傳播的不同思考〉❶一文中指出：「認真的看待不同，不僅意味著允許他者發聲，也開啟了因他者視野的加入而豐富自身的可能性。」（p. 140）近年來，西方學者逐漸反思在傳統主流論述外，應有不同文化區域的組織傳播研究呈現，以回應、對話、改造，

---

❶Cheney, G. (2000). Thinking differently about organizational communication: Why, how, and where? *Management Communication Quarterly, 14*(1), 132-141.

乃至重新詮釋現有的理論，並產製更多在地文化知識與豐富整個學門的發展。

　　另一方面，新取徑與視野的開展，也體現了組織傳播學門從理論到實踐兩者關係的差距與磨合。學術知識的產製本是為了實務現象和問題的應用，但學者慣於講究理論和方法論的鋪陳，實務工作者卻強調可行動的、做時便知的知識（knowing in practice）（Van de Ven & Johnson, 2006），這樣的差距有時也連帶影響到知識產製與運用時所牽涉到的概念、認知與價值觀。雖然Pelz（1978）曾指出一般社會科學知識有著工具性（直接用於行動）、概念性（行動前的思考）與象徵性（合理化行動）三種實務用途（轉引自Jarzabkowski, Mohrman, & Scherer, 2010），但學術知識卻仍常被實務工作者評為缺乏在真實組織場域中運用以解決問題或執行工作的價值。

　　本書之所以安排從理論篇、研究篇，繼而到實踐篇三個部分，其目的一方面希望能提供理解組織傳播學從理論到實踐兩者關係間一個新的視角與可能；另一方面也期待從台灣本土組織傳播研究而至華人社會組織傳播學門的發展中，對在地知識的建構與實踐提出一個思考框架，以供未來與西方學術社群進行對話。

　　前幾章所討論組織傳播學門的知識，乃是產自於跨領域、不同組織類型與情境，以及包含了學界與實務界在內的多元社群而來，這說明了組織傳播理論建構時必然有著實踐的特質。這種被 Zundel和 Kokkalis（2010）稱之為實踐—理論的觀點（practical-theoretical perspective），揚棄傳統視理論為解釋現象，且是經由演繹取徑（deductive approache）而建構的思維，改採Heidegger（1927）在世存有（being-in-the-world）的概念，將理論建構視為是學者於其生活經驗中的學術實作（Dreyfus, 2006），此作為並非是真空隔離於學術象牙塔中，而是與其他社會實踐重疊／交織做成的互動關係。

　　當我們不再將理論與實踐兩者間的關係視為對立，而是重疊並交織

的互動關係時，我們的眼光同時也聚焦在社會實踐的行動與理解上。這也帶出理論的建立必須回到鮮活的、動態的實務現象與研究裡。因此本章之後接下來的三篇文章，將從研究語言於社會行動的組織與論述中，進一步理解當代台灣社會組織中的形貌與實務。此種複雜的分析過程既是科學性的也是反思性的，因為無論從性別、世代、領導，或是認同等主題切入，呈現的主軸都是論述行動的真實建構（discursive acts of reality-construction）（Chia, 2000），特別是成員如何透過論述的實踐形構出組織的存有，以及其文化、規則、認定與領導模式等，此即觀照在地實務情境與實踐過程於理論建構中。

　　在本書最後的三篇文章中，作者再將理論與實踐兩者間關係的論證，推演至哲學層次並進行反思。當從本體論、知識論與價值論等層面來思考組織傳播學知識的產製時，則現象學、詮釋學與建構主義的論點乃是強調行動先於知識，像是Dilthey（1926）就認為知識無法超越生活，生活本身就是知識發展與理論建構的起點與參考點（轉引自Jarzabkowski, Mohrman, & Scherer, 2010）。如此，則討論勢必要推進到我們的生活世界——即華人社會的生活情境與文化意義中，來檢視組織傳播知識發展與運用的實然與應然面，特別是最後一章提出將組織看成是實踐社群（community of proactice）（Brown & Duguid , 1991），社群本身就蘊含有地域之意。透過理論篇、研究篇以及實踐篇等對話與扣連，相信讀者對於本書強調「重‧返實踐」的用意會有更多的瞭解。

參考文獻

中文部分

林靜伶（2000）。《語藝批評：理論與實踐》。台北：五南。

秦琍琍（2000）。〈組織傳播的源起與發展現況〉。《新聞學研究》，63，137-160。

英文部分

Alvesson, M., & Kärreman, D. (2000). Taking the linguistic turn in organizational research: Challenges, responses, consequences. *The Journal of Applied Behavioral Science, 36*(2), 136-158.

Argyris, C., & Schon, D. A. (1978). *Organizational learning*. Reading, MA: Addison-Wesley.

Atkou, O. (1992). Management and theories of organizations in the 1990's: Toward critical radical humanism? *Academy of Management Review, 17*, 407-431.

Bizzell, P., & Herzberg, B. (1990). *The rhetorical tradition: Readings from classical time to the present*. Boston, MI: Bedford books of St. Martin's Press.

Brown, J. S., & Duguid, P. (1991). Oranizational learning and communities of practice: Towards a unified view of working, learning, and innovation. *Organization Science, 2*, 40-57.

Bullis, C. (1993). Organizational socialization research. *Communication Monographs, 60*, 10-17.

Burrell, G., & Mogan, G. (1979). *Sociological paradigms and organizational analysis*. Portsmouth, NH: Heinemann.

Casti, J. (1995). *Complexification*. London: Abacus.

Cheney, G. (1991). *Rhetoric in an organizational society: Managing multiple identities*. Columbia, SC: University of South Carolina.

Cheney, G. (1992). The corporate person (re)presents itself. In E. L. Toth & R. L. Heath (Eds.), *Rhetorical and critical approaches to public relations* (pp. 165-183).

Hillsdale, NJ: Lawrence Erlbaum Associates.

Cheney, G., Christensen, L. T., Conrad, C., & Lair, D. J. (2004). Corporate rhetoric as organizational discourse. In D. Grant, C. Hardy, C. Oswick, N. Phillips, & L. Putnam (Eds.), *Handbook of organizational discourse* (pp. 79-104). London: Sage.

Chia, R. (1997). Essay: Thirty years on. *Organization Studies, 18*, 685-707.

Chia, R. (2000). Discourse analysis as organizational analysis. *Organization, 7*(3), 513-518.

Chia, R., & King, I. (2001). The language and organization theory. In R. Westwood & S. Linstead (Eds.), *The language of organization*. Thousand Oaks, CA: Sage.

Cooper, R. (1989). Modernism, postmodernism, and organizational analysis: The contribution of Jacques Derrida. *Organization Studies, 10*, 479-502.

Cooper, R. (1992). Formal organization as representation: Remote control, displacement and abbreviation. In M. Reed & M. Hughes (Eds.), *Rethinking organization: New directions in organization theory and analysis* (pp. 254-272). London: Sage.

Coupland, C., & Brown, A. D. (2004). Constructing organizational identities on the web: A case study of Royal Dutch/Shell. *Journal of Management Studies, 41*, 1325-1347.

Cullelr, J. (1983). *On deconstruction: Theory and criticism after structuralism*. London: Routledge & Kegan Paul.

Deal, T., & Kennedy, A. (1982). *Corporate cultures: The rites and rituals of corporate life*. Reading, MA: Addison-Wesley.

Deetz, S. A. (1992). *Democracy in an age of corporate colonization: Developments in communication and the politics of everyday life*. Albany, NY: State University of New York Press.

Deetz, S., & Mumby, D. K. (1990). Power, discourse, and the workplace: Reclaiming the critical tradition. In J. Anderson (Ed.), *Communication yearbook 13* (pp. 18-47). Newbury Park, CA: Sage.

Drazin, R., & Sandelands, L. (1992). Autogenesis: A perspective on the process of organizing. *Organization Science, 3*(2), 230-249.

Dreyfus, H. L. (2006). Heidegger on the connection between nihilism, art, technology, and politics. In C. B. Guignon (Ed.), *The Cambridge Companion to Heidegger* (pp. 345-373). Cambridge: Cambridge University Press.

Eisenberg, E. M., Goodall Jr., H. L., & Trethewey, A. (2007). *Organizational communication: Balancing creativity and constraint* (5th ed.). Boston, MA: Bedford/ St. Martin's.

Elsbach, K. D., & Kramer, R. M. (1996). Members' response to organizational identity threats: Encountering and countering the Business Week rankings. *Administrative Science Quarterly, 41*, 442-476.

Gergen, K. L. (1992). Organization theory in the postmodern era. In M. Reed & M. Hughes (Eds.), *Rhethinking organization*. London: Sage.

Golden, J. L., Berquist, G. F., & Coleman, W. E. (1978). Rhetoric as motive: Kenneth Burke and dramatism. In J. L. Golden, G. F. Berquist, & W. E. Coleman (2nd ed.), *The rhetoric of western thought*. Dubuque, Iowa: Kendall Hunt.

Gowler, D., & Legge, K. (1981). Negation abomination and synthesis in rhetoric. In C. Antaki (Ed.), *The psychology of ordinary explanations of human behavior.* London: Academic Press.

Gowler, D., & Legge, K. (1996).The meaning of management and the management of meaning. In S. Linstead, R. Grafton, & P. Jeffcutt (Eds.), *Understanding management* (pp. 34-50). London: Sage.

Hartelius, E. J., & Browning, L. D. (2008). The application of rhetorical theory in managerial research: A literature review. *Management Communication Quarterly, 22*(1), 13-39.

Hatch, M. J., & Yanow, D. (2003). Organization theory as an interpretive science. In H. Tsoukas & C. Knudsen (Eds.), *The Oxford handbook of organization theory: Meta-theoretical perspectives* (pp. 63-87). London: Oxford University Press.

Heracleous, L. T., & Barrett, M. (2001). Organizational change as discourse: Communicative actions and deep structures in the context of information technology implementation. *Academy of Management Journal, 44*, 735-778.

Hoffman, M. F., & Ford, D. J. (2010). *Organizational rhetoric: Situations and strategies.* Los Angeles, CA: Sage.

Jazabkowski, P., Mohrman, S. A., & Scherer, A. G. (2010). Organization studies as applied science: The generation and use of academic knowledge about organization introduction to the special issue. *Organization Studies, 31*(9), 1189-1207.

Johnson, G. (1987). Commentary on chapter I. In A. Pettigrew (Ed.), *The management of strategic change*. Oxford: Basil Blackwell.

Kallinikos, J. (1995). The archi-tecture of the invisible: Technology is represtntation. *Organization, 2*(1), 117-140.

Linstead, S. (2001). Rhetoric and organizational control: A framework for analysis. In R. Westwood & S. Linstead (Eds.), *The language of organization* (pp. 217-240). Thousand Oaks, CA: Sage.

Mumby, D. K. (1987). The political function of narrative in organizations. *Communication Monographs, 54*, 113-127.

Ouchi, W. G. (1981). *Theory Z*. Reading, MA: Addison-Wesley.

Pacanowsky, M. E., & O'Donnell-Trujillo, N. (1982). Communication and organizational cultures. *Western Journal of Speech Communication, 46*, 115-130.

Pacanowsky, M. E., & O'Donnell-Trujillo, N. (1984). Organizational communication as cultural performance. *Communication Monographs, 50*, 126-147.

Peters, T. J., & Waterman, R. H. (1982). *In search of excellence*. NY: Warner.

Potter, J., & Wetherell, M. (1987). *Discourse and social psychology: Beyond attitudes and behaviour*. London: Sage.

Schein, E. H. (1985). *Organizational culture and leadership*. San Francisco, CA: Jossey-Bass.

Schein, E. H. (1992). *Organizational culture and leadership* (2nd ed.). San Francisco, CA: Jossey-Bass.

Silverman, D. (1993). *Interpreting qualitative data: Methods for analysis talk, text and interaction*. London: Sage.

Smircich, L., & Calás M. B. (1987). Organizational culture: A critical assessment. In F. M. Jablin, L. L. Putnam, K. H. Roberts, & L. W. Porter (Eds.), *Handbook of organizational communication: An interdisciplinary perspective*. Newbary Park, CA: Sage.

Trice, H. M., & Beyer, J. M. (1993). *The cultures of work organizations*. Englewood Cliffs, New Jersey: Prentice-Hall.

Van de Ven, A., & Johnson, P. E. (2006). Knowledge for theory and practice. *Academy of Management Review, 31*(4), 802-821.

Vibbert, S., & Bostdorff, D. (1993). Issues management and the 'lawsuit crisis'. In C. Conard (Ed.), *The ethical nexus* (pp. 103-120). Norwood, NJ: Ablex.

Zundel, M., & Kokkalis, P. (2010). Theorizing as engaged practice. *Organization Studies, 31*(10), 1209-1227

研究篇

——組織與論述

　　本篇以三章的篇幅從詮釋取徑的角度出發，將組織傳播視為「論述」或是「會話」，對於性別、世代、權力以及文化等新世紀的重要議題進行探究。傳播是言說互動性的流動，是由人們使用語言與非語言的表達所達成的。在其中人們自然而然的形成一種規則性的行為，使得在身處不同傳播情節中知道該如何應對進退，但是意義不在會話本身，而在於人們如何使用會話去達成多面向的互動。此一多面向的互動，正如Austin（1962）所提出的，任何言說必然包括了其指陳性的意涵（as a statement）與動作性的意涵（as a state or action）。換言之，當一句話語被說出時，不僅只是陳述或描述一件事，也是在立論一個真實，或是展現一個動作。而在持續的對話中，透過多面向的互動，組織成員得以協調、合作、建立共識、激勵或是控制以達成組織的目標。雖然從此論點出發，組織論述的研究包括了多元的理論與取向，對於「論述」的定義也有所不同，但組織傳播學者們試著從隱喻、故事與敘事、典禮與儀式、語藝、語言遊戲、文本、戲劇、會話和感知等，對日常的組織行為與互動過程進行分析，以瞭解組織成員所認知的組織文化與社會真實。這些研究主要可分為獨白式取向（monological approaches）與對白式取向（dialogical approaches）兩大類型。而此等研究多樣、對立，乃至於跨界的背後，主要的交會乃在於將組織論述看成是組織中各成員對自己與組織定位認知的框架，並且藉以建立社會真實的基本機制，因而在介紹相關的研究方法之外，作者將進一步透過歷年來的研究成果，分別析論組織中性別、世代、權力以及文化等新興議題與組織論述的關係。

Chapter 5

跨世代的組織溝通──工作價值觀與領導互動*

*本章改寫自世新大學學術研究補助「從組織溝通看不同世代的工作價值觀與領導互動模式」（2009/08-2010/07）結案報告；相關質性與量化研究發現也分別發表於不同研討會，請參見(1)秦琍琍、林昭慧（2010）。〈從組織溝通看媒體產業中不同世代的工作價值觀與領導互動模式〉。廣州：國際跨文化協會（IAICS）2010年會。(2)秦琍琍、林昭慧（2010）。〈不同世代工作價值觀與領導溝通的差異──以媒體產業為例〉。第六屆海峽兩岸媒體匯流與創新管理。台北：世新大學。

 第一節　全球化與多元化的組織情境

　　全球化的興起跟西方的海外殖民經驗有密切的關係，因此廣義的「全球化」可以從十六世紀以來西班牙海外資本殖民擴張為起點；而狹義的「全球化」則可指晚近資本主義的資訊革命，特別是指透過網路科技認識他人和世界的革命。在二十一世紀的今天，全球化風潮席捲了世界每個角落，無論是組織或個人都面臨新的挑戰。首先，全球化與新科技的浪潮，衝擊了傳統的組織結構與運作模式，許多企業面臨縮編、重組或倒閉的困境，而傳統集中的階層制也逐漸傾向扁平結構或是團隊的模式，使得組織中決策、資訊處理和傳播形式等也因此改變。

　　其次，社會中的個別性與分化取向也益形激烈與複雜，這也意味著現代組織中的成員越來越多元，含括了不同族群、性別、身心情況與年齡世代，不僅使得傳統組織激勵與管理的理論受到了挑戰與質疑，這些組織成員在社會化、領導統御和團隊合作等各種組織生活中的溝通互動也有別於既往。

　　全球化雖然以世界性與普遍性的文化形式，籠罩著不同國家與地區的個人（Wallerstein, 1997）❶，但其世界意識與世界性格的背面，也凸顯了多元現象與包容之必要性，亦即Robertson（1997）❷所說，在全球化的大環境下，普遍主義（universalism）特殊化，以及特殊主義（particularism）普遍化的結果，將加深支離或歧異的情形，促使多元文

---

❶ Wallerstein, I. (1997). The national and the universal: Can there be such a thing as world culture? In A. D. King (Ed.), *Culture, globalization, and the world-system: Contemporary conditions for the representation of identit* (pp. 97-105). Minneapolis, MN: University of Minnesota Press.

❷ Robertson, R. (1997). Social theory, cultural relativity and the problem of globality. In A. D. King (Ed.), *Culture, globalization, and the world-system* (pp. 69-90). Minneapolis, MN: University of Minnesota Press.

化齊放爭鳴的複雜景況。而此種不斷溶解與融合的過程，雖促成了全球在地化的新規則與景觀，但也在社會與組織中驅動了同質化與異質化的拉扯與對峙（Appadurai, 1990）[❸]。

　　早在多年前就有學者預言工作職場的多元化（workplace diversity）將成為主要趨勢（Johnston & Packer, 1987），因而許多管理與組織傳播學者呼籲實務工作者應將眼光從重視管理組織成員在人口統計變項的差異上，轉移到強調整合組織中不同的思考、價值觀與行為模式上──即多重論點的整合上（Conard, 1994; Cox, 1993; Daniels, Spiker, & Papa, 1997），原因在於工作職場的多元化勢將影響到組織管理與文化建立。

　　組織中的多元與改變，不只反映在組織領導與管理模式的更新上，也呈現在企業組織成員對於工作價值觀，以及對人際溝通與關係看法的分歧中。這種現象尤其能從職場人員中年齡的差距窺知，因為在社會文化的進步與變遷中，每個世代在思考模式、價值觀和行為表現皆受其成長環境所影響，而當成長於不同世代的人集聚在同一組織中時，則彼此有別的工作態度、價值觀以及溝通行為等難免引起衝突與扞格。

　　目前既有的研究多是根據工作價值觀會影響工作表現的假設，從個體層次的微觀角度進行探究，常忽略了與社會結構、歷史演變和意識形態等概念的扣連，使得研究解釋的效力受限（Dose, 1997; Nord et al., 1988）；另一方面，在台灣的研究也多以客位取徑（etic approach）的量化研究，直接或是間接將西方量表修改後施測（洪瑞斌、劉兆明，2003）。所謂的客位取徑（etic approach）與主位取徑（emic approach）是跨文化相關研究中的兩種研究途徑，客位取徑研究是指用不受文化限制而普遍性的詞彙來解釋社會現象，所採用的變項是可以概化至所有文化的；而主位研究途徑則是從檢視研究場域的歷史與社會發展，並描述在地的特殊文化與其概念及意涵出發（Bhagat & McQuaid, 1982）。

[❸] Appadurai, A. (1990). Disjuncture and difference in the global cultural economy. *Public Culture*, 2, 1-24.

由於過去本土研究多援引西方發展之向度結構與測量工具，除忽略文化適用性的問題外，也未能扣連整體社會文化與歷史演變的脈絡，致使研究成果的貢獻有限。因此若能從主位取徑出發，以質化研究的內涵貼近本土研究對象，從不同世代成長的歷史脈絡中，探究其組織領導溝通模式與工作價值觀的差異，則透過多重層次的研究分析（即個體、組織與社會），除能具體勾勒出台灣職場中不同世代組織成員所擁有的工作價值觀與態度外，亦能深入洞悉不同世代的組織成員如何經由上司與下屬間溝通進行領導互動，以建構其所認知的組織真實來。因此，本章從組織傳播的角度以媒體產業為研究對象，透過多重的資料蒐集與分析方法，自主位研究途徑的進行中輔以量化資料的交叉比對，以瞭解台灣社會在文化與歷史的演變中，不同世代媒體組織成員的工作價值觀、領導與互動模式的認知和差異為何。

第二節　研究背景與文獻探討

一、台灣社會變遷與世代意涵

根據組織員工差異化的特性以進行多樣化的領導溝通與管理，已成為當代組織追求卓越績效目標時，必須高度關注的議題之一。其中，對於不同世代工作者的工作價值觀予以瞭解，更是受到晚近研究者諸多關切。然而，相關研究不僅缺乏從傳播的觀點，來實際探究不同世代的組織成員是如何在組織中，經由互動模式展現其工作價值觀，並進行跨世代間的領導溝通；更缺乏對台灣社會歷史脈絡的關心（洪瑞斌、劉兆明，2003），未能將世代間的轉變放在台灣社會文化的流變中檢視，而多將努力局限在改善自西方所引進的工作價值觀量表上。雖然台灣社會的價值觀目前處於傳統與現代價值觀同時存在的情形（楊國樞，1993），但誠如黃

光國（2002）所言，太多採客位取徑的研究，將使國內的研究更難以掌握台灣工作者工作價值觀的特殊內涵，以致無法建構出適合瞭解國內工作者生活世界的實質性理論。

　　二次戰後，台灣快速的從農業社會轉變為以工商業為主的現代社會，並在1970年代後，創造出「台灣錢淹腳目」的經濟奇蹟，成為亞洲四小龍之一。由於文化與社會變遷的範疇和面向既寬且廣，黃俊傑（2006）在其書中就以(1)傳統性與現代性的對峙；(2)本土化與國際化的抗衡；以及(3)中國文化與西方文化的激盪，來歸納這四十多年來的變遷內容。在傳統性與現代性的對峙中，作者分析台灣社會的價值觀已逐漸從傳統性轉變為現代性，因此在對人與自然關係的看法、活動取向、時間取向、未來取向、關係取向，以及人性取向等價值觀形成的基本面向上，不僅隨著社會、政治、經濟各階段的改變而逐漸轉化，使得文化系統從過去的「單一主體性」向「多元主體性」轉變，社會人格的心理特質也從傳統農業社會的社會取向轉至現代社會的個人取向，使得民眾的行為常出現矛盾與衝突。

　　黃俊傑（2006）並指出，戰後台灣文化變遷的另一個面向是本土化與國際化的抗衡。隨著經濟的發展，台灣的國際化性格日益顯著，各形各色的外來文化，從日常生活層面到超越的精神生活層面，都強有力地衝擊著台灣的文化。因而中國文化與西方文化相互的激盪，「中國文化」在台灣的發展其基本內涵是以「傳統的」思想為主（特別是傳統的儒家思想），「西方文化」在台灣的發展其基本思想內容則是以近代思想，如康德哲學、自由主義、存在主義等思潮為主。

　　黃光國（1992）則借用Rokeach（1973）的人類社會價值觀的分類，分析華人社會中價值觀的變遷；他在之後的另一以台大學生為受試者的實證研究中，也發現受試者（多為25歲以下）認為其父母親上一代（多介於46至60歲）的價值觀可分為四個因素，而他們自身的價值觀則可分為七個因素，兩代間對「知識」和「教育」的看待，也已經由「道德」轉移至

「科學精神」、「客觀判斷」等代表西方理性主義的強調上（黃光國，1995）。王叢桂（1993）則以台灣地區1967、1977、1987三個世代的大學畢業生為研究對象，發現各世代不僅在工作價值觀上有所差異，各世代在就業後的價值觀亦會有所轉變；而世代間差異的原因則可能因其成長時期的社會規範、工作時與組織成員及組織的互動，以及生涯發展之位階等不同因素所造成。

所謂的「世代」，是指出生或生活在同一時代的一群人，因為經驗了共同的歷史事件，因此對於某些議題有類似且頗為穩定的看法、態度與價值觀，而且形成與其他世代明顯的差異（陳金貴，1998；Smola & Sutton, 2002）。換言之，「世代」並非只以出生年分來劃分，也能用一群有著共同歷史經驗的人來劃分（郭貞，1995），故此，世代起訖年代的劃分並無一致的標準。不過，多數研究採以工作者的出生年代為世代區分的標準（Zemke, Raines, & Filipczak, 2000；王叢桂，1992；陳金貴，1998）。

國外對世代的劃分主要以二次大戰之前出生者屬於傳統世代，二次大戰之後到1964年之間出生者屬於嬰兒潮世代，至於1965年之後出生者則屬於X世代（Zemke, Raines, & Filipczak, 2000）。「X世代」一詞源於Coupland於1991年寫了 *Generation X* 一書，以「一個加速成形文化的故事」作為副標題，廣泛探討30歲以降的人們所形成的各項特徵，引發了美國及各國主流刊物的追蹤報導，X世代這個名詞遂成為流行語。國內學者蕭新煌（1995）認為以台灣的發展經驗來說，1965年是個關鍵年代，該年的工業生產淨值明顯超過農業，堪稱戰後結構開始大幅轉型的開端。也就是說，1965年以後出生的人口群，從孩童時代就開始享有台灣成長的「富裕化」經驗，其中1975年以後出生者更是台灣發展的「受益者」，也正因為如此，蕭新煌認為分析1965年以後出生的新人類特別具有宏觀與微觀社會學之間連結分析的意義。

國內的世代相關研究中，除了採用較普遍的傳統世代、嬰兒潮世代

以及X世代劃分方式之外，近年來，亦有部分文獻採取以「年級」為世代的分類，亦即以民國為紀元的出生年為劃分標準，例如民國50年代出生者即稱之為五年級生，60年代出生者則為六年級生（諸承明，2001）。至於所謂的Y世代（Generation Y; Gen Y）則是行銷界創造出來的名詞（Assael, 1998），通常是指X世代（Generation X）之後的一個年齡層，但具體的出生年代範圍沒有一致標準，一般也被稱為「新新人類」，或是換算成「六年級生」和「七年級生」。

　　另一方面，除了上述以工作者的出生年代為世代區分的標準之外，Robbins（2003）則是依工作者進入職場的年代，將之劃分為四個世代，於1950年至1964年之間進入職場者稱為傳統世代，1965年至1985年之間開始工作者稱為嬰兒潮世代，1985年至2000年之間進入職場者稱為X世代，之後則稱為下一世代。若換算成以出生年而言，則此分類與其他學者的世代劃分大致相當。

　　雖然學者對於世代的劃分與年齡的界定有著不同的看法，且世代的分隔點未必能截然區分（如1964年與1965年出生的工作者其工作態度與互動模式是否真有天壤之別）。但若依據前述的文獻探討，從相關研究與台灣社會與文化的變遷來看，則本研究在考慮到目前勞動市場的人口結構主力，以及融合不同世代之分類與台灣本土的年級論，將媒體工作者分為40-49歲（1961-1970，五年級生）、30-39歲（1971-1980，六年級生），以及20-29歲（1981-1990，七年級生）等三個世代（Assael, 1998；諸承明，2001；顏加松，2004）。

二、領導溝通、互動與工作價值觀

　　目前的領導理論與研究取向主要有特質論、功能論、情境論與轉化式的領導取向等四個重要面向（Hackman & Johnson, 2000）：(1)特質論的研究主要從區分領導者和非領導者特質開始，雖然中外學者對於領導者

須具備的特質有不同的看法,但主要都集中於個人的生理或心理上的特質研究(Bass, 1990; 彭春蘭、李素珍,2002);(2)功能取向的領導研究關注的是領導者在組織中所展現的行為與所扮演的角色(Mintzberg, 1973; Yukl, 1989);(3)較晚期的情境理論則認為,領導行為與風格乃是情境因素下的產物,因此領導風格的形成乃是動態與權變的(Bass & Avolio, 1994; Vecchio & Gobdel, 1984);(4)轉化式的領導取向則強調領導者須有能力將追隨者低層次的基本需求轉化成高層次如自我實現的需求,以求不僅能激勵員工完成任務,更能鼓舞啟發追隨者達成願景(Blanchard, Hybels, & Hodges, 1999; Sashkin & Rosenbach, 1998)。

雖然國內外的領導研究對於傳播的本質有不同的認知,但皆視溝通為影響領導成效的重要因素。事實上,許多學者都曾指出溝通能力是領導者必須具備的能力之一,而傳播學者Hackman 與Parker(2001)、Witherspoon(1997)等則進一步從溝通的角度來論述「領導」的概念,其中Parker(2001)更延續了傳播學門中以意義為中心的研究取向,視「領導」為組織中社會建構的過程,因此在這過程中組織成員經由社會互動與言語論述,得以框架、定義與建構出組織真實。

此一論點乃植基於Blumer(1969)和Mead(1934)的符號互動論,主要將「領導」視為一符號互動的過程,使得組織成員得以透過其創造與傳遞共同的意義。因而,「領導」是一相互影響的協商過程,而這樣的過程勢必包含了多重的論點與多元的經驗。研究組織領導溝通的互動內涵時,顯然應該聚焦於組織中最重要的上司與下屬的溝通互動上(Eisenberg et al., 1984)。學者Jablin(1979)和Daniels等人(1987)所做的文獻回顧中指出,上司與下屬溝通研究主要呈現三個主軸:(1)上司與下屬溝通對下屬滿意度的影響;(2)上司透過溝通而取得下屬順服(compliance gaining)的過程;以及(3)描述與解釋下屬對上司的溝通行為。

相關研究證明,溝通滿意度與員工的工作滿足、工作績效、組織承諾及組織文化間均呈正向的關聯。而上司透過溝通以取得下屬順服的相

關研究，則是分別從溝通策略與互動模式等面向進行探究，研究結果指出，支持性的溝通、回饋的使用、面子的運用（face support），以及關係的建立等是較易取得下屬順服的策略與模式；另一方面，下屬的溝通行為研究則聚焦在上行溝通的回饋、失真（distortion），以及下屬如何透過上行溝通得到上司的順服（Jablin, 1979; Daniels et al., 1987）。

此外，在上司對下屬的溝通研究中，亦將支持性溝通（supportive communication）與Graen的領導─部屬交換理論（LMX）（1976）扣連。LMX指出，上司與下屬的互動會發展出「內團體」（in-group）與「外團體」（out-group）兩種關係，內團體為高度信任、互惠、支持，有著正式與非正式的酬償關係；外團體則是強調正式的階級與低信任、互惠、支持的關係（Fairhurst & Chandler, 1989）。Liden和Maslyn（1998）的文獻整理即指出，上司與部屬互動交換的主要內涵是貢獻、忠誠和情感。實證研究發現，內團體的關係較易產生員工高滿意度、認同與低離職率（Liden & Graen, 1980; Graen et al, 1986）；另一方面，關係品質亦會影響下屬對互動事件的感知與態度，例如關係品質低的下屬較易以負面態度來看待發生的事件，而關係品質高的下屬較會用正面的觀點來解釋發生的事件。而在檢視同儕間的溝通時，研究結果指出，同儕間對於遭受領導者的差別待遇時常會產生不平，而影響彼此間的關係（Sias & Jablin, 1995）。

至於下屬對上司溝通行為的理論與研究，則主要為上行溝通的失真（upward distortion）與上行承諾的取得（upward compliance-gaining）。上行溝通的失真主要指部屬對上行的資訊進行過濾，尤其該資訊是對其有著負面影響時（Dansereau & Markham, 1987）。Fulk和Mani（1986）指出有四種形式的溝通失真：(1)守門動作（gatekeeping）：部屬會選擇性的將訊息上傳；(2)重點摘要（summarization）：下屬自行摘要出訊息的重點加以強調；(3)有所保留（withholding)：某些訊息被保留隱藏；(4)一般性失真（general distortion）：訊息整個被改變以符合部屬的目的。

上行承諾的取得主要從影響上司的概念出發，Kipnis和Schmidt

（1982）在其書中指出有六種上行影響的策略：論理、友善、肯定、結盟、上訴和協商（negotiation）。Waldron（1991）則主要從上司下屬關係品質的檢視中，歸納出四大類上行溝通的策略。國內學者李秀珠（2008）則在其研究中，歸納出六大類共三十種台灣組織中部屬的上行影響策略。然而，有別於傳統相關學者強調上行承諾的取得，Riley和Eisenberg（1992）則從說服的角度提出了倡議（advocacy）的概念，認為有效的倡議在於先瞭解上司的需要與好惡，並進而提出論點以達成溝通目標（轉引自Eisenberg & Goodall, 2004）。

　　至於價值觀，原來是後設哲學的一部分，之後社會科學的各個領域普遍將價值觀的概念運用在不同研究中，其中Rokeach（1973）將價值觀區分為「目的性價值」（個體追求最終存在的目的狀態）與「工具性價值」（個體追求的特定行為方式）兩大部分，並對價值觀與態度、信念的關聯，也發展出廣被採用的測量工具。國內學者楊國樞（1993）認為，價值觀是人格結構的核心，而且是社會形態的反映，因此價值觀包含認知、情感和行為的成分，並影響個人對不同目標或事物的選擇。

　　工作價值觀則是整體價值觀系統的一部分（Wollack et al., 1971），由於不同的研究觀點，使得許多學者對工作價值觀的定義有不同的看法。根據陳銘宗與劉兆明（1995）的文獻整理指出，相關研究除了包括早期的人格特質學說、動機論以及需求滿足觀點外，近年來亦有學者強調互動觀點以及基本假設觀點。Holland（1985）的互動觀點強調的是工作價值觀是人格特質與環境（亦即組織文化）互動的結果；而Schein（1992）的基本假設觀點則是運用其組織文化三層次（亦即外在物件與行為、價值觀、深層基本假設）的理論，說明價值觀其實深受個人無法意識的基本假設所影響，而此基本假設多是從個人所處的社會文化中涵養而成的。

第三節　研究架構、目的與方法

一、研究架構

對於台灣世代間的工作價值觀和領導互動進行檢視的最佳方法之一，就是在社會文化演進的歷史脈絡中，對組織成員的感知與行為做深入分析，並進而從瞭解世代間認知與行為的差異中，將組織溝通、工作價值觀和領導互動等各個面向進行扣連，以求能對此一現象進行動態的分析。

本章研究設計即從組織溝通的角度，首先將研究現象放入時間與社會文化的脈絡中檢視，並採多元的研究方法，以透過系統性的質化與量化研究過程，產生理論來解釋研究主題的概念性、行動或是互動等內涵（Creswell, 2002）。研究的概念性架構請見**圖5-1**。

研究主要聚焦於媒體產業，一方面從工作價值觀的內涵中去分析不同世代對於工作的定義與態度；另方面則自各世代間的差異，探究企業組織內個人的認知、上司與下屬間的領導互動，進而能從組織的層次與外部社會環境間的改變相扣連，為實務現象提供解釋與建議。因此，在經過文獻探討爬梳台灣社會文化與民眾價值取向的轉變後，主要目的是(1)分析不同世代媒體組織成員的工作價值觀與差異；並(2)瞭解不同世代的組織成員是如何看待並進行領導與溝通的；進而(3)探究不同世代媒體從業人員對其工作與溝通的滿意度。

二、研究方法與進行步驟

(一)研究情境與對象

本章之研究情境一為當前台灣社會文化的情境及其轉變；另一為組織情境中的個人與人際層次（上司與下屬間）。就前者而言，此部分主要

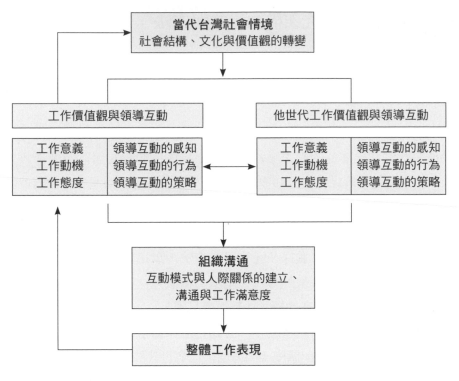

圖5-1　研究的概念性架構

在經由文獻分析與探討來建立一個認知架構，以實際瞭解當代台灣社會在結構、文化與價值觀的轉變，以及這些轉變對於世代的影響與意義為何。這部分已在前面章節中進行析論。

　　而在組織情境方面，則以媒體產業中不同世代的工作者為研究對象，根據Glaser和Strauss（1967）之理論性抽樣原則，選取三十位媒體工作者為研究對象。研究對象的選取除符合世代差異外，也盡量在年資、工作任務、媒體性質以及職級等方面有所區隔，以呈現多元化的樣本（見**表5-1**）。而為能更周全的理解現象、回答問題與詮釋訪談資料，研究者並依照國內媒體從業人員依嬰兒潮世代、X世代與Y世代三個世代的比例（約為1：2：3的數據）（華英惠，1991；李彪，2001；顏加松，

表5-1　三十位媒體工作者樣本資料

序號	世代(年齡)	媒體別	職等	職稱
1	1940（62）	平面	高階主管	總經理（退休）
2	1940（51）	電子	中階主管	節目部經理
3	1960（40）	平面	中階主管	經濟組撰述委員
4	1960（40）	電子	中階主管	採訪主任
5	1950（41）	平面	中階主管	總經理辦公室主任
6	1950（44）	電子	中階主管	主播
7	1950（46）	電子	中階主管	資深研究員
8	1950（47）	電子	高階主管	台灣區總經理
9	1970（30）	平面	基層	記者
10	1970（30）	電子	基層	主持人
11	1970（30）	平面	基層	編輯
12	1970（31）	平面	基層	編輯
13	1970（31）	電子	基層	記者
14	1970（32）	電子	中階主管	製作人
15	1970（35）	平面	基層	地方記者
16	1970（35）	平面	基層	社會組記者
17	1970（35）	平面	基層	記者
18	1970（39）	電子	高階主管	總編輯
19	1970（39）	電子	基層	資深編輯
20	1980（23）	平面	基層	編譯
21	1980（24）	平面	基層	記者
22	1980（26）	平面	基層	記者
23	1980（26）	電子	基層	主播
24	1980（26）	電子	基層	執行製作
25	1980（27）	平面	高階主管	董事長
26	1980（27）	電子	基層	專案企劃
27	1980（27）	電子	基層	記者
28	1980（28）	電子	基層	記者
29	1980（28）	電子	基層	記者
30	1980（28）	電子	基層	記者

2004），採分層比例抽樣之原則發放九十八份有效問卷，其中40-49歲為十七份有效問卷，30-39歲有三十四份有效問卷，而20-29歲則有四十七份有效問卷。

(二)研究方法與資料蒐集

資料的蒐集主要是使用文獻分析、深度訪談與開放式問卷。在訪談部分，研究者主要以半結構式的深度訪談，對台灣地區的報紙、廣播及電視媒體工作人員等三十位受訪者進行約一個小時的錄音訪談，為了對訪談資料有更正確的解析，研究者也常在正式訪談結束後，以非正式的聊天方式來確認訪談過程中研究者的理解與詮釋。

正式訪談問題大綱主要分為四大部分：(1)個人基本資料；(2)工作價值觀與角色知覺；(3)領導行為與溝通互動；以及(4)對於其他世代的認知與差異。訪談時間約為一小時，訪問內容均在受訪者的同意下進行錄音，訪談地點多在受訪者的工作場所中進行。

將所有訪談資料轉為文字稿後，研究者再根據研究問題與目的，對資料進行詮釋和主題篩選。整個分析過程為：(1)將所有錄音之內容轉換成文字稿；(2)將訪談文字稿進行比對、分類與歸納，並進行注釋；(3)就注釋中尋出主題和分別出與領導互動有關的主要傳播情節；再就(4)語言論述和領導溝通進一步歸納出工作價值觀的認知與領導互動的模式。

在問卷調查的部分，問卷內容主要可分為四部分：(1)個人基本資料：此部分詢問受測者之性別、年齡、工作年資、學歷、工作職級等基本資料；(2)工作價值觀：包括角色知覺、工作意義、工作動機、工作態度與工作滿意度等構面；(3)領導行為與溝通互動：包括領導與溝通的感知、行為、策略和滿意度等構面；(4)不同世代的認知與差異：係指受訪者認為不同世代在上述面向間的差異為何。在此採用信度考驗方法為Cronbach α係數，其值為0.826，顯示本研究工作價值觀量表試題間有相當關聯性且多向度，具有很高的內部一致性。除使用描述性統計分析，以

計算各變項之平均數及標準差來瞭解各變項之得分概況外，並採用單因子變異數分析、複選題分析來進行工作與溝通滿意度的調查。

第四節　組織中的世代差異與自我認同

組織生活中身分的產生與差異來自年齡、性別、族群和階層等諸多因素，而在溝通互動的過程中，組織成員透過語言與符號建構了彼此身分的異與同。自我認同指的是個體對於自我概念的體現，不但是一種社會建構的動態過程，更是一種不會間斷與中止的過程（Hall, 1996）。而不同世代間不管是自我或集體的認同，都會隨著社會變遷、歷史發展，甚至傳播媒體與組織控管而產生變化。

一、不同世代對工作認知與價值觀的差異

在工作價值觀的部分，主要包含三個世代對於工作意義、工作愉快的關鍵因素，以及從工作動機等面向的分析。資料分析顯示，三個世代的媒體工作者對於工作意義的認知，雖然多集中於自我理想實踐、養家餬口或是學以致用等內涵，但三個世代對於重要性排序卻不盡相同。而40-49歲的世代則提出了「回饋社群／社會」的概念，主要原因可能在於該世代多已位居中高層主管的位置，從職涯發展的歷程來看，已趨近高峰，並漸往退休方向移動，此時自然會對社會與社群產生更多責任與回饋之心（見**表5-2**）。

> 我覺得是海綿，我覺得我每天都在吸收不同的東西，每天都覺得很有生命力耶！我真的很快樂耶！（受訪者20）
>
> 十七年來記者的角色，我覺得我們那個世代出生的，我們剛好

在學運世代……我們對於國家整體議題會比較關心，尤其是那個時候戒嚴，所以會覺得剛好解嚴的時代，然後台灣還有非常非常多的不民主，還有很多可以改革的……就是所謂我們做記者的使命感，我覺得那個就不一樣。（受訪者6）

表5-2　不同世代媒體從業人員對於工作意義三大重要性的比例分布

	第一重要性	第二重要性	第三重要性
20-29歲	養家餬口（74.5%）	自我理想實踐（70.2%）	學以致用（46.8%）
30-39歲	自我理想實踐（88.2%）	養家餬口（67.6%）	學以致用（64.7%）
40-49歲	自我理想實踐（76.5%）	養家餬口（70.6%）學以致用（70.6%）	回饋社群／社會（29.4%）

而待遇、工作自主權以及組織溝通等，則是不論世代均認同此三者為工作愉快的主要關鍵因素。但對於20-29歲的資淺人員來說，良好的工作與生活品質並不在前三名之列（見**表5-3**）。

我承認當初我是因為薪水的關係我才接受這份工作。（受訪者10）

工作彈性，嗯！基本上，老闆不太管你在做什麼啊！這裡我們比較偏向以成果來論嘛！對。所以基本上，如果像一開始的時

表5-3　不同世代媒體從業人員對於工作愉快前三個關鍵因素的比例分布

	第一關鍵因素	第二關鍵因素	第三關鍵因素
20-29歲	待遇良好（57.4%）	與長官／同事／部屬關係良好、溝通無礙（55.3%）	擁有工作自主權（48.9%）
30-39歲	待遇良好（73.5%）	擁有工作自主權（47.1%）	良好的工作與生活品質（41.2%）
40-49歲	與長官／同事／部屬關係良好、溝通無礙（70.6%）	擁有工作自主權良好的工作與生活品質（47.1%）	待遇良好（41.2%）

表5-4 不同世代媒體從業人員對於從事媒體工作的三大原因比率分布

	第一因素	第二因素	第三因素
20-29歲	對媒體工作懷抱著憧憬與熱情（68.1%）	學以致用（38.3%）	可獲得高成就感（36.2%）
30-39歲	對媒體工作懷抱著憧憬與熱情（50.0%）	學以致用（44.1%）	可獲得社會認同認同媒體工作的專業（29.4%）
40-49歲	學以致用（70.6%）	對媒體工作懷抱著憧憬與熱情（41.2%）	可獲得高成就感認同媒體工作的專業（35.3%）

候是跑新聞的話，那就是看你跑的新聞寫出來的東西有沒有比人家好。（受訪者7）

若從工作動機來看，訪談資料顯示多數四、五年級的媒體工作者會強調「責任感」和「使命感」。問卷分析顯示，三個世代均認為對媒體工作懷抱著憧憬與熱情和學以致用是最重要的工作動機，而獲得社會認同、可獲高成就感與認同媒體工作專業則分別出現在不同的世代中。這顯示不同世代對於從事媒體工作的原因雖各有其考量，但主要的兩個因素還是對媒體工作懷抱著憧憬與熱情和學以致用（見**表5-4**）。

工作價值觀是個人經驗與文化背景影響下的產物，除受到文化差異的影響，也深受個人差異的影響，對處於不同世代的媒體工作者來說，他們對於自我性格的描述與認知亦有所差異。20-29歲的世代多認為自己的性格特質是「勇於追求自我」、「創新求變」和「上進努力」；至於六年級的30-39歲世代則是多描述自己為「盡忠職守」、「上進努力」、「勇於追求自我」和「抗壓性足」；而40歲以上的世代則看待自我為「盡忠職守」、「創新求變」、「重視生活品質」、「謹慎保守」、「上進努力」以及「講究權利義務」等。

二、不同世代的領導與溝通

首先，不同世代對於最適合於媒體產業中的溝通態度與行為，認知差異不大。由於媒體產業的專業性使然，多數人期待理性的溝通是最重要的溝通態度。

> 我最討厭那種一開始就罵人的那種長官，我覺得這樣子，一旦罵下去了，你那個罵人的態勢，管管管管管的姿態一擺出來，溝通就已經完全的失敗了，我覺得啦！我覺得我如果遇到這樣的長官，我可能就、我就不想鳥他，就是那種態度出來，就是一開始就是端出這樣子的態度，我覺得部屬可能很難信服吧！
> （受訪者23）

雖然「願意理性溝通」、「善於控制情緒」和「忠於專業理念」三種態度行為在跨世代中的排名前後不一，但均認同這三種態度與行為是媒體產業中較好的狀況。顯示這三世代在此一題項上的認知不僅差異不大，甚至「願意理性溝通」此一態度行為從20-29歲到40-49歲的比例是逐漸增高的狀況（**表5-5**）。

其次，不同世代對於最適合於媒體產業中領導風格的認知，其實差異不大。三個世代均認同「願意傾聽並重視與部屬的溝通」和「注重理性溝通並能接受部屬批評」是一種較好的領導風格。資料顯示，媒體產業其

表5-5 不同世代媒體從業人員對於最適合的溝通態度與行為比例分布

	第一種態度行為	第二種態度行為	第三種態度行為
20-29歲	願意理性溝通 （70.2%）	善於控制情緒 （46.8%）	忠於專業理念 （42.6%）
30-39歲	願意理性溝通 （82.4%）	善於控制情緒 （61.8%）	忠於專業理念 （41.2%）
40-49歲	願意理性溝通 （88.2%）	忠於專業理念 （52.9%）	善於控制情緒 （47.1%）

實是個高度強調雙向與互動溝通的職業場域，而新世代的工作者更期待領導者能夠民主開放，並讓員工參與決策；40-49歲的世代則認為一個好的領導風格應該要強調公平與公正。

> 他首先要能忍受不同的聲音。不能忍受不同的聲音的話，沒有辦法做領導者。第二個的是，聽了不同的聲音之後，會不會去檢討，會不會檢討自己。對！如果不能檢討自己，光聽也是沒有用的。那檢討之後，你願不願意跟你的同事去對話，那這個也很重要。那如果你只是一味去反對他的意見，這樣是沒有辦法做事情。（受訪者3）

而不同世代對於身為上司或是下屬所必須具有的溝通特質之認知，則是傾向於「有擔當」且「重視與部屬的溝通討論」的上司，和「願意接受與自己不同的意見」且「值得信賴託付」的下屬。然而對於40-49歲的世代而言，一位溝通良好的主管或上司，除了「有擔當」、「擁有專業風範」、「願意接受不同的意見」與「重視與部屬的溝通討論」外，尚需要能「說一是一，以身作則」，這與其他兩個世代的選擇是有差異的；而20-29歲的新世代則將「以組織發展為優先」列為一個溝通良好的部屬應具備的重要特質。

此外，研究對象不僅都認為溝通與領導方式有世代間的差異，且對於何種差異的看法也大致近似。例如三個世代均認為，不同世代的上司在溝通與領導上有著「溝通意願」、「意見的退讓」和「立場堅持」的差異。而30-39歲和40-49歲的兩個世代也都將「情緒管理」列為是不同世代上司的差異點之一。至於三個世代對於不同世代部屬在溝通與領導上差異的部分，「溝通意願」、「意見的退讓」和「情緒管理」被認為是不同世代間部屬最顯著差異的部分。

> 就是剛畢業，20幾30以下，他們傾向很容易就放棄，很容易就跳槽。對～沒有忠誠。……（長官那一輩）他們比較不反抗，

比較重在執行，就是人家交付，他要執行，比較傳統的那種工作價值觀。我們就是夾在中間的世代，想反抗又反抗不了。（受訪者4）

四年級……我覺得那個時候剛好是我記者養成的時候，他們每天告訴我都是他們好認真的一面，然後我就會去學習他們認真的一面，那也不一定每個人都這樣……你說四年級跟五年級有什麼差別，他們就比較傳統呀！（受訪者6）

我覺得新世代缺乏責任感，為什麼中生代會起來，因為有承接到上一輩老一代的刻苦耐勞跟從根基打起的精神，但是沒有新的觀念。我發現為什麼資深的人業績不好，因為他們賣的方式都一樣，沒有發現消費者的消費習慣已經變了。（受訪者10）

像電子時報的一位小姐就覺得我們這種六字頭七字頭的記者都很不用功，這是一種gap，就他們那代會很主動積極從各種層面去挖新聞，搜集資料，但他看我們這輩就很被動又愛抱怨，嬌生慣養，就很草莓族。（受訪者13）

從領導互動的角度分析，則上司與下屬在面對衝突時，多數媒體從業人員傾向先進行理性溝通，若是無法解決，則下屬會選擇接受，而上司會運用權力進行決策：

兩條路，一條路是跟他講困難點在哪裡，然後這中間就要暗示我辦不到，要跟他說，這點真的太難了，這點這樣真的沒有辦法。另一條路就是臣服，想辦法生給他。（受訪者28）

我個人還是秉持著站在尊重的角度，……我對底下會尊重，當然如果當真的遇到比較嚴重的問題時，我想就是一個溝通完，其實我有fire過主管。（受訪者8）

第五節　組織溝通與工作滿意

　　工作價值觀是個人經驗與文化背景影響下的產物，而由於不同世代的工作者所擁有的工作價值觀有所差異，因此在工作和溝通的滿意度上亦會有所差別。在調查滿意度的部分，主要是採用單因子變異數分析，檢視各個分類性變數下的滿意度是否顯著相異（**表5-6**）。

　　從「工作整體滿意度」來看，三個世代的平均分數落在3.42～3.61分之間，世代間未達顯著差異（P=0.511），表示三個世代對於目前工作整

表5-6　三個世代在工作滿意度各題項的平均分數與顯著值

	20-29歲	30-39歲	40-49歲	顯著值
工作整體滿意度	3.45	3.42	3.61	0.511
工作作息滿意度	3.30	3.09	2.88	0.307
升遷制度滿意度	3.17	2.85	2.82	0.188
內部教育訓練滿意度	3.28	2.76	2.59	0.019**
長官公平對待部屬的滿意度	3.47	3.03	2.88	0.040**
與同事相處溝通的滿意度	3.89	3.59	3.76	0.310
與長官相處溝通的滿意度	3.83	3.47	3.65	0.332
對自己溝通領導的滿意度	3.36	3.38	3.53	0.704
對工作外閒暇時間的滿意度	2.77	3.26	2.82	0.084
對工作上所獲成就感的滿意度	3.64	3.35	3.12	0.073
對工作外能陪伴家人時間的滿意度	2.83	3.18	2.53	0.083
工作上人際關係的滿意度	3.98	3.62	3.76	0.019**
工作挑戰性的滿意度	4.13	3.50	3.47	0.002**
會因工作而疏忽與家人相處時間	3.83	3.65	4.29	0.026**
對於工作的社會地位滿意度	3.02	3.32	3.12	0.173
對工作自主權的滿意度	3.51	3.50	3.65	0.831
對自身工作的喜愛程度	4.00	3.65	3.35	0.005**

註：1.答題時，使用五等量表，從非常滿意到非常不滿意，分別是5分～1分。
　　　而表格內的分數則為該世代對於該題項的平均分數。
　　2.**表示非常顯著。

體滿意程度均接近於滿意的狀況。但在「內部教育訓練滿意度」、「長官公平對待部屬的滿意度」、「工作上人際關係的滿意度」、「工作挑戰性的滿意度」、「會因工作而疏忽與家人相處時間」、「對自身工作的喜愛程度」等六個題項上，則三個世代均達到非常顯著值，顯示三個世代在此六題項中有相當大的差異。

對20-29歲世代的媒體工作者而言，儘管他們被社會普遍貼上了「草莓族」的封號，但他們對於公司內部教育訓練的滿意度、感覺組織內長官對於部屬公平對待的滿意程度、工作上人際關係的滿意程度等，均高於另外兩個世代。而即使他們認為自己的工作具挑戰性（平均分：4.13），也會因工作的關係而疏忽與家人相處的時間（平均分：3.83），但對於自身工作的喜愛程度卻是三個世代之最（平均分：4.00）。

對30-39歲的六年級生而言，他們除對於公司內部教育訓練並不甚滿意（平均分：2.76）外，對於自己在工作上人際關係的滿意程度是三個世代中最低的（平均分：3.62）。反之，對工作挑戰性的滿意度平均分為3.50，趨近於滿意，且對於因工作而疏忽與家人相處的時間則比20-29歲世代的程度稍好（平均分：3.65）。研究者認為，此是因為該世代幾乎已經晉升為中階主管階層，對於工作與家人時間的調配會比剛進組織內的20-29歲世代來得好。此外，他們對於自身工作喜愛程度也比20-29歲稍低（平均分：3.65）。

對於40-49歲的世代來說，這些五年級生對於公司內部的教育訓練、組織內長官對於部屬的公平對待滿意程度，以及對於工作挑戰性的滿意度均為三個世代中最不滿意或是最低的，但因工作而疏忽與家人相處的時間則是三世代中最高分者（平均分：4.29），這顯示了這個世代常因身為管理階層而必須投入更多的工作時間，以致時常犧牲了與家人相處的機會，這或許也說明了為何他們對於自身工作喜愛程度也是三個世代中最低的（平均分：3.35）。

雖然，過去相關研究主要強調的是探討跨世代的差異處，而甚少提

及世代的共通點。但本章的研究發現，三個世代的組織人員在工作價值觀的內涵、領導與溝通以及工作的滿意度上，卻仍有相同之處，像是三個世代均認為：(1)理性溝通、控制情緒與忠於專業義理是從事媒體產業工作者最重要的態度與行為；而(2)自我理想實踐、養家餬口與學以致用則是跨世代媒體工作者最重要的工作意義內涵；(3)一位好的領導者應該要願意傾聽並重視與部屬的溝通，一位溝通良好的部屬則應該要值得信賴託付，並願意接受與自己不同的意見；(4)對於工作整體的滿意度也相當的一致。

這除了說明任何社會文化在發展過程中，必然同時存在著延續傳承與轉變差異的部分外，另一方面也說明了媒體工作的專業性讓此產業建立了該職場的職業文化（occupational culture），因而使得從業人員在價值觀與行為上，同時受到企業與產業文化的影響。

至於世代差異之處，20-29歲七年級生對自我性格的描繪是「勇於追求自我」、「創新求變」和「上進努力」。雖然「對媒體工作懷抱著憧憬與熱情」、「學以致用」、和「可獲得高成就感」等內在價值是進入此產業的主因，但「養家餬口」的經濟性外在價值觀卻是這個世代所認為排名第一的工作意義所在。同樣的，「待遇良好」也是該世代認為導致工作愉快的首要因素；而在領導與溝通的面向，該世代不僅認為「理性溝通」是此產業中較理想的溝通態度，也認為「願意傾聽並重視與部屬的溝通」是較佳的領導風格，尤其「值得信賴託付」和「願意接受與自己不同的意見」、「以組織發展為優先」以及「遇有衝突，願意溝通」，更是一位溝通良好的部屬應具有的特質。

這些認知、態度與行為，一方面呼應了相關研究所指出新新人類追求自我、求變創新、工作選擇以興趣為主、願意表達等特質；但另一方面似乎也呈現出與社會刻板印象中所描述抗壓性差的「草莓族」、或是完全「以自我為中心」的年輕世代略有出入的形象。這或許是因為此世代視工作的意義為換取酬勞以養家餬口，因此相對的也就展現出對職場應對的務

實與妥協態度。

　　而對30-39歲的六年級生而言，「盡忠職守」是形容自我特質的首要描述，之所以選擇媒體產業的主因雖然也有內在價值的取向，但該世代卻也將「可獲得社會認同」和「認同媒體工作的專業」等專業性的外在價值觀列於前三項中。相當一致的是，該世代在對於工作意義的內涵和令工作愉快的主因選項上，也呈現出理想與現實並列的答案；換言之，工作之於他們，一方面是理想的實踐和自主權的展現，另一方面也是養家餬口以至良好生活品質的工具。

　　這個世代認為，媒體產業的專業能力主要包括了溝通協調、新聞判斷力和駕馭文字等。一位領導溝通呈現良好的上司必須有擔當、擁有專業風範，並願意充分信賴與授權屬下；至於一個溝通良好的部屬自然也應該要值得信賴託付、願意接受與自己不同的意見，並擁有專業風範。

　　從職涯成長的面向來看，六年級世代的媒體工作者，已逐漸完成專業社會化的過程，且慢慢轉為主管階層，因此對於工作價值觀的強調會從內在價值取向，轉而強調權威性、階級性、支配性等財富、地位、聲望和舒適的環境等外在酬償。因此，在生涯發展階段中升遷與成長是該世代所關注的焦點，這也說明了為何在媒體產業中的六年級生對於升遷制度和內部教育訓練最不滿意。

　　最後是五年級的40-49歲世代，這個世代跨越了嬰兒潮世代與X世代，因此在性格上融合兩代「謹慎保守」、「上進努力」、「盡忠職守」與「講究權利與義務」的特質。雖然「養家餬口」亦是選擇媒體產業的主因之一，但該世代對於工作意義的內涵相較於之前的世代，顯然較強調內在的價值，尤其是出現了「回饋社群／社會」的利他傾向。這當然也凸顯了該批資深媒體人，在生涯發展階段中已逐漸進入成熟與穩定期，也較有資源，因此回饋的意願較高。

　　由於這個世代也逐漸在科層組織中成為中高管理階層，顯然，既是領導者又是被領導者的五年級世代，對於公平的概念最為強調，因此在領

導風格和與部屬良好溝通的認知上，會「強調公平與公正」與「說一是一，以身作則」等面向，量化資料也顯示這批資深媒體人在「長官公平對待部屬的滿意度」上是最低與最不滿意的。

　　從本章的研究發現可以看出，不同世代工作價值觀的意義內涵逐漸從強調集體利益、理想性與成就感等內在價值觀，轉向強調個人社會地位、財富與生活方式等外在價值觀，因此，整個媒體產業就像是台灣社會文化系統從過去「單一主體性」轉向「多元主體性」（黃俊傑，2006）的縮影一般，呈現出多元價值觀並存的現象，因此無論是在單一世代中或跨世代間，必然存在著認知與行為上的矛盾或衝突。

　　而從工作價值觀的轉變乃至媒體工作的本質來看，組織溝通顯然是任何世代工作者都認為重要、也是影響其工作滿意的重要因素。換言之，上述因工作價值觀的差異而產生的矛盾與衝突，主要是在領導溝通時產生，而要解決這些矛盾與衝突，顯然也要回歸到組織成員的溝通互動中。因此，當我們體現到互動的內涵是指互動時的感受、行為與認知（王榮春、陳彰儀，2003）時，那麼，若回到傳播的角度來看組織中世代的差異，則相關研究主題可以從關切與探討有何差異後，再進一步挪移到「具有不同工作價值觀的世代應如何溝通與互動」，以及「如何進行跨世代領導溝通」等問題上，將對媒體組織與實務工作者有更大的助益。

參考文獻

中文部分

王榮春、陳彰儀（2003）。〈部屬觀點之領導互動論：部屬對主管領導行為的知覺因素與互動內涵初探〉。《本土心理學研究》，11，59-89。

王叢桂（1992）。《社會轉型中之工作價值觀變遷研究》。行政院國家科學委員會

專題研究計畫成果報告。

王叢桂（1993）。〈三個世代大學畢業工作者的價值觀〉。《本土心理學研究》，
　　2，206-250。

李秀珠（2008）。〈華人的組織上行影響研究：檢視台灣組織中的上行影響模式〉。
　　《新聞學研究》，94，107-148。

李彪（2001）。《媒體產業結構與報業策略管理——以中國時報集團為例》。中山
　　大學管理學院高階經營管理碩士學位論文。

洪瑞斌、劉兆明（2003）。〈工作價值觀研究之回顧與前瞻〉。《應用心理學研
　　究》，19，211-250。

郭貞（1995）。〈世代分析在傳播行為研究中之應用〉。《傳播研究簡訊》，1，
　　1-3。

陳金貴（1998）。〈公務人員世代差異管理的探討〉。《公務人員月刊》，19，10-
　　19。

陳銘宗、劉兆明（1995）。〈工作價值觀及其形成歷程之探討〉。《應用心理學
　　報》，4，73-103。

彭春蘭、李素珍（2002）。〈從領導特質與行為模式探討女性領導的新典範〉。《研
　　習論壇月刊》，18，23-33。

華英惠（1991）。《台灣地區新聞從業人員滿意程度研究》。政治大學新聞傳播研
　　究所碩士學位論文。

黃光國（1992）。〈自我實現與華人社會中的價值變遷〉。《中國人的價值觀國際
　　研討會論文集》。台北：漢學研究中心。

黃光國（1995）。〈儒家價值觀的現代轉化：理論分析與實徵研究〉。《本土心理
　　學研究》，3，276-338。

黃光國（2002）。〈價值觀研究之本土反思〉。《應用心理研究》，15，1-5。

黃俊傑（2006）。《戰後台灣的轉型及其展望》。台北：國立台灣大學出版中心。

楊國樞（1993）。〈傳統價值觀與現代價值觀能否同時並存〉。見楊國樞（編）：
　　《中國人的價值觀——社會科學觀點》。台北：桂冠圖書公司。

諸承明（2001）。〈新新人類工作生活品質需求類型之研究——Q分類方法之實證
　　研究〉。《企業管理學報》，49，71-95。

蕭新煌（1995）。〈「新人類」的社會意識與社會參與〉。《勞工之友》，535，6-9。

顏加松（2004）。《數位時代新聞人員工作滿足感：科技使用、組織溝通與工作壓
　　力之分析》。國立中正大學電訊傳播研究所碩士論文。

英文部分

Assael, H. (1998). *Consumer behavior and marketing action* (6th ed.). Athens, OH: South-Wester College Publishing.

Bass, B. M. (1990). *Bass & Stogdill's handbook of leadership－Theory, research, and managerial application* (3rd ed.). NY: The Free Press.

Bass, B. M., & Avolio, B. J. (1994). Shatter the glass ceiling: Women may make better manager. *Human Resource Management, 33*(4), 549-560.

Bhagat, R. S., & McQuaid, S. J. (1982). Role of subjective culture in organizations: A review and directions for future research. *Journal of Applied Psychology, 67*, 653-658.

Blanchard, K., Hybels, B., & Hodges, P. (1999). *Leadership by the book: Tools to transform your workplace.* NY: William Morrow & Company.

Blumer, H. (1969). *Symbolic interactionism: Perspective and method.* Englewood Cliffs, NJ: Prentice-Hall.

Conard, C. (1994). *Strategic communication: Toward the twenty-first century* (3rd ed.). Fort Worth, TX: Harcourt Brace Jovanovich.

Cox, T. Jr. (1993). *Cultural diversity in organizations: Theory, research, and practice.* San Francisco, CA: Berrett-Koehler.

Creswell, J. W. (2002). *Educational research: Planning, conducting, and evaluating quantitative and qualitative research.* NJ: Merrill Prentice-Hall.

Daniels, T. D., & Spiker, B. K. (1987). *Perspectives on organizational communication* (4th ed.). Dubuque, IW: Wm. C. Brown.

Daniels, T. D., Spiker, B. K., & Papa, M. J.(1997). *Perspectives on organizational communication* (4th ed.). Madison, WI: Brown & Benchmark Press.

Danserau, F., & Markham, S. E. (1987). Superior-subordinate communication: Multiple levels of analysis. In F. M. Jablin, L. L. Putnam, K. H. Roberts, & L.W. Porter (Eds), *Handbook of organizational communication: An interdisciplinary perspectives.* Newbury Park, CA: Sage.

Dose, J. J. (1997). Work values: An integrative framework and illustrative application to organizational socialization. *Journal of Occupational and Organizational*

Psychology, 70, 219-240.

Eisenberg, E. M., Monge, P. R, & Farace, R. V. (1984). Coorientation of communication rules in managerial dyads. *Human Communication Research, 11*, 261-271.

Eisenberg, E. M., & Goodall, H. L. Jr. (2004). *Organizational communication: Balancing creativity and constrain* (4ᵗʰ ed.). NY: Bedford/St. Martin's.

Fairhurst, G., & Chandler, T. (1989). Social structure in leader-member interaction. *Communication Monographs, 56*, 215-239.

Fulk, J., & Mani, S. (1986). Distortion of communication in hierarchical relationships. *Communication yearbook, 9*, 483-510. Newbury Park, CA: Sage.

Glaser, B. G., & Strauss, A. (1967). *The discovery of grounded theory: Strategies for qualitative research*. NY: Aldine de Gruyter.

Graen, G. (1976). Role making processes within complex organizations. In M. Dunnette (Ed.), *Handbook of industrial and organizational psychology* (pp. 1201-1245). Chicago, IL: Rand McNally.

Graen, G. B., Novak, M., & Sommerkamp, P. (1986). The effects of leader-member exchange and job design on productivity and satisfaction: Testing a dual attachment model. *Organizational Behavior and Human Performance, 30*(1), 109-131.

Hackman, M. Z., & Johnson, C. E. (2000). *Leadership: A communication perspective*. Prospect Heights, IL: Wavland.

Hall, S. (1996). Introduction: Who needs identity? In S. Hall & P. Gay (Eds.), *Questions of cultural identity*. London: Sage.

Holland, J. L. (1985). *Making vocational choice: A theory of vocational personalities and Work Environment* (2ⁿᵈ ed.). Englewood Cliffs, NJ: Prentice-Hall.

Jablin, F. M. (1979). Superior-subordinate communication: The state of the art. *Psychological Bulletin, 86*, 1201-1222.

Johnston, W. B., & Packer, A. H. (1987). *Workforce 2000: Work and workers for the 21ˢᵗ century*. Indianapolis, IN: Hudson Institute.

Kipnis, D., & Schmidt, S. (1982). *Profile of organizational influence strategies*. San Diego, CA: University Associate.

Liden, R. C., & Graen, G. (1980). Generalizability of the vertical dyad linkage model of leadership. *Academy of Management Journal, 23*, 451-465.

Liden, R. C., & Maslyn, J. M. (1998). Multidimensionality of leader-member excjamge: An empitical assessment through scale development. *Journal of Management, 24*(1), 43-72.

Mead, G. H. (1934). *Mind, self and society*. Chicago, IL: University of Chigo Press.

Mintzberg, H. (1973). *The nature of managerial work*. NY: Harper & Row.

Nord, W. R., Brief, A. P., Atieh, J. M., & Doherty, E. M. (1988).Work values and the conduct of organizational behavior. *Research in Organizational Behavior, 10*, 1-42.

Parker, P. S. (2001). African American women executives; leadership communication within dominant-culture organizations. *Management Communication Quarterly, 15*(1), 42-82.

Robbins, S. P. (2003). *Organizational behavior*. NJ: Prentice-Hall.

Rokeach, M. (1973). *The nature of human values*. NY: Free Press.

Sashkin, M., & Rosenbach, W. E. (1998). A new vision of leadership. In W. E. Rosebach & R. L. Taylor (Eds.), *Contemporary issues in leadership* (4th ed.). Boulder, CO: Westview Press.

Schein, E. H. (1992). *Organizational culture and leadership* (2nd ed.). San Francisco, CA: Jossey-Bass Inc..

Sias, P. M., & Jablin, F. M. (1995). Differential superior-subordinate relations, perceptions of fairness, and coworker communication. *Human Communication Research, 22*, 5-38.

Smola, K. W., & Sutton, C. D. (2002). Generational differences: Revisiting generational work values for millennium. *Journal of Organizational Behavior, 23*, 363-382.

Vecchio, R. P., & Gobdel, B. C. (1984). The vertical dyad linkage model of leadership: Problems and prospects. *Organizational Behavior and Human Performance, 34*, 5-20.

Waldron, V. R. (1991). Achieving communication goals in superior-subordinate relationships: The multi-functionality of upward maintenance tactics. *Communication Monographs, 58*, 289-306.

Witherspoon, P. D. (1997). *Communicating leadership: An organizational perspective*. Needham Heights, MA: Alley & Bacon.

Wollack, S., Goodale, J. G., Witjing, J. P., & Smith, P. C. (1971). Development of the survey of work values. *Journal of Applies Psychology, 55*, 331-338.

Yukl, G. (1989). Managerial leadership: A review of theory and research. *Journal of Management, 15*, 251-289.

Zemke, R., C. Raines, & Filipczak, B. (2000). *Generations at a work: Managing the clash of veterans, boomers, xers, and nexters in your workplace*. NY: AMACOM.

Chapter **6**

組織論述、組織認定 與組織文化[*]

[*] 本章根據國科會專案計畫「組織認定、企業論述與組織文化的變革——從語藝觀點檢視公廣集團的整併過程」（96-2412-H-128-006）所改寫，相關研究發現也陸續發表於(1)秦琍琍、黃瓊儀、陳彥龍、張嘉予（2009）。〈組織認定、企業論述與組織文化的變革——從語藝的觀點檢視公廣集團的整併過程〉。中華傳播學會2009年會。新竹：玄奘大學。(2) 秦琍琍、黃瓊儀、陳彥龍、張嘉予（2010）。〈組織認定、企業論述與組織文化的變革——從語藝的觀點檢視公廣集團的整併過程〉。《新聞學研究》，104，101-145。

第一節　組織論述的多樣與跨界

　　語言的轉向將社會科學的研究重心，導到關注語言如何影響與建構人們對真實的理解，傳播乃言說的流動與互動，是人們經由語言與非語言符號的使用所達成。在溝通中人們自然形成規則性的行為，能在不同的傳播情節中應對進退，但意義不是在會話本身，而在於人們如何使用會話去達成多面向的互動。

　　此一多面向的互動，即Marshak（1998）將我們日常所說的分為三個層次，第一層是所謂工具性的說話（tool-talk），是為達成某些目的而進行的一種平鋪直述的語說，這些通常只具有外顯性的意圖；第二層則為框架性的說話（frame-talk），這類話語提供了理解的架構與情境，並提供了隱含與象徵的意義；第三層則是神祕性的說話（mythopoetic-talk），這類話語傳遞出意識形態與認知形象，其功能不只是提供理解的架構與情境，更扮演了形塑現實的角色，而其產生與使用的過程亦可能是在我們所不自知的潛意識中。這三種說話雖有層級性，但多重意義的產製卻是因著三者間彼此的互動而衍生的循環，這使得說話和行動間有著不可分割性，即行動是存在於語說中的。

　　長久以來，無論是在社會學、心理學、人類學、語言學或是傳播學等領域中，論述分析（discourse analysis）都有它的一席之地（Fairclough, 1995; Potter & Wetherell, 1987; van Dijk, 1997）。而為了更深入的瞭解當代組織，組織論述（organizational discourse）成為一新的研究重點與思考方向（Grant, Keenoy, & Oswick, 1998），此一新的研究方向雖然在研究論點與研究方法上呈現多重的定見與聲音，但多數學者都同意透過對語言、語言的使用，以及語言的使用者（組織成員）等的探究，的確能夠擴大與加深我們對組織運作與真實的理解。

　　論述成為建構社會真實的核心，我們的信念、態度與行為是受到周

遭環境的言詞互動所影響（Searle, 1995），因而論述的本質非僅只是描述
事物，它本身即能成就事物，所以無論形式為何，論述永遠具有社會與政
治性的意涵（Potter & Wetherell, 1987）。因此，論述分析必須放在其所產
生的社會情境中（Fairclough, 1995; van Dijk, 1997），由單純的文本分析
進入跨文本的分析（intertextual analysis），以期經由文本與情境的連結，
進一步去探究「語言是如何、因何、被誰、於何情境中所使用」的（van
Dijk, 1997）。

　　論述分析的範疇多元且複雜，儘管許多分析文本內容的研究均冠
上「論述分析」，但基本研究範疇至少包括了語言的使用（language
use）、認知（cognition）和社會文化情境中的互動（interaction in
sociocultural contexts）等三個面向，而這三個面向在研究關注的焦點，以
及分析的方法、層級和單位上皆有所不同（Potter & Wetherell, 1987）。組
織論述研究的重心，主要在於檢視論述如何影響與形塑組織過程。詮釋取
徑的組織論述研究主要分為闡釋學、語藝、隱喻分析、符號互動論和批判
論述分析等五大範疇（Heracleous, 2004）。

　　闡釋學涉及文本的詮釋和對於詮釋本身的反思，從Schleiermacher
開始建立一般詮釋學（general hermeneutics）的概念，使得詮釋文本不
再只是特定文本，而是所有的口語和書寫文本均能成為討論的對象；
Dilthey將闡釋學視為一切人文研究的基礎；Heidegger的詮釋現象學強調
人的存有；Gadamer則步Heidegger的後塵，致力於透過語言存有的闡釋
（Ricoeur, 1991，轉引自Heracleous, 2004）。

　　語藝論述分析近年在組織研究上多被使用，學者除將語藝視為是
社會真實建構強而有力的影響外，另一方面亦認為語藝是操控組織再現
的工具（Alvesson, 1993）。亞里斯多德在其《修辭學》中，系統性地
開展了關於實踐討論的論辯理論。他關注於人們如何對公共領域的實踐
問題，透過公開言說的論辯說服方式，達成行動協調的共同參與。正因
為人的行動有選擇性，而實踐情境則是複雜多變的，亞里斯多德提出修

辭推理（enthymeme）與例證法（paradeigma）作為如何在論證中取得說服效力的論理（logos）證明方式；此外，他又提出訴諸於言說者品格（ethos），以及訴諸聽者情感（pathos）的說服理論。如此，則語藝策略並非限於口說文本，而是在人們生活世界基礎上的一種日常能力（Watson, 1995）。

隱喻是人們瞭解世界並進行分類的重要機制，Lakoff與Johnson（1980）認為，隱喻並非只是語言表述的現象，更涉及深層的概念系統（conceptual system），因為我們日常概念系統具有隱喻性的本質，所以隱喻現象不單單存在於語言中，也存在於我們的思想和行動裡。隱喻讓我們得以藉由某一類事物來瞭解另一類事物。因此，無論喜歡與否，我們都是使用著具有隱喻性特徵的概念系統來建構我們所感知的世界。

承接Mead由Herbert Blumer（1969）❶所提的符號互動論，強調互動中的個人，而非內在的人格或社會結構，意義產生於互動的過程中，由於互動的性質持續改變，使得社會也跟著變遷。從方法論而言，符號互動論者傾向採取參與觀察與深度訪談等研究方法的民族誌研究，透過進入被研究者的生活場域，深入探究研究文本的深層論述結構和被研究者的主觀經驗。

批判論述分析將論述視為是並非中立公平的權力（Mumby & Stohl, 1991），也是產生特定主體性與認同的社會實踐（Fairclough & Wodak, 1997），更是社會及政治脈絡中文本與談話的呈現與再製（van Dijk, 2001）。Fairclough（1992）的分析架構涉及互文性與霸權的概念，論述包含三個層面：文本、論述實踐、和社會實踐，論述實踐是社會實踐的特定形式，也是文本產生和詮釋的社會認知層面。

組織論述的多樣與跨界反映了詮釋論點向語言轉向的精義，乃是

---

❶ Blumer, H. (1969). *Symbolic interactionism: Perspective and method*. Berkeley, CA: University of California Press.

對於現代性中理性思維的反思，並強調進入實存的組織生活中，透過對
意義開展的尋思，進一步檢視傳統將組織「工作」與「人」（work vs.
people）以及「結構」與「能動」（structure vs. agency）二元對立的看
待，研究組織論述並非只在探討關於組織的論述，或是從中瞭解組織中所
發生的事，而是將組織視為論述的去理解組織成員在其中真實生活的開展
（Chia, 2000）。因為論述乃是在特定時空情境下言說的流動與實踐，個
體並組織乃因著論述的行動而生成與建立。本章研究的主旨即在於透過組
織論述的分析，來理解並檢視公廣集團的組織認定、組織文化以及組織的
整併過程。

第二節　組織論述、組織認定與組織文化——從語藝觀點檢視公廣集團的整併過程

　　2006年初，《無線電視事業公股處理條例》三讀通過後，公廣集團
涵蓋了公視、華視、原民台、客家台以及宏觀台等五個頻道，成為擁有
1500名員工，每年掌控公共經費20億的媒體集團。這個發展除了使得整
個集團必須在組織變遷的過程中重新自我定位與建立文化外（李美華，
2004；程宗明，2005），更須面對外界要求TBS應真正的實踐「數位化、
國際化與公共化」等各項挑戰（馮建三、石世豪、郭力昕，2002；張錦
華，2004）。

　　從公共電視到公廣集團，儘管台灣社會已普遍認知公共媒體的重要
性，但公廣集團在台灣社會所發揮的功能與影響力卻仍然有限；而集團化
以來不斷發生的爭議與風波，讓我們不禁要問：「為何公共媒體在台灣無
法更有效的運作？」欲回應此問題的核心乃在於組織認定（organizational

identity）❷（Cheney & Christensen, 2001；徐瑋伶、鄭伯壎，2002, 2003）的概念。因為，組織認定的面向包含了組織價值觀、組織行為、組織溝通與產品的呈現方法，以及市場立足狀況，是企業建構組織文化的重要基礎。所以儘管學者有不同看法（Melewar & Jenkins, 2002），但都指出若組織能將所定位的自我概念與文化意涵，透過策略性溝通以整合認知並進行形象塑造，除了能使內部成員產生組織認同外，亦能為企業在社會上累積企業聲望、提高組織競爭力（Scott & Lane, 2000）。

組織認定是一個組織對其自我概念界定的過程，不僅包括組織內部的自我認定，也含括了外在社會大眾對此組織的社會認定。其乃組織成員所知覺與建構的組織特徵系統，而此特徵系統能讓組織成員對內形成「我們是什麼樣的組織」的認知，亦可透過管理者的刻意傳達或組織成員的作為而展現於外（Sillince, 2006；徐瑋伶、鄭伯壎，2003）。由於此系統是核心、區辨以及持久存在的，因此當成員都能接受與共享此種對於所屬組織的界定與特徵時，才有可能產生組織認同（organizational identification）。此概念有幾個重要意涵：首先，組織認定是經由所有組織利益關係人（包括員工、客戶、股東、供應商等）所互動與建構出來的（Scott & Lane, 2000）；其次，組織認定可能是多重而非單一的（Cheney & Christensen, 2001），而多重組織認定的產生，除了呈現在組織內部與外部的區別上，也有可能發生在組織內不同群體或部門的差異上，此一情形即如組織文化與組織中次文化的共享程度有所差異一般；最後，組織認定的建構乃是一個符號表徵與詮釋的過程，此一過程主要是透過語言論述與語藝實踐，去說服與影響組織利益關係人接受掌控者所希望建構的認定（Fiol, 2002）。

---

❷ 本章將organizational identity譯為組織認定，因為組織認同乃是組織成員根據組織認定從而產生之認同與歸屬感。組織傳播學者Cheney和Tompkins（1987）將組織認同定義為「組織認定的挪用」（appropriation of identity）；徐瑋伶、鄭伯壎（2003）之研究亦認為兩者應有所區分。

另一方面，組織認定的過程與結果，除了與內部成員的組織認同息息相關外，更與組織對外的企業形象關係密切。組織認定對組織內部最重要的作用即是對於組織認同的影響，因為組織認定的內涵提供了成員可以認同的標的，當組織認定與成員的自我概念以及對組織的期望吻合時，成員便能產生相互支持與共為一體的歸屬感（Cheney, 1983）。

　　近年來學者對於組織認定概念的研究亦如組織文化一般，組織認定乃成為企業在變動的過程與環境中一種競爭的優勢。Gioia等人即認為組織認定有助企業於變動環境中保持優勢，因為組織認定是個動態的建構過程，因此無論面對組織內部的調整與組織外在環境的變遷，如果管理者能不斷的經由企業論述與傳播策略來調整組織認定，以獲得組織內外部的認同與支持，則組織策略的管理與推動將更順利（Gioia et al., 2000）。而Fiol（2001）更將組織認定視為組織競爭優勢之基礎，他指出在競爭激烈與變動迅速的環境中，組織若能擁有相對穩定的核心認定，又能擁有不斷因應外部環境而調整的外圍認定，則組織整合力與競爭力勢必提升。

　　至於組織文化的內涵，已在前面章節中深入討論。在實務研究上組織文化的定義可分為五類：(1)泛文化或比較管理的觀點：視文化為外顯的變數，且是組織成員從所處之國家或社會中所沿襲而來的事物，因此研究者多從不同地區組織的比較研究中發現文化差異；(2)企業文化的觀點：視文化為內在的變數，且是由領導者所創造的一種情境，以形塑組織成員的思維與行為，使能合乎企業的需求和目標；(3)組織認知的觀點：將文化定義為組織成員的感知，這種感知可以看成是成員間共同享有的一種思考方式與知識系統；(4)組織符號的觀點：視文化為人類藉以理解經驗與指引行動的意義網絡，亦即是一個符號共享的意義系統，組織成員透過語文和非語文符號的使用，得以塑造組織真實與文化；(5)潛意識的觀點：視文化為潛存於人意識中的投射與表達的過程，因此組織文化的研究主要是去探究人類心靈深處所隱藏著的另一面（Smircich & Calas, 1987）。

對於一個公共媒體而言，組織認定與組織文化等關乎組織存在價值的概念顯然極為重要。因此，在公廣集團整併的初期，有必要深入瞭解TBS所面臨之內、外部挑戰，以從此過程的檢視與探究中，為日後的經營與管理爬梳出一些方向。本章從語藝研究的取徑，對公廣集團的組織情境與企業論述進行分析，以瞭解在集團化的過程中，其組織認定與組織文化為何。希冀透過歷時性的研究設計，一方面以時間的脈絡為經，從組織認定的內涵中剖析領導者所欲建構的語藝視野，以及其呼召組織成員認同的策略；另一方面則以文化的脈絡為緯，探究新舊成員的認知與互動、企業整體的共識，以及企業與外部社會環境間的溝通等，從而將公廣集團在變革過程中所面臨的挑戰與困境具體呈現。本章主要的研究重點為：(1)在整併過程中，公廣集團的組織認定為何？(2)在整併過程中，公廣集團的企業文化為何？(3)公廣集團的組織認定與企業文化對於該集團的整體表現有何影響？

第三節　研究架構、目的與方法

一、研究架構

雖然研究組織認定與文化的方法十分多元，但語藝研究的取徑，除能對企業論述進行深入的分析與解讀，以回答如「組織的本質為何」等基本問題外（Hassard, 1994），也能進一步呈現企業組織所存在的衝突、矛盾與複雜性等現實。而語藝研究的取徑，除傳統語藝研究外，亦可從戲劇、敘事、幻想主題等方向來進行分析與批評，其精義都在於扣連語言、行動與意義三個概念，以尋求組織的所說（talk）與所做（action），以及其表面、隱含與象徵意義三者間的關係。因此，本研究從組織傳播學的闡釋——文化觀點與語藝取徑，對公廣集團的組織情境和互動文本進行

分析,探究成員所處的組織真實與認知,以從在地者的角度與經驗中瞭解組織整併過程,並將企業論述、組織認定與組織文化等概念做整體性的連結與探討,建立一個概念性的分析架構(**圖6-1**)。

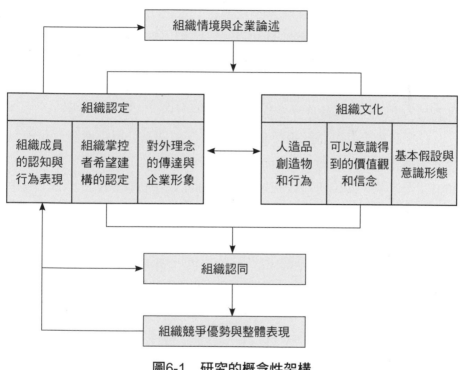

圖6-1 研究的概念性架構

二、研究方法與進行步驟

(一)研究情境

研究情境主要分為兩個層次:一為台灣社會對於公共媒體認知與接受情形;另一為公廣集團的組織情境。就前者而言,研究者主要是經由文獻分析,對台灣社會公共媒體的發展、重要的議題,以及民眾的認知做一

整理。而組織情境的勾勒與分析，則主要是據組織民族誌（organizational ethnography）的精神，對公廣集團進行田野調查，並進一步運用語藝分析的研究方法分析資料。

台灣在1987年解嚴、1988年解除報禁，政策的轉變使得民主政治與經濟起步發展，社會運動的浪潮席捲全島，其中對於媒體改革之呼聲亦沸沸揚揚。而自1993年《有線廣播電視法》通過以後，有線電視過度的商業競爭，導致節目低俗、媒體產業的整併，而為少數集團所壟斷，甚至是政治勢力操控媒體的態勢，都讓閱聽大眾忍無可忍，媒體公共化的概念遂得以倡議，並將目標訂為設立公共電視。

探究我國公共廣電政策與體系之發展，主要為公共化與數位化兩個概念（翁秀琪、陳百齡、陳炳宏、郭力昕、莊國榮、馮建三、程宗明，2001；程宗明，2003；行政院新聞局，2004；公視基金會，2005；馮建三，2006）。無線電視公共化的政策始於2000年陳水扁總統在大選前邀集國內教育、文化、傳播人士所合著的《新世紀・新出路，陳水扁國家藍圖6——教育傳播類之傳播媒體白皮書》，但內容僅止於公共化的論述。直至2004年行政院新聞局通過《無線電視公股釋出執行評估方案》，才將無線電視「數位化」納入通盤思考；2005年行政院新聞局「一公一民」政策拍板定調，正式確定華視公共化、台視民營化的轉型道路，數位時代的公廣集團藍圖也開始規劃（公視基金會，2005）。

1997年的《公共電視法》是我國公共服務廣電之法源，也確認了公視的定位、經費來源與獨立自主運作的機制。但是如果沒有廣電三法《廣播電視法》、《有線廣播電視法》及《衛星廣播電視法》的三退條（款），以及《無線電視事業公股處理條例》，公共電視不會演變成現在的公廣集團，而擁有現今之規模。然而，即使有了法源依據，政治力的干預亦仍有所聞，以至於社會除對媒體公共化提出相關質疑與意見外（趙怡、陳嘉彰，2004），也促使部分學者呼籲應建立問責制度（魏玓，2006；翁秀琪，2008；曹琬凌、彭玉賢、林珍瑋，2008；程宗明，

2009）。

由於公廣集團之整併主要始自2004年底第三屆公視基金會董監事的就任，而至2007年底跨入第四屆之任期，期間公廣集團董事長與公、華視總經理全面更替。為觀察集團整併過程，本研究同時蒐集第三屆、第四屆公視基金會之歷程資料，以評估其組織管理與運作之變革。

公視在成立初期，即以「公共服務」為宗旨，在此定位下，其組織目標與使命以「製播優質節目、提供公共服務、善盡媒介第四權、促進文化與公共利益」為主（秦琍琍，2001）。之後，公視的使命逐漸修改為「製播多元優質節目、促進公民社會發展、深植本國文化內涵，以及拓展國際文化交流」。而其於2001到2004年所定之願景是「成為公共服務領域與教育文化節目的領導品牌」；在2005到2007年之三年願景為「貼近公眾，成為受公眾喜愛並信賴的標竿媒體；接軌國際，成為具國際視野與品牌的公視集團」；2008到2010年之三年願景則是「成為公眾喜愛、信賴並具有影響力的標竿媒體；建全公廣集團運作，提升組織效能；完成建置數位製播環境，提供媒體服務平台；扮演世界認識台灣的窗口」（公視基金會，2006a、2007、2008）

在公廣集團成立後的第三屆董監事會時，曾對公視與華視的使命、定位、策略與市場區隔提出討論並定調，其將公視定位為「側重人文關懷與資訊服務的綜合台──人文資訊台」，而華視為「側重生活經營與娛樂服務的綜合台──生活娛樂台」，並論述公廣集團的使命在於「樹立媒體的價值標竿、開創嶄新的廣電文化、改造台灣的媒體生態，以及促進社會的健全發展」。

公廣集團目前的營運方式是一個集團、兩個董事會，而公視目前屬非營利的財團法人，華視則是公開發行的公司，依據公司法設有董事會，其指派的法人代表占華視董事席次的絕大多數。另外，公視基於設台宗旨，雖然尊重原民台與客家台的主體性與製播節目的自主性，但是在行政與財務監督上，仍由公視的總經理負全責，因此，公視基金會在

公廣集團的運作上一直扮演著關鍵性角色。依最新修正的《公共電視法》規定[3]，公視基金會董事席次為17到21人。其中僅董事長一人為專任有給職，其餘董事為無給職。由法定職權來看，公視基金會董事會主要強調決策制定與監督管理的功能，而綜觀前後幾屆董事會的運作，似乎也較偏向決定組織的任務與目的、預算與財務監督，以及甄選與解聘行政主管等工作。至於董事人選如何決定，對於董事會功能的發揮有著深遠的影響，雖然公視法明確規定遴選辦法與程序，但第四屆董事的產生從審查委員會的組成與召開，到現任董事會的遴選過程等，都出現瑕疵與爭議，這自然對該集團的社會責信產生傷害。

2004年底，第三屆公視董監事會成立，目標任務即籌組公共廣電集團。至2006年華視加入後，實際的整併工作則是由兩台主管召開主管聯席會議，依業務類別設置整合小組，由華視及公視副總級以上高階主管分工督導（公視基金會，2006b；華視，2007）。2007年起，為實現對族群頻道的尊重，特別設置客家與原住民諮議委員會，並遴選兩台台長（陳彥龍、劉幼琍，2006），在經費上則是專款專用，以維族群頻道主體性；在員工權益上，則是透過考試將原客兩台舊有員工納編公視。至於宏觀電視目前則是由公視國際部的國際頻道組負責製作，組織位階編制在公視之下。

第四屆公視董監事會成立後，暫停「公廣集團執行委員會」的運作，新任公視總經理無須身兼集團總執行長，集團事務則改由「集團策略會議」統籌。目前運作設計是由董事長召開跨平台協調會議，若有重要決策再提報董事會討論，華視總經理則直接受華視董事會及董事長指揮監督。

為納入客家台及原民台，公視重新規劃各部門目標員額，2008年總

---

[3] 2009年6月立院三讀修正通過《公共電視法》第十三條條文，增加公視董事席次為17到21人；同年7月底舉行審查會，完成公視董、監事之增補。然而第四屆公視基金會董監事提名、審查過程與結果屢遭非議。主管機關行政院新聞局遂於2009年12月10日遭到監察院糾正（翁秀琪，2008；金恒煒、劉進興，2009年7月31日；監察院，2009年12月10日）。

員額已增至662人。在第四屆公視董事會遴選出總經理後，公視董監事會決議在原先的「新聞諮詢委員會」外，再成立「節目及新媒體諮詢委員會」；重大專案部分則成立「南部設台諮詢委員會」，並終止原有之「經營策略諮詢委員會」。至於原民台與客家台的組織成員則各約有100多人。

(二)研究方法與資料蒐集

　　組織民族誌是一植基於民族誌研究的田野調查法，其理論建構與研究取徑的本體論與知識論屬於闡釋典範。組織民族誌幫助研究者用全觀的視野去理解組織成員的每日生活與態度認知，並進而瞭解組織成員在此情境中是如何經由溝通建構組織真實與共享意義的（Jones, Moore, & Snyder, 1988；秦琍琍，2000）。此外，本研究再以語藝研究中的幻想主題分析和隱喻分析等研究方法，從語言與組織真實建構的互動過程裡，對組織認定與文化進行更細膩的分析。

　　在獲准進入研究場域後，研究者首先透過非正式的訪談與資料蒐集，針對公廣集團的歷史沿革、組織架構、人事狀況與經營理念等做一全面瞭解；之後，再擬定訪談人數、確定所需之組織文獻與決定可觀察之活動等，並進一步細擬出研究流程；最後，運用觀察、深度訪談、文獻蒐集、田野筆記與錄音等方式進行資料的收錄。

　　資料的蒐集主要分為：(1)文獻檢閱：包括企業文獻和非企業文獻兩部分，前者包括蒐集公視基金會出版品、會內刊物、官方網站公共資料、經營團隊對外投書或發言和公視工會網路留言板等資料，而非企業文獻部分，則蒐集行政機關政策說帖以及時事報導等；(2)觀察資料：包括參與和非參與觀察兩部分，研究者除參與集團部分的正式會議外，也實際觀察受訪者的工作場域，並撰寫觀察筆記，以從組織成員的日常工作與運作中分析企業真實現狀；(3)調查資料：包括深度訪談與問卷調查兩部分，深度訪談的對象主要是根據Glaser和Strauss（1967）理論性抽樣

（theoretical sampling）的概念，分別從五個頻道中訪談42人，受訪者除包括董事長與總經理等高階管理者、中階管理者與基層員工外，並盡量按照組織人數、階層、部門、員工年資與性別等比例抽樣。訪談地點皆在受訪者的辦公室或部門的會議室等處，進行時間約為一小時，半結構式的訪談問題主要分為個人資料、組織變革與組織文化、組織承諾與組織認同，以及組織溝通與組織形象等四個部分。

　　至於資料的分析，主要採語藝研究中幻想主題分析與隱喻分析。分析步驟為：(1)將所有錄音之內容轉換成文字稿；(2)將訪談文字稿、文獻與觀察筆記進行分類與歸納，並進行注釋；(3)就注釋中尋出有關組織認定的論述主題；再就(4)企業論述和組織認定的相關概念，勾勒出組織真實與文化的建構；(5)最後並輔以問卷資料的分析來進一步瞭解組織成員的認知，並確認研究者對訪談內容詮釋的正確性。

　　在整個分析過程中，論述主題出現的頻率未必是主要的考量，主題的選取與命名，乃在於其能否提供一個完整的框架來呈現受訪者對於情境真實的認知。在形成論述主題後，再依研究需要進行隱喻分析，以瞭解受訪者的認知與意識形態，並與之前所發現的論述主題進行對照與整合。隱喻分析的重點乃在於從歧異的認知中，尋找並建構出具有連貫性的描述。

　　幻想主題的分析方法與步驟則是根據Foss（1989）所提出的場景主題（setting themes）、角色主題（character themes）、行動主題（action themes）以及Shields（1981）所提出的合法化機制（the sanctioning agent）等四個要素，歸納出公廣集團的語藝視野（rhetorical vision）。幻想主題分析是Bormann（1972）根據Bales（1970）對小團體的溝通研究所提出之語藝批評分法。Bormann所謂的幻想乃是「為滿足心理或語藝目的，對事件所做之創造性與想像性的詮釋」（Bormann, 1983, p. 434；轉引自Rybacki & Rybacki, 1991），而當此種對世界的認知與詮釋，經由不斷地覆誦與串連（chain out），逐漸的輻合並匯流成為組織成員所共同認知的真實和共享的意義時，就會形成一個較大規模的「語藝視野」

（rhetorical vision），也就是組織成員共享的世界觀。

 ## 第四節　公廣集團論述建構之組織真實

一、公廣集團論述建構之語藝視野與組織認定

　　Bormann在1972年首次提出幻想主題分析方法以及幻想主題與語藝視野兩個概念。這些概念主要植基於符號輻合理論，說明人們是經由溝通來建構真實；亦即其所用的符號意義，能為參與溝通者輻合出共享的真實，以達成意義的交流與經驗的共享（Rybacki & Rybacki, 1991）。因此「幻想」不是平空想像而是對特定事件的「創造性詮釋」，目的除在滿足心理與語藝需求外，通常也是在為群體過去的或未來的行動建立意義。此方法論的提出，讓我們能夠窺知人類群體透過理性與非理性論述，得以建構共識與集體文化的過程。

　　幻想主題是語藝真實建構過程的基本單位，包括場景主題、角色主題、行動主題（Bormann, 1972）和合法機制（Shields, 1981）。場景主題是描述行動發生的地點、背景等之命名與描述；角色主題是對場景中所出現的角色，其人格特質與動機進行析論；行動主題是指角色人物在戲劇中所參與的行動，也就是情節（plot）；而合法機制則是指在語藝行動背後所蘊含的動機與信念，即其行動合理／合法化之依據。

　　Bormann在1982年又提出幻想類型（fantasy type）〔或語藝類型rhetorical type〕作為介於幻想主題與語藝視野中間的概念。幻想類型是由一連串共享的相似場景、角色與行動所構成，使得團體成員能將新的事件或經驗以熟悉的模式共同理解與分享，而不須針對其中的細節再加以解釋。團體成員所共享的幾個幻想類型，便逐漸構成語藝視野（Bormann, 1982）。

(一)公廣集團組織認定之幻想主題

■ 員工組織認定之幻想主題

　　從員工的論述中，主要分析出有領導者、成員自身以及公廣集團三種角色。在描述領導者時，其角色特質除因「帶領集團前進」而必須「展現魄力」與「遊說立法」外，有時也會「權責分工不清」；在勾勒成員自身的角色時，主題則為「接受且承擔的集團成員」，除了必須知道「公共價值與責任」和「須清楚定位且團結」外，亦需要「獨立自主」並建立彼此的「夥伴關係」；而最多人提到的「提供多元服務的集團」角色，其主題則環繞在「公共服務的媒體」、「關懷弱勢的媒體」，以及「有競爭力的媒體」等特質上。

　　場景指行動發生的地點或角色所在的位置，員工除為其所處的現實情境命名，也勾勒出未來的組織情境，主題有四，分別為「資源不足的集團」、「衝突的工作環境」、「員工權益不明」與「組織營運的未來」。對於當下公廣集團整合的現實場景，最多人提到的是「資源不足的集團」，其次為「衝突的工作環境」。可見員工在整併過程中，角色的行動與情感是如何被此場景所影響。

　　至於行動主題即指情節，在此整併過程中，成員論述清楚的呈現出「整合的困境」、「落實公共服務精神」、「追求獨立自主」，以及「成為標竿媒體」等四個劇情與行動的框架。其中，多人提到公廣集團最重要的本質在於「落實公共服務精神」，但其他主題也凸顯出在達成此一主軸情節時所遭遇的困境，以及這個非營利媒體組織本質上的複雜。

　　合法機制指其行動合理／合法化之依據，也是語藝行動的動機所在，因而常指理念或是特定的現象，資料分析顯示，員工語藝之合法機制為「公共價值」與「建立法源」。儘管多數員工瞭解TBS的使命是在追求「公共價值」，並努力成為一個「沒有政治力介入的媒體」，卻也有人基於以往的組織文化與價值觀，而在「公共價值與營利衝突」中掙扎；至

於成員對目前公廣集團的許多行動作為的認知，則是為了「建立法源」的正當性，許多人相信是因為《製播公約》、《無線電視事業公股處理條例》以及《公視法修法》等規範的不足或缺失，而導致集團目前的困境，因而只要有修法或立法，必能讓組織走出困境（**表6-1**）。

表6-1　公廣集團組織認定之幻想主題

	人物主題	場景主題	行動主題	合法機制
員工組織認定之幻想主題	1.領導者角色：帶領集團前進的領導者 2.成員角色：接受且承擔的集團成員 3.集團角色：提供多元服務的集團	1.組織當下場景：資源不足的集團、衝突的工作環境、員工權益不明 2.組織營運的未來	1.落實公共服務精神 2.整合的困境 3.追求獨立自主 4.成為標竿媒體	1.公共價值：成為一個沒有政治力介入的媒體 2.建立法源：只要修法或立法，必能讓組織走出困境
領導者組織認定之幻想主題	1.領導者角色：值得信賴的領導者 2.成員角色：有使命的公視人，接受全民所託 3.集團角色：集團是一家人	1.媒體產業場景：TBS能「與商業媒體區隔」。 2.台灣社會場景：能將台灣帶往「公民社會」並推上「國際舞台」。	1.公共化的困境 2.全民所託 3.追求共好	1.建立台灣公民社會：TBS是能「促進台灣公民文化」的「公益集團」 2.「建立法源」：透過法規的修訂，將能達成組織目標

■領導者組織認定之幻想主題

　　在分析組織高層的正式發言時，亦呈現出領導者、組織成員以及公廣集團三種角色論述，但這幾種角色主題分別為「值得信賴的領導者」、「有使命的公視人」，以及「集團是一家人」。其中，「值得信賴的領導者」角色特質，主要是透過內部刊物的描述，塑造出有使命、有謀略、尊重員工、有魄力以及專業和負責等領導特質；而對組織成員除了凸顯「有使命的公視人」形象外，亦不斷強調「成員的承擔與包容」等特

質；在公廣集團的角色描述上，由於正處變革時期，因此主題的闡述多圍繞著「集團是一家人」，在同心下將朝「國際化集團」邁進。

在場景主題部分，領導者的論述是以願景的概念區隔出對於媒體產業與台灣社會兩個場域的貢獻，以呈現其角色行動的合理性。這些主題分別將公廣集團描述為能「與商業媒體區隔」、亦是「獨立自主的媒體」之「優質平台」，因此能將台灣帶往「公民社會」並推上「國際舞台」。

至於行動主題則分別以「公共化的困境」、「全民所託」與「追求共好」來鋪陳整併過程中的重要情節，在最多人提到的「公共化的困境」劇情中，領導者明顯忽略內部的文化衝突與管理困境，而是用語藝論述將情節聚焦於媒體公共化時，為忠於「全民所託」而必須面對的困境，因而合理化其各種組織決策與行動，都是為了「追求共好」。

「合法機制」既是合法化行動的依據，也是行動的動機。根據資料歸納出TBS企業論述的合法機制是「建立台灣公民社會」與「建立法源」。組織領導者從公民社會的概念，鋪陳出公廣集團不僅是公共媒體，更是一個能「促進台灣公民文化」的「公益集團」，如此則更加凸顯其公共價值。而在「建立法源」的論述上，則顯示高層主管將目前的困境與未來可能改善的關鍵因素都歸因於法規與法源的未臻完全，所以只要透過《公視法修法》、《無線電視事業公股處理條例》以及《公廣集團執行委員會實施辦法》等法規的修正，必然可以突破困境，達成組織目標。

(二)公廣集團組織認定之幻想類型

當幻想主題的符號意義，經由不斷的複誦與串連，而在團體成員共同建構的真實中輻合，達成意義的交流與經驗的共享時，此種戲劇性的論述內容便形成一種敘事框架，反覆的在團體文化中出現，這也就是Bormann（1982, 1985）所說的幻想類型。就像是庫存腳本一般，將數個相關的幻想主題串連起來，即使其中某些事件不盡相同，但劇本的敘事框架是一樣的，團體成員只要論述到類似的故事軸線，就能以熟悉的認知

模式詮釋，並產生情感的反應。因此，幻想類型可說是幻想主題的原型
（archetype），只是更為簡潔。

■ 員工組織認定的幻想類型

集團員工部分歸納出「定位不明確」、「缺乏合作共識」以及「理想與現實的差距」等三種幻想類型。在「定位不明確」的幻想類型中，可看出員工對於公廣集團整合之理念是支持的，但對於實際的執行與目前的狀況卻不甚滿意，認為整併後並沒有發揮各台原本應有的屬性，因此，員工的態度由原本的高度期望轉為消極的配合與執行。

至於「缺乏合作共識」的幻想類型則顯示在公廣集團整併過程中，員工雖然認同其理念，但由於未顧及組織公平的概念（Lind & Tyler, 1988），使得組織成員在缺乏妥善溝通與協調的情況下，影響組織認同的形塑（彭玉樹、林家五、郭玉芳，2004）與共識的建立。像是有員工就以「房東跟房客之間的關係」（受訪者2）來形容整併過程中那種疏離與不平的感受。

而「理想與現實的差距」則點出巧婦難為無米之炊的窘境。此幻想類型凸顯集團整合在理想與現實間的落差，讓原本就具有不同文化與價值觀的華視，不僅在財務上產生危機，也讓員工在資金來源以及員工福利制度上產生相對剝奪的心理。此外，也有部分華視員工認為華視人並非是自願成為公廣集團的一員，初期甚或有被「占領的殖民地」（受訪者6）那種不滿的感受。

■ 領導者組織認定的幻想類型

從集團領導者的企業論述則可歸納出三種幻想類型：「公共媒體的神聖使命」、「目前的衝突是必然與自然的」以及「透過修法方能承擔所託」。「公共媒體的神聖使命」一直是集團領導者反覆提出的論述，尤其是在整併初期的組織內部刊物中，往往將公廣集團的成形比喻為全民所「託付、選中」的，並宣誓是在進行「新電視運動」，因為集團的「公益

使命就是創新台灣電視文化」；也正因為其「是台灣社會所付託、選中的組織，肩負特殊使命」，所以員工要有使命感並做一個「驕傲的公視人」。

對於整併時期的衝突與磨合，組織的論述則主要在建構「目前的衝突是必然與自然的」的幻想類型。從訪談內容可知，高階領導者對於組織沒有共識與文化不同的整併困境並非不知，也承認理想與現實的差距，以及當初缺乏更詳盡的規劃，但其在努力建立「一個好的溝通文化」時，也不斷的對內說明「一般人對於現狀的改變，會感到害怕、惶恐，這是正常的，在整併過程中有雜音，這也是正常的」（大會報告，2007年1月）。

而「透過修法方能承擔所託」的幻想類型，則是透過將目前困境歸因於法源缺陷的語藝論述，以淡化員工的失望，並強化其對未來美景的期盼。儘管公廣集團替組織員工充分建構出一種為台灣媒體改造付出的感知，期待員工「以熱情對使命及任務全力以赴」，然而，現實上的種種窒礙卻讓TBS無法承擔所託。從訪談和文獻分析中可知，儘管集團領導者也舉出基於規劃不善、文化不同與溝通不良等諸多原因而致整併不順，但主要論述都將目前的困境歸因於內部制度和外部法源的不完備，因此儘管「公廣第一年，像是新手開拼裝大卡車，而且還是用再生輪胎」，但「只要好好地修《公視法》，再爛的拼裝車，都可搖身一變，成為安全舒適、馬力十足，而且炫麗拉風的賓士」（大會報告，2007年7月）。在**表6-2**將領導者與組織成員對於組織認定所有的幻想類型對照列出。

(三)公廣集團建構組織認定之語藝視野：「付託與承擔——台灣社會需要公廣集團」

語藝視野融會了幻想主題與幻想類型，Bormann（1983）將之形容為融合了一群人符號真實之混成戲劇，亦即參與其中的成員共享某些價值觀與世界觀，而建構出屬於此語藝社群的文化與真實。Bormann認為此分析方法最重要的概念之一，就是能展現出人類溝通時透過符號輻合所產生認

表6-2　領導者與組織成員對於組織認定所有的幻想類型

	領導者組織認定之幻想類型	組織成員組織認定之幻想類型
類型一	公共媒體的神聖使命	定位不明確
類型二	目前的衝突是必然與自然的	缺乏合作共識
類型三	透過修法方能承擔所託	理想與現實的差距

同的過程，因此，語藝視野的構築可以分為功用性、展現社會關係或是凸顯正義等目的（Cragan & Shields, 1995）。本研究整理出公廣集團在整併過程中，所企圖形塑出組織認同的語藝視野為「付託與承擔——台灣社會需要公廣集團」。

　　此一語藝論述提出的功用也在於增強使命感與工作滿意度，當成員實踐組織使命時，便是承擔台灣人民的付託，為整個社會努力並帶給觀眾幸福。如前公廣集團董事長陳春山在內部刊物所言「人性需求是多元的，最直接撼動人心的公共服務，卻是觀眾幸福感與幸福社會的型塑」（大會報告，2006年4月）。

　　而在整併過程中，此語藝視野也呈現如Cragan和Shields（1995）所言的建構社會關係之功能。領導者企圖為新成員在面臨組織變動與心生不平時，構築出一個共體時艱與更加包容的語藝框架，因為「付託」象徵著所有行動策略之動機都是植基於台灣社會的需要，其正當性是不容撼動的，而在此過程中所遇的困難，都應以「承擔」的心態包容，因為忍耐非為一己而是為全民福祉，如前公視總經理胡元輝所言「付託既源自於信賴，承擔就必須植基於責任」（大會報告，2005年9月）。

　　然而，從幻想主題到幻想類型的呈現，可以看出公廣集團領導者與員工的次文化間存在歧見，然而這些次文化認知的差異，並不是對於組織核心理念與價值存在著意識形態上的對峙，相反的，從次文化的差異中可以窺出，儘管對於組織真實與文化的感知不同，公廣集團的新舊成員都能認知到這是個理想實現的過程，只是領導者意欲透過語藝論述來強化理想的重要性與實踐面，但是被管理者卻在論述行動中強調理想實踐時的衝

突與現實。換言之，集團成員雖能共享凸顯正義目的之「付託與承擔——台灣社會需要公廣集團」的語藝視野，視TBS是「台灣社會的出路」以為台灣建立「民主價值」和「公共價值」，但在此語藝視野逐漸幅合的過程中，組織成員間尚未能產生彼此支持與互為一體的歸屬感。

二、公廣集團的組織認定與組織文化

由於本研究認為組織文化的塑造勢必要有組織認定的內涵，而組織文化也提供了詮釋組織認定的脈絡，因此在前文中，已透過對組織情境與組織認定的分析而勾勒出公廣集團部分的組織文化，本節則從組織成員的認知、組織經營與管理，以及領導溝通幾個面向，更完整檢視公廣集團的文化真實與整體表現。

(一)組織成員對於變革的態度

從組織認定的分析結果可以看出，公廣集團領導者雖然透過企業論述，希望構築出「付託與承擔——台灣社會需要公廣集團」的語藝視野，然而部分集團新成員在整併過程中即使能夠認知到組織理念與目標，卻無法認同變革過程中組織的諸多決策。

訪談資料顯示，組織成員認為目前除了法源依據的欠缺外，在共識的建立、組織體制的運作與整合的決策上，不僅「沒有準備好」也「都沒到位」，甚至某些員工覺得在集團中的位置相較之下是「次等公民」。部分受訪者認為，目前情形跟當初規劃是有差距的，此差距導致員工感到失望並質疑，當然也影響對組織的認同。

> 你公廣的那個結構都沒有進來，都沒有完備，就很草率，幾年之內就上路，這個變成是什麼你知道嗎？……宗教上是三位一體嘛！那公廣叫做五位一體，這個是五不到位，都沒有到位，

連公視內部都這樣……（受訪者15）

TBS領導者在整併過程中雖擘畫出集團的價值與目標，卻忽略針對集團中的新舊電台重新定位與建立連結，且在組織公平概念的鞏固上也有所疏忽，因而在組織變革過程中，未能安撫被併員工為適應新的制度與文化所引起的情緒不安或抗拒，以及主併員工亦可能因為整併所帶來的利益改變而對組織變革產生排斥感（Haspeslagh & Jemison, 1991）。這使得台與台間即使有整併的形式，卻缺乏共為集團一分子的共識。對於現階段組織變革的認知，一方面讓集團成員無法清楚界定出在集團中所處的位置與所扮演的角色，另一方面也導致成員認為集團亦無法建立外在的形象。

(二)組織的價值觀與基本假設

Schein（1990）認為，內外在環境的變動往往迫使組織進行調整與適應，因此組織文化乃是生成、傳承與變革持續循環的動態過程。在公廣集團整併過程中，因各頻道原本的定位屬性有所差異，故其現狀屬於變革後再生成的階段，因此，從語藝視野的建構分析可知，雖然組織成員對於現狀未盡滿意，也未必完全認同改革理念，但確實能意識與瞭解組織的價值觀與信念。尤其是部分高階管理者也非常清楚問題的癥結，不在於員工不能意識到組織的理念，而在於無法建立共識，因此即使員工表示願意協助變革，但之前個別組織文化上的差異，仍是集團在整併時須致力之處。

就執行層面來看，組織成員對於其個人角色與單位目標雖然瞭解，也能體現領導階層的要求與規定，但若將共識的層級提高到全體公廣集團，並將其內涵進深到理念的層次時，則似乎缺乏整體性的共識。若將組織視為一符號表徵的場域（symbolic fields）（Berg, 1985），則組織成員在此場域中為了理解與處理所發生的各項事物，會不斷的產製出隱喻、故事和迷思，而這些理解周遭環境的機制，也正是意義與經驗產生的過程。故此，本研究再從隱喻分析中，瞭解組織成員的認知、態度與行

為，以提供探究組織真實與文化最核心的資料。

根據訪談資料的分析，從董事會、高層經營、中層管理到基層員工，對於集團的定位、功能與目標都缺乏共同的認知，甚至在同一層級中（如董事間、華視與公視主管間）都有所不同。這些差異使得TBS在經營理念、運作過程與組織溝通上也存有不同的意見與聲音。對於集團的基本認知，則有下列幾個主要的隱喻：

■公廣集團像是一個家庭

雖然高階領導者極力塑造「集團就是一家人」的形象，強調家庭中有著「值得信賴的領導者」和「有使命的公視人」，且期望家中成員能彼此「承擔與包容」。但顯然部分成員不滿意這個家庭的組成方式與互動關係，而有「把兩個素未謀面的男女送入洞房」、「吃素跟吃葷的怎麼可能坐同一桌」，以及「9歲的小孩子騎在36歲的大人頭上」的抱怨，因此對某些人而言，這種同一個屋簷下的關係比較像是疏遠的「房東跟房客之間的關係」。

■公廣集團像是營利媒體

部分經營管理階層雖然陳述許多公共電視的理念，並強調與商業媒體有所區隔，但其根本認知仍將其定位成一任務與績效取向的媒體企業，而以工作表現與爭取觀眾為主要價值。因此，現任高階管理者認為組織應該要從公家的電視台變成更有「效率」的公共電視台，期許「收視率倍增」，讓大家不能有「吃大鍋飯」的心理。另一方面，在整併過程中亦有員工認為這個媒體雖然加入了「三個頻道」，但這些加入的「子集團」並未「真正的融合」，因此「一加一還是等於一」無法發揮綜效。當然，就像任何媒體企業一般，由於資源與權力的分配不均，讓許多員工認為整併初期只是如空轉般的「內耗」罷了。

■公廣集團像是一個軍隊

任何組織的變革必然引發抗拒,而在缺少溝通的情形下,某些人對於新聞平台的整併有著外人入侵的感覺,「華視會突然間覺得……多了一百多人,完全陌生的人進來」(受訪者12),也因此在兩個新聞部完全不同的領導模式下,造成「主管在管理認知上的落差」。而由於組織文化根本上的差異,員工在「並肩作戰」時,不僅常用「公視人」、「華視人」、「原民台」、「客家台」或是「宏觀電視」等言語展現出壁壘分明的態勢,某些員工更認為自己在組織內是「次等公民」,使得資深員工感嘆如今缺乏當初公視創台時那種「革命團隊」的情感凝聚。

隱喻分析顯示出受訪者對於組織文化的認知,呼應了前述之分析發現——即使集團領導者企圖透過企業論述,建構出一個整合的語藝視野,但集團中新、舊成員所勾勒出的幻想主題和幻想類型,卻仍與掌控者所操作的主流論述有所差距,這一方面反映出組織中多元真實與認定的存在,另一方面也呈現出次文化間競逐與角力的動態過程,這也使得公廣集團在組織文化的塑造上,必須更顧及次文化間的溝通與整合。

企業文化本質的差異,讓公、華兩視在整併過程中都必須努力調適,其中自然以華視的改變最大。有近四十年歷史的商業台華視,由於長期以來的軍方背景,再加上之前強烈的政黨色彩,本質上傾向於強調權力與角色的文化,這也是為何華視人常自認是「沒什麼個性」、「逆來順受」以及「服從性高」等特色的原因;而公視則早期從籌委會到開播初期,從半公家的組織氛圍中,逐漸形塑出強調任務的文化,並在原有的官僚組織性格外,產生組織民主與員工自主性的意識。從資料分析來看,多數員工對於集團整合的認知都是「華視併入公視」,因此華視員工對於「被」公共化後的種種轉變自然有較多的抗拒。然而公視、原民台與客家台員工對於種種的變革也未必滿意。

第五節　語藝觀點的組織論述研究

　　公廣集團成立已逾三年，雖然連推動公視集團化的學者也興嘆：「TBS的前景是明是暗，一時之間還是難以逆料。」（馮建三，2008）但身為傳播學者、納稅義務人與閱聽人的我們，希望能透過對企業論述與組織真實的分析，進而瞭解到現階段公廣集團的組織認定與企業文化，以為其所面臨的困境提出一些可供改進的建議。

　　在公廣集團整併的這幾年間，無論是公視與華視之間，或是公視與族群頻道之間，都缺乏一個整合性的文化與共識。由於集團成員對於TBS是什麼、應該做什麼以及如何去做存在著不同的認知，使得成員對於「我們是一個什麼樣組織」的集體認定顯得模糊與歧異。而由於缺乏共同的組織認定以「讓組織擁有自我的特殊性、相對穩定性與一致性」（徐瑋伶、鄭伯壎，2003），也使得集團成員無法對組織產生更深的認同，因此即使多數員工都能接受如黨政軍退出媒體等的公共化理念，卻由於定位不明與缺乏有效的組織溝通和行銷，不僅對內讓第三屆公視基金會面臨整併任務上的阻礙，更讓第四屆公視基金會在外深陷預算凍結的風暴。如此，則除未能發揮其員工素質良好的組織優勢，反而更影響到組織的整體表現。

　　長久以來，公視甚至是公廣集團所面對的內、外環境衝擊，以及公民社會對於數位時代公共服務廣電的期盼，都不是一部完備的《公共廣播電視法》就能全面解決的。正如第三屆公視總經理胡元輝所言：「組織的文化跟價值沒有建立之前，你想透過硬的一個制度去解決彼此之間的困難，根本是沒有用的。」而公廣集團所面臨的整併困境，雖受《公視法》未配套修正、華視定位未明，以及華視民股未決之諸多法規政策所影響，然從本研究訪談中發現，組織內部成員多直指「人的問題」才是關鍵；至於組織外部溝通（立法院）與組織內部溝通（產業工會）的問

題，也導致了第四屆公視基金會經營團隊所遇之困境。這些集團整併過程中的困局，均有待組織掌控者對組織內部溝通進行管理，並透過企業論述來進行企業形象之重塑。

公廣集團在整併過程中應更強調集團內員工的參與和文化變革，鼓勵成員積極參與組織變革，並塑造一個強調參與的文化，除了要有促成參與的驅力外，在此關鍵時刻組織領導者對於管理的概念也應有所轉變，須重視溝通與對話的參與式管理。如此，則領導者希望塑造出「付託與承擔——台灣社會需要公廣集團」的語藝視野，方能逐漸輻合而為新的組織成員所複誦與認同。

其次，本研究說明了組織認定的重要性，乃在於其提供了企業組織對於自身企業倫理的詮釋觀點與框架（徐瑋伶、鄭伯壎，2003；葉匡時，1995）。所謂的企業倫理，就是企業行為的道德系統，這個系統規範了組織與所有利益關係人的互動，包括對組織內部成員的關係與外部對社會大眾的社會責任；而企業倫理效益的最大發揮不只是在於企業回饋社會，事實上外部關係人對組織內部所造成的反饋，才是影響更為深遠的（Corley, Cochran, & Comstock, 2001；轉引自徐瑋伶、鄭伯壎，2003）。若依此檢視公廣集團的發展，則這數年間其雖然確立了公共媒體的定位與節目策略，但其企業形象與社會影響力似乎仍待加強。尤有甚者是整併過程中因忽視而未能在內部成員中建立有效的互動規範與倫理行為，以致影響內部成員認同與外部各界的觀感。

本章透過語藝研究的觀點，將企業論述、組織認定與組織文化三個概念做一連結，顯示出組織成員對於組織定位與文化的認同，乃是一個符號互動與建構的動態過程，因此，組織真實是在成員斷裂（fragmentation）與整合（integration）的認知中交互呈現的。而從語藝研究的觀點來探究企業論述、組織認定與組織文化等概念，不僅呼應了組織傳播研究在二十世紀後期漸朝語言轉向的態勢，更從視語藝為管理者（言者）操控與說服工具的傳統概念，進一步將語藝概念化為組織秩

序、真實與認同的建構（Hartelius & Browning, 2008）。故而，透過對組織中論述實踐（discursive practice）的分析，本文不僅具體操作此概念，也得以將組織成員生活世界中的暗昧不明、弔詭與衝突具體呈現。

如此，或許我們可以進入如Sveningsson和Alvesson（2003）所言，將組織認定理解成是掙扎（struggle）的後現代思維中，這樣，也許亦不必過於負面的看待公廣集團現在的種種困境。而透過語藝研究視野的觀照，也讓我們有理由相信，若是公廣集團的領導者能將其使命從內部開始落實，乃至集團成員都能認同與實踐，那麼公共媒體在台灣的命運與前景仍將是樂觀的。

參考文獻

中文部分

公視基金會（2005 年 9 月）。〈大會報告〉。取自 http://www.pts.org.tw/php/html_pub/pubfile/file/PUBFILE_CONTENT/444/no.09.pdf。上網日期：2008 年 2 月 3 日。

公視基金會（2006 年 4 月）。〈大會報告〉。取自 http://www.pts.org.tw/php/html_pub/pubfile/file/PUBFILE_CONTENT/445/no.15.pdf。上網日期：2008 年 2 月 3 日。

公視基金會（2007 年 1 月）。〈大會報告〉。取自 http://www.pts.org.tw/php/html_pub/pubfile/file/PUBFILE_CONTENT/487/no.24.pdf。上網日期：2008 年 2 月 3 日。

公視基金會（2007 年 7 月）。〈大會報告〉。取自 http://www.pts.org.tw/php/html_pub/pubfile/file/PUBFILE_CONTENT/487/No.30.pdf。上網日期：2008 年 2 月 3 日。

公視基金會（2005）。〈公共廣電與文化創意、數位電視發展兩年計畫〉。取自 http://www.pts.org.tw/~web02/newmedia/plan.pdf。

公視基金會（2006a）。《公視 2006 年度報告》。取自 http://www.pts.org.tw/php/
　　html_pub/pubfile/file/pts2006.pdf。上網日期：2008 年 8 月 3 日。

公視基金會（2006b）。《公視體檢總報告及未來營運規劃》。公視策發部。

公視基金會（2008）。《公視基金會 2008 年度報告》。取自 http://web.pts.org.tw/
　　php/html_pub/pub_infor/a_bus/data/pts_year_rep/2008report-ok.pdf。

行政院新聞局（2004）。〈公共廣播電視發展的目標與策略〉。取自 http://info.gio.
　　gov.tw/mp.asp?mp=5。上網日期：2009 年 2 月 28 日。

李美華（2004）。〈公共電視集團的運作與經營〉。公共電視集團的想像與實際民
　　間研討會。台北市。取自 http://twmedia.org/archives/000196.html。上網日期：
　　2005 年 8 月 15 日。

金恒煒、劉進興（2009 年 7 月 31 日）。〈公視前途岌岌可危〉。《自由時報》。取
　　自 http://www.libertytimes.com.tw。上網日期：2009 年 8 月 2 日。

秦琍琍（2000）。〈文化的再現與建構——組織中民族誌研究者角色的省思〉。傳
　　播質性研究方法之發展與省思學術研討會。台北：世新大學。

秦琍琍（2001）。〈公共電視企業文化、管理運作與組織溝通之關聯性研究〉。《廣
　　播與電視》，17，35-72。

徐瑋伶、鄭伯壎（2002）。〈組織認同：理論與本質之初步探索分析〉。《中山管
　　理評論》，10 (1)，45-64。

徐瑋伶、鄭伯壎（2003）。〈組織認定與企業倫理效益〉。《應用心理學研究》，
　　20，115-138。

華視（2007）。〈華視公共化一年報告〉。取自 http://www.cts.com.tw/about_cts/cts/
　　CTS-TBS.pdf。上網日期：2008 年 12 月 5 日。

張錦華（2004）。〈兩種媒體系統的思考：多語言傳播媒體與公共電視集團〉。
　　公共電視集團的想像與實際民間研討會。台北市。取自 http://twmedia.org/
　　archives/000196.html。上網日期：2007 年 1 月 5 日。

程宗明（2003）。〈批判台灣的電視政策，2000-2002：無線電視台公共化與數位
　　化之思辯〉。國立政治大學新聞學系博士論文。

程宗明（2005）。〈公共廣播電視集團是否為「集團」？一個描述性或分析性概念
　　之爭議〉。《傳播與管理研究》，5(1)，1-26。

程宗明（2009）。〈立委提案破壞公視監理體系〉。《目擊者》，68，32-33。

馮建三、石世豪、郭力昕（2002）。〈無線電視公共化的生命史，1986-2002：一

個偏向晚期行動者的記錄與分析〉。取自 http://www3.nccu.edu.tw/~jsfeng/。上網日期：2007 年 1 月 5 日。

馮建三（2006）。〈台灣公共電視的建構與擴大，1990-2006：學院知識分子、社會遊說與政治威權的角色與互動〉。《傳播與社會學刊》，1，47-67。

馮建三（2008）。〈編輯室報告〉。《新聞學研究》，96。

曹琬凌、彭玉賢、林珍瑋（2008）。〈公共廣電問責體系初探：以台灣公廣集團公共價值評量指標建構為例〉。《新聞學研究》，96，129-186。

翁秀琪（2008）。〈公共媒體如何問責：以台灣的公廣集團為例〉。《新聞學研究》，96，187-211。

翁秀琪、陳百齡、陳炳宏、郭力昕、莊國榮、馮建三、程宗明（2001）。《無線電視公共化可行性評估報告》。行政院新聞局專題研究計畫報告。

陳彥龍、劉幼琍（2006）。〈邁向公廣集團：數位時代我國特定族群專屬頻道之法制研議〉。《中華傳播學刊》，10，109-153。

趙怡、陳嘉彰（2004）。〈政府「公共媒體集團」政策評析〉。取自 http://www.npf.org.tw/PUBLICATION/EC/093/EC-B-093-033.htm。上網日期：2007 年 1 月 5 日。

葉匡時（1995）。〈企業倫理之形成與維持：回顧與探究〉。《台大管理論叢》，6(1)，1-14。

彭玉樹、林家五、郭玉芳（2004）。〈併購公司命名決策、組織公平和組織認同之研究──主、被併公司員工之觀點〉。《人力資源管理學報》，4(1)，49-70。

監察院（2009 年 12 月 10 日）。〈新聞局辦理公視基金會第四屆董監事增聘之行政作業缺失，監察院通過糾正新聞局〉。取自 http://www.cy.gov.tw/index.asp。上網日期：2009 年 12 月 11 日。

魏玓（2006）。〈公共廣電的管制問題──並試論我國公共廣電集團與 NCC 之（可能）關係〉。《中華傳播學刊》，10，3-25。

英文部分

Alvesson, M. (1993). Organizations as rhetoric: Knowledge-intensive firms and the struggle with ambiguity. *Journal of Management Studies, 30*, 997-1015.

Bales, R. F. (1970). *Personality and interpersonal behavior.* NY: Holt, Rinehart &

Winston.

Berg, P. (1985). Organization as symbolic transformation process. In P. J. Frost, L. F. Moore, M. R. Louis, C. C. Lundberg, & J. Martin (Eds.), *Organizational cultures* (pp. 281-300). New Delhi, India: Sage.

Bormann, E. G. (1972). Fantasy and rhetorical vision: The rhetorical criticism of social reality. *Quarterly Journal of Speech*, 58, 396-407.

Bormann, E. G. (1982). Fantasy and rhetorical vision: Ten years later. *Quarterly Journal of Speech, 68*, 288-305.

Bormann, E.G.(1983). Symbolic convergence: Organizational communication and culture. In L. Putnam & M. E. Pacanowsky (Eds.), *Communication and organizations: An interpretive approach* (pp. 431-439). Beverley Hills, CA: Sage.

Bormann, E. G. (1985). Symbolic convergence theory: A communication formulation. *Journal of Communication, 35*, 128-138.

Cheney, G. (1983). On the various and changing meaning of organizational membership: A field study of organizational identification. *Communication Monographs, 50*, 342-362.

Cheney, G., & Christensen, L. T. (2001). Organizational identity. In F. M. Jablin & L. L. Putnam (Eds.), *Handbook of organizational communication: Advances in theory, research and methods* (pp. 231-269). Thousand Oaks, CA: Sage.

Chia, R. (2000). Discourse analysis as organizational analysis. *Organization, 7*(3), 513–518.

Cragan, J. F., & Shields, D. C. (1995). *Symbolic theories in applied communication research*. Cresskill, N J: Hampton.

Fairclough, N. (1992). *Discourse and social change*. London: Polity Press.

Fairclough, N. (1995). *Critical discourse analysis: Papers in the critical study of language*. London, England: Longman.

Fairclough, N., & Wodak, R. (1997). Critical discourse analysis. In T. A. van Dijk (Ed.), *Discourse studies: A multidisciplinary introduction* (vol. 1, pp. 208-229). Beverly Hills, CA:Sage.

Fiol, C. M. (2001). Revisiting an identity-based view of sustainable competitive advantage. *Journal of Management, 27*, 691-699.

Fiol, C. M. (2002). Capitalizing on paradox: The role of language in transforming organizational identities. *Organization Science, 13*, 653-666.

Foss, S. K. (1989). *Rhetorical criticism: Exploration & practice*. Illinois: Waveland Press, Inc.

Gioia, D. A., Schultz, M., & Corley, K. G. (2000). Organizational identity, image, and adaptive instability. *The Academy of Management Review, 25*, 63-81.

Glaser, B., G., & Strauss, A. (1967). *The discovery of grounded theory: Strategies for qualitative research*. Hawthorne, NY: Aldine de Gruyter.

Grant, D., Keenoy, T., & Oswick, C. (1998). Organization discourse: Of diversity, dichotomy, and multi-disciplinarity. In D. Grant, T. Keenoy & C. Oswick (Eds.), *Discourse and organization*. Thousand Oaks, CA: Sage.

Hartelius, E. J., & Browning, L. D. (2008). The application of rhetorical theory in managerial research: A literature review. *Management Communication Quarterly, 22*(1), 13-39.

Haspeslagh, P. C., & Jemison, D. B. (1991). The challenge of renewal through acquisitions. *Planning Review, 19*(2), 27-32.

Hassard, J. (1994). Postmodern organizational analysis: Toward a conceptual framework. *Journal of Management Studies, 31*(3), 303-324.

Heracleous, T. Th. (2004). Interpretive approaches to organizational discourse. In D.Grant, C. Hardy, C. Oseick, & L. Putnam (Eds.), *The sage handbook of organizational discourse*. Thousand Oaks, CA: Sage.

Jones, M. D., Moore, M. D., & Snyder, R. C. (1988). *Inside organizations: Understanding the human dimension*. Beverly Hills, CA: Sage.

Lakeoff, G., & Johnson, M. (1980). Metaphors we live by. Chicago, IL: The University of Chicago Press.

Lind, E. A., & Tyler, T. R. (1988). *The social psychology of procedural justice*. NY: Plenum.

Marshak, R. J. (1998). A discourse of discourse: Redeeming the meaning of talk. In D. Grant, T. Keenoy, & C. Oswick (Eds.), *Discourse and organization* (pp. 15-30). Thousand Oaks, CA: Sage.

Melewar, T. C., & Jenkins, E. (2002). Defining the corporate identity construct.

Corporation Reputation Review, 5(1), 76-90.

Mumby, D. K., & Stohl, C. (1991). Power and discourse in organization studies: Absence and the dialectic of control. *Discourse and Society, 2,* 313-332.

Potter, J., & Wetherell, M. (1987). *Discourse and social psychology: Beyond attitude and behaviour.* London: Sage.

Rybacki, K., & Rybacki, D. (1991). *Communication criticism: Approaches and genres.* Belmont, CA: Wadsworth Publishing Co.

Schein, E. H. (1990). Organizational culture. *American Psychologist, 45,* 109-119.

Scott, S. G., & Lane, V. R. (2000). A stakeholder approach to organizational identity. *Academy of Management Review, 25* (1), 43-62.

Searle, J. R. (1995). *The construction of social reality.* London: Allen Lane.

Shiclds, D. C. (1981). A dramatic approach to applied communication research: Theory, methods and applied communications. In J. F. Cragan & D. C. Shields (Eds.), *Applied communication research: A dramatics approach.* Prospect Heights: Waveland Press.

Sillince, J. A. (2006). Resource and organizational identities: The role of rhetorical in the creation of competitive advantage. *Management Communication Quarterly, 20*(2), 186-212.

Smircich, L., & Calás, M. B. (1987). Organizational culture: A critical assessment. In F. M. Jablin, L. L. Putnam, K. H., Roberts, & L. W. Porter (Eds.), *Handbook of organizational communication: An interdisciplinary perspective.* Newbury Park, CA: Sage.

Sveningsson, S., & Alvesson, M. (2003). Managing managerial identities: Organizational fragmentation, discourse, and identity struggle. *Human Relations, 56*(10), 1163-1193.

Van Dijk, T. A. (1997). *Discourse as structure and process,* (vol. 1 and 2). London: Sage.

Van Dijk, T. A. (2001). Critical discourse analysis. In D. Schiffrin, D. Tannen, & H. Hamilton (Eds.), *The handbook of discourse analysis* (pp. 352-371). Oxford: Blackwell.

Watson, T. J. (1995). Rhetoric, discourse, and argument in organizational sense making: A reflective tale. *Organization Studies, 16,* 805-821.

Chapter 7

組織傳播、性別與領導[*]

[*] 本章改寫自世新大學學術研究補助「女性領導、企業文化與組織溝通的關聯性研究——從性別傳播看本土組織真實的建構」結案報告（2005/11~2006/07）；相關研究發現也分別發表於(1) 秦琍琍（2008）。〈女性領導研究——從性別傳播看台灣組織文化的建構〉。2008兩岸政經文教學術研討會。台北：實踐大學。(2) 秦琍琍（2010）。〈女性領導與溝通〉。《應用心理學研究》，45，173-202。

第一節　組織傳播與女性領導

　　女性投入就業市場的比率大增，是改寫新世紀職場形貌最重要的因素，同時也是職場多元化最重要的表徵之一。隨著女性進入職場的人數日益增多，使得「性別」相關的議題逐漸受到重視，這些研究主要可分為三大取徑：一是從管理學的論點出發，探討性別差異和比較領導特質的研究（Berdahl, 1996；Eagly & Johnson, 1990；Vecchio, 2002；黃麗蓉，1996；蔡培村，1985）；另一為從社會學或是心理學的理論出發，分析企業組織中存在著的性別角色和性別刻板印象（Gilligan, 1982; Miller, 1986；林德明、劉兆明，1997；徐宗國，1995；謝秀芬，1998）；第三則為從傳播學的角度觀照，探討組織中性別與溝通的種種現象（Bell, 1997; Buzzanell, 2000; Parker, 2001; Witherspoon, 1997；李秀娟，2004）。

　　儘管國外有越來越多的傳播與管理學者強調應從多元的觀點來探究領導溝通的重要性（Johnston & Packer, 1987; Parker, 2001; Witherspoon, 1997），並呼籲應有更多女性領導與性別溝通的研究來反映當代組織與工作場域的現況（Alimo-Metcalfe, 1995; Buzzanell, 2001; Medved & Kirby, 2005; Powell, Butterfield, & Parent, 2002; Stanford, Oates, & Flore, 1995），但國內至今仍少見相關研究，這種情形限制了我們對於組織中性別溝通以及管理實踐的認識。

　　同樣的，當國外研究逐漸重視語言論述的重要性（Conger, 1991; Olsson, 2002），強調從轉化式領導取向去理解組織真實與文化如何透過語言符號所建構並傳遞，以及如何運用語言論述來勾勒組織願景並進行有效領導時，本土對於領導的相關研究則仍著重於人格特質、管理者功能或是情境理論等面向上，使得我們對於本土組織現況的瞭解，多是從功能論的單一論點來看待領導者須具備的特質、風格與技巧，而無法從不同的視野——如組織中的其他成員，或是從一個更全觀的角度去瞭解組織成員究

竟是如何接受領導以及被啟發的。

　　Hackman和Johnson（2000）歸納目前的領導理論與研究主要有特質論、功能論、情境論與轉化式的領導取向等四個面向。特質論主要集中於領導者個人生理或心理特質進行研究（Bass, 1990；彭春蘭、李素珍，2002）；功能取向研究則關注領導者在組織中的行為與角色（Mintzberg, 1973; Yukl, 1989）；情境理論則認為領導行為與風格乃是情境因素下的產物，因此領導風格的形成是動態與權變的（Bass & Avolio, 1994; Vecchio & Gobdel, 1984）；至於轉化式的領導取向則強調領導者須有能力將追隨者低層次的基本需求轉化成高層次如自我實現的需求，以激勵員工完成任務並鼓舞追隨者達成願景（Bass, 1985; Blanchard, Hybels, & Hodges, 1999; Sashkin & Rosenbach, 1998）。

　　而遲至80年代才開始的女性領導研究，主要關注於回答三個重要的問題：(1)女性可以擔任領導嗎？(2)男性與女性領導者在組織中的領導行為與效能是否不同？以及(3)為何只有少數女性晉升領導高層？（Indivik, 2004）這些問題的起源乃因為在之前所述主流的領導研究中，多以男性為研究對象，於是女性的觀點與聲音自然而然會隱而未見（invisible）（Korabik, 1990）。

　　目前結合了「性別」與「領導」兩大面向的研究，主要致力於瞭解性別的差異究竟在領導風格和結果上產生什麼影響，多數研究結果指出女性化的領導特質是屬於公眾性的，因為女性領導較為無私利他取向、較易被感動而有同理心，以及重視直覺式的管理和充分授權等，這樣的特質與男性化的領導特質——如管理任務導向、果斷獨立、具野心侵略性，以及強調非個人的客觀管理等特質不同（Basow, 1992; Berdahl, 1996；黃麗蓉，1996）。其他研究則指出，影響男性和女性領導者特質有所差異的原因，主要來自包括了先天生成與後天影響的三個因素：生物性因素、環境因素以及認知性因素（Powell, 1988）。而這種性別特質的差異性亦促成領導風格的差異。國內外的研究結果顯示，女性的領導風格由於對自

身與角色的定位不同，而呈現注重互動、強調參與、以全觀思考的領導風格，以及重視員工成長的一種有如蜘蛛網般包容的關係結構（Berdahl, 1996; Cook & Rothwell, 2000; Helgesen, 1990）。當然，另有一些研究是聚焦於「玻璃天花板效應」（glass ceiling effect），探究目前女性就業率已大幅提高的職場中，為何能晉身領導高層的比例仍低？根據研究結果顯示，從組織、人際與個人三個層面而來的障礙，是影響中外女性升遷的主要因素（Dreher, 2003；黃煥榮，2000），而這些因素都源自於個人與社會長久以來對於性別角色的刻板定義和印象。

在我們日常的組織生活中，「性別」並非只是個體的特質，亦是組織實踐中結構形塑的媒介與結果，故而個體成員如何透過溝通與對話得以展現主體性並與他人協調合作，實為當代研究應關注的議題。由於目前的研究成果多在比較兩性的差異，較少呈現與描繪女性在領導溝通時是如何認知自我、界定情境以及選擇溝通策略，這些研究發現實無法幫助我們深入瞭解領導者與被領導者間，是如何透過傳播互動以達成文化建構的過程與結果。本章的研究主要在回答下列三個問題：(1)企業組織中的女性領導者是如何透過語言論述來呈現自我認知？(2)企業組織中女性領導者之領導溝通模式為何？(3)企業組織中女性領導者如何透過領導與溝通來建構組織真實與文化？

第二節　從紮根理論看組織溝通與性別

為了能真切的瞭解高階女性主管的認知與經驗，本研究主要採質化研究方法中的紮根理論來進行資料的蒐集與分析。紮根理論強調的是由資料中建立理論的研究取徑，Glaser和Strauss認為紮根理論是一系統性的質化研究過程，以產生理論來解釋研究主題的概念性、行動或是互動等內涵（Creswell, 2002）。

Strauss和Corbin（1990）認為，所謂的「理論」是指一套能合理解釋所研究現象的說法；Morse（1994）進而指出，「理論」提供了「一種實用的方法來幫助我們理解並建立一個簡單一致的模式，來串聯多元且看似未必相關的資料」（p. 25）。換言之，紮根理論所指陳的理論乃是經由反覆系統性的比對資料所發展出的一套類目（如主題和概念），並藉以建立一個理論性的架構來解釋相關的種種現象（Strauss & Corbin, 1998, p. 22）。

　　紮根理論的發展，始於Glaser和Strauss（1967）指出其是自系統化的資料分析中發展理論；其後Strauss（1987）又再進一步指出此理論發展的歸納過程所必須具有的架構與程序；再至Strauss與Corbin（1990）明確指出紮根理論的目的是為了建立理論以瞭解外在世界並指導行動（可參見徐宗國譯，1997），其核心概念在於研究資料除須從研究對象微觀的角度出發外，更必須紮根於事件發展的過程和情境脈絡中，故而資料的蒐集與分析是個不斷交互更迭的過程（Strauss & Corbin, 1998）。

　　植基於此，研究者首先根據Glaser和Strauss（1967）所述理論性抽樣（theoretical sampling）的原則進行資料蒐集。所謂理論性抽樣，是指以「已經證實與形成中的理論具有相關概念」為基礎而做的抽樣，亦即抽樣的對象要能夠顯現出與理論相關性的事件與事例，這也就是Strauss與Corbin（1990, 1998）所言「理論性抽樣的單位並不是個人，而是事件或事故」之意。因此，本研究從抽樣的對象（不同情況下的個案）到互動事件上，皆根據此原則進行。

　　在研究對象的選取上，主要是依產業別、成立年限、企業規模等項目，從不同的組織中選取十五位女性高階管理者為研究對象，這些研究對象的選取也盡量在年齡、年資與教育背景等方面呈現多元的樣本分布，以涵蓋不同情況下的案例。而企業抽樣的來源，除了根據《卓越》雜誌在2003年6月所公布的100大企業，以及Cheers雜誌在2004年6月所報導的1000大企業及其類型為搜尋依據，並參照經濟部商業司工商資訊查詢系統

逐一搜尋高階女性主管的名單外，亦將教育組織以及非營利組織等重要女性領導人納入。

本研究主要將高階主管的層級定為總經理、副總經理或是執行長（CEO）。但由於某些大型企業的人數眾多且分工龐雜，因此亦包括了部分事業單位的負責人，以及銀行分行的行長等高階管理者（見**表7-1**）。為了能對女性領導、溝通以及組織文化的建構有更深入的探討，研究者亦同時對這十五位女性高階主管的直屬男性部屬進行深入訪談以交叉比對訪談資料。這些男性受訪者名單主要是由上述女性主管所提供（**表7-2**）。在搜尋研究樣本的過程中發現，若以產業別而言，高階女性領導者較多分布於服務業、金融業以及傳播相關產業，至於傳統製造業和高科技業則為數甚少。再者，若以組織中男女員工的比例而言，多數受訪者企業中的性別比例為女性多於男性。

表7-1 受訪高階女性主管資料

	產業別	年資	年紀	學歷
F1	高等教育（家族經營）	20	46	博士
F2	市調行銷	3	40	碩士
F3	醫藥（外商）	5	52	碩士
F4	證券（外商）	9	33	碩士
F5	跨國速食業	6	40	碩士
F6	社福機構（非營利組織）	13	52	碩士
F7	傳播（非營利組織）	20	47	碩士
F8	廣告	2	40	碩士
F9	金融（外商）	2	52	碩士
F10	金融服務	22	43	大專
F11	補教（創辦者）	15	46	碩士
F12	傳播（家族經營）	4.5	41	碩士
F13	公關（創辦者）	8	52	大學
F14	廣播（政府組織）	40	61	大學
F15	跨國資訊科技	4.5	38	大學

表7-2 受訪男性部屬資料

	產業別	年資	年紀	學歷
M1	高等教育	21	45	碩士
M2	市調行銷	3	32	碩士
M3	醫藥（外商）	19	45	大專
M4	證券（外商）	5	32	大學
M5	跨國速食業	2.5	36	大學
M6	社福機構（非營利組織）	5	38	大專
M7	傳播（非營利組織）	14	47	大學
M8	廣告	8	30	大學
M9	金融（外商）	2	42	碩士
M10	金融服務	1.5	31	大專
M11	補教	0.5	29	大專
M12	傳播	11.5	45	大專
M13	公關	0.5	33	大學
M14	廣播（政府組織）	18	58	碩士
M15	跨國資訊科技	1.5	30	碩士

　　研究資料的蒐集主要包括了深度訪談、組織文獻以及田野筆記等多重來源。在深度訪談部分研究者主要以半結構式的深度訪談，對三十位受訪者進行約一個小時的錄音訪談；而為了對於訪談資料有更正確的解析，研究者也常在正式訪談結束後，以非正式的聊天方式來確認訪談過程中研究者的理解與詮釋。

　　針對女性領導者的正式訪談問題大綱主要分為四大部分：(1)個人基本資料；(2)個人特質與心理歷程；(3)性別角色與領導風格；以及(4)溝通模式與企業文化。而男性部屬的正式訪談問題大綱亦分為四大部分：(1)個人基本資料；(2)個人特質與心理歷程；(3)對於上司與組織的認知；以及(4)溝通模式與企業文化。訪談時間約為一小時，訪問內容均在受訪者的同意下進行錄音，訪談地點皆在受訪者的工作場所中進行。其中有位男性受訪者因為不願意錄音，也在徵得其同意後逐字筆錄其訪談內容。

而在組織文獻的蒐集部分，則包括了公司簡介、組織架構、企業歷史文獻、組織刊物，以及人事與組織制度等書面資料。同時在訪談過程中，研究者與兩位研究助理也根據觀察與訪談心得記錄田野筆記。

在將所有訪談資料轉為文字稿後，研究者再根據Strauss和Corbin（1990）所提出的紮根理論資料分析過程與研究目的，對於資料進行詮釋和主題篩選。因此整個分析過程為：(1)將所有錄音之內容轉換成文字稿；(2)將訪談文字稿、組織文獻與觀察筆記進行比對、分類與歸納，並進行注釋；(3)就注釋中尋出主題和分別出與領導互動有關的主要傳播情節；再就(4)語言論述和領導溝通模式的使用進一步勾勒組織真實與文化的建構過程。這樣的分析過程亦符合Strauss和Corbin（1990）所主張的開放性譯碼、主軸性譯碼以及選擇性譯碼的精神。

在論述主題成形後，研究者再進行基礎隱喻分析（root-metaphor analysis）以進一步瞭解受訪者的認知與意識形態，並與之前所發現的論述主題的命名進行對照與整合。隱喻分析的重點乃在於從歧異的認知中尋找並建構出具有連貫性的描述。Koch與Deetz（1981）認為，此一連貫的敘述有助於：(1)顯示成員在組織中所言所行的真正意涵；(2)呈現出組織成員是如何根據上述的意涵與認知，建構其組織的真實。而基礎隱喻分析則是在這些出現的隱喻群組中再進行歸納與整理，並將某些重複出現的隱喻彙集成主要的隱喻群組。因此，透過基礎隱喻分析，研究者一方面能更清楚的理解到受訪者的論述脈絡與認知，另一方面也得以驗證之前所發展出的主題概念是否無誤。

整個分析與書寫過程是個不斷從資料中尋求相同與相異點，並進行對照與排除的過程。一開始，從全部的資料中，研究者企圖從組織文獻與觀察筆記中尋出一些個別的背景資訊；接下來從跨個案的訪談與觀察資料中探究內涵意義，並把這些部分資料彼此間做比對。而這也即是植基於詮釋學和紮根理論所強調的持續比較與歸納的過程，經由研究者透過對於這些尚未理解、不盡一致，甚或是斷裂的原始資料，進行反覆質疑、理解與

對話的過程後，讓分類的論述主題自然浮出。

第三節　女性領導的自我認知與溝通模式

　　為了瞭解企業組織中的女性領導者是如何透過語言論述來呈現自我的認知，以及她們是如何溝通互動以領導管理與建構組織真實的，研究者除了依循紮根理論的分析方法外，並將「領導」與「性別」的概念視為是經由社會互動所建構出的，因此整個分析焦點並非只是從既有的性別刻板印象中去比較男性與女性的異同處，而是希望能從受訪者語言的使用、論述的策略和溝通的模式中去辨識出這些女性受訪者的聲音和她們所認知的意義。

　　在這十五位女性受訪者中，有兩位是因為家族事業的背景而成為組織領導者，有兩位是公司創辦人，其餘的女性領導人則是從基層或中階管理者做起。當她們在回溯自己的成長、成就與工作感想時，這個過程多被描述成是個「證明自己」與「自我成長」的過程。

　　雖有少部分的女性領導者認為女性的特質確實有助於管理和領導的進行，但較多的受訪者認為「個性」與「能力」這兩個因素遠超過「性別」對她們的影響。然而，儘管某些受訪者，在訪談中刻意排除「性別」對她們所產生的影響，但包括她們在內的所有受訪者，在回答問題時都會明確的根據性別刻板印象指出男性和女性的差異；有許多人甚至指出她們能成功的原因正是在於不像一般女性的「陰柔」、「優柔寡斷」、「太主觀」或是「情緒化」，而是能夠「很理性」、「有肩膀」（指有擔當）、「決策明快」以及「有行動力」的指出組織的「具體方向」。這其中也會出現一些互相矛盾的說法，例如，某些受訪者雖然直接表明「性別」對於領導行為並無影響，但其論述的內涵卻透露出相反的訊息：

因為我有看到那種跟我完全不一樣的女性領導，所以我完全沒有辦法用女性來概括回答這個問題（認為性別對其完全沒有影響）……我覺得self awareness是男女都有，可是女生可能會比較強一點，因為我覺得女生常常會deal的分數會比較高一點，那social relationship，因為可能在一個男性的社會，男性可能比較ego first……（F2）

雖然大家會覺得現在廣告公司的總經理怎麼會有越來越多（女性）的趨勢，可是我覺得性別它不是一個絕對主要的因素，相對來說，這個產業為什麼女性會勝出，是因為它需要很多的耐心，需要處理很多大大小小的事情。（F8）

我不覺得性別會影響他是不是一個好的領導者的，……我一回到台灣啊！這五六年來都是被女性主管帶領的，老實說，我是覺得我還滿失望的……其實我也在想，到底是不是女性的問題喔！如果真的來講的話，比較不信任人吧！（M6）

經過文本資料分析後，研究者發現有四個論述主題清楚的展現在女性受訪者的論述當中，分別是：(1)團隊建立者的自我認定；(2)以營造良好的工作環境為己任；(3)強調人與授權的領導風格；以及(4)運用對話與說服的溝通模式（**表7-3**）。下面將分別說明這些論述主題。

一、團隊建立者的自我認定

在分析這些女性領導者的論述時發現，她們會以「領航者」、「教練」、「球隊經理」、「促成者」（facilitator）、「教務長」、「爸爸」、「解決問題的媽媽」、「老母雞」，甚至是一個「娃娃車的車掌」等不同的隱喻，來描述自己在組織中所扮演的角色。而當深入檢視這些隱喻背後所代表的意涵時則發現，這些女性領導者對於自我角色的認

表7-3 女性高階領導者的論述主題

論述主題	論述內涵
團隊建立者的自我認定	1.對於團隊成員的重視。 2.對於團隊精神的強調。 3.對於團隊績效的要求。
以營造良好的工作環境為己任	透過溝通、授權、激勵和願景的分享來建立團隊向心力與歸屬感，並經由組織工作環境的改善來促成上述目標的達成。
強調人與授權的領導風格	1.強調「授權」和「僕人式」的領導，以增加員工的自主性、責任感和自我成長。 2.重視成員的感受、情緒，甚至不同個體的差異。
運用對話與說服的溝通模式	1.強調「坦白」、「直接」、「雙向」和「開放參與」的溝通。 2.溝通策略與步驟為：首先鼓勵部屬表達，既而以同理心傾聽，再來進行說服與溝通，最後則是強制。

知、功能，甚或是期許等，皆是從一個團隊建立者的自我認定開始。

　　此一角色的認定主要反映在受訪者評估自己對組織的貢獻，或是討論到領導者該具備的要項時，分析結果顯示，這些對於自我角色的論述可以歸納為下列三個面向：對於團隊成員的重視、對於團隊精神的強調，以及對於團隊績效的要求。相關說法如下：

> 我覺得如果說唯一有一點差別性的話，可能是說幫公司建立起
> 團隊精神，或是讓員工比較知道說公司發展的目標。對公司有
> 信心，讓這麼大的組織可以運作下去……有時候覺得自己好像
> 是隻老母雞，兜了一群小雞。帶領他們往前走，或是找一個方
> 向這樣子。督促他們，或是領導他們這樣子。（F8）

　　正因為這些女性領導者自我的認知是一個團隊的建立者，因此當她們在描述自我的成就或是領導時，多認為「個性」與「能力」這兩個因素超過了「性別」對她們的影響，強調是因為自己具有「行動力」、「執行力」和「解決問題的能力」，所以能夠「專注」、「負責任的」和「有擔當的」執行領導，而優點就是重視人和關係，以及能授權和溝通等因

素。這種強調以人為基礎、注重溝通以及團隊意識的領導特質，正印證了目前多數對於女性領導特質的研究發現（Alimo-Metcalfe, 1995; Basow, 1992; Berdahl, 1996; Cook & Rothwell, 2000; Stanford, Oates, & Flores, 1995；黃麗蓉，1996）。

二、以營造良好的工作環境為己任

受訪的女性高階領導者除認為一個好的領導者須具備「專業知識」、「良好溝通能力」、「前瞻性」以及具有「願景」等特質外，多數受訪者還會將能「營造良好的工作環境」視為是一個領導者的重要責任。當然，在描述自己的領導風格與特色時，她們也將自己定位成能營造良好工作環境的領導者。

> 好的領導者應該是要有兩部分，能夠符合公司商業利益上的要求，
> 這是一定要的，另外一部分就是要營造一個良好的工作環境，或者
> 說美好的職場環境，給你在這個工作，在這個職場跟你一起工作
> 的人，覺得，覺得在這裡工作是一件相當愉快的事情。（F2）

相關研究顯示，管理者普遍的行為模式都是任務（或是結果）導向的（Maier, 1997; Olsson, 2002）。然而從本研究的資料分析中則可以進一步的看出，高階女性領導者除了強調達成組織目標為任務外，對於組織中他人（主要是下屬）的感受也會特別重視。也因此，她們會強調透過溝通、授權、激勵和願景的分享來建立團隊向心力與歸屬感，並經由組織工作環境的改善來促成上述目標的達成。

三、強調人與授權的領導風格

當這些女性領導者以不同的隱喻來描述自己在組織中所扮演的角色

時，同時也點出了以團隊建立為基礎的領導風格，顯示她們看重的是人（團隊成員）的激勵、指導以及成長。因而，這些高階女性看待自己的領導模式通常不會是強調極權和階層的，反而是另一種強調「授權」和「僕人式」的領導：

> 我覺得僕人領導也是很重要的概念。事實上我有責任要去帶動大家，因為我會覺得⋯⋯譬如說，整個學校未來的發展，好像你必須要負一點大的責任。但是事實上，我平常的心態是反而是以服務的性質，然後我比較希望的是授權給我們的主管，真正我的模式現在也是這個樣子。（F1）

她們口中的「授權」，除了有分層負責的意涵外，其實更接近今日領導研究中所提出以分享權力來代替支配權力的賦權（empowerment）概念，因為許多的受訪者在訪談中透露，會使用不同的方法增加員工的自主性、責任感（accountability）和自我成長等，而她們也認為這樣除了能讓成員感受更好外，對於組織的營運亦更有效果。而這些高階女性領導者對於人的關注，除了展現在對於部屬成長與自主的重視外，對於組織成員的感受、情緒，甚至不同個體的差異也會同時關照到：

> ⋯⋯我會比較在意每個人個別的表現跟差異性，然後從他們個別差異性去輔導他們，或是去加強他們某些地方。（F8）

四、運用對話與說服的溝通模式

在分析高階女性領導者的決策過程與領導風格時發現，多數女性CEO強調「坦白」、「直接」、「雙向」和「開放參與」的溝通；而若將上述發現再歸納整理後，可以看到高階女性領導者的溝通模式主要為強調互動的對話與說服：

我現在會倒過來，我會說你告訴我你為什麼會這樣想，你的想
法是什麼……你覺得你要怎麼做，好，我們用辯證學的方式，
來跟你的屬下溝通，讓對方能夠心服口服覺得對，這是對的，
那我想我們以後再出錯的可能性就不高了。（F2）

我都算是非常坦白的溝通，我基本上都還算是溝通的滿頻繁
的……我通常會把為什麼要做這件事情，這整個思考點，跟希
望傳遞的message，因為其實我們就是communication了，會非常
清楚的去說明，想要傳遞的message是什麼。（F6）

對下屬的溝通策略與步驟分別為：首先，鼓勵部屬表達，既而以同
理心傾聽，再來進行說服與溝通，最後則是強制。由此看出，女性領導似
乎也較傾向以人際關係的概念來取代科層體制。

我想我們的principle就是在這種衝突上面，大家的共識就是……
嗯……當要互相把風險跟期望講清楚的時候就要講，如果你不
take這個機會，就代表你沒有看法，或者是同意任何組織的決
定。那如果講夠了跟談過了之後，一定要做決定的。但是決定了
之後呢？嗯！either就是in or out，……那我做了決定之後就會讓
大家知道說，這個是一個the rule of game，那就大家in。（F5）

 ## 第四節　性別傳播與組織真實的建構

　　領導為組織中社會建構的過程，因此在這過程中組織成員經由社會
互動與言語論述，得以框架、定義與建構出組織真實（Parker, 2001），
而這種建構的組織真實是個人與他人透過協商後所得之可理解性的結
果。為能呈現女性領導者所處的組織情境與其中所進行的組織互動，本研

究也訪談了她們的直屬男性部屬，透過他們對於上司與組織的認知，進一步的瞭解其組織真實與企業文化。

在回答與上司的互動經驗以及上司的領導行為等問題時，男性部屬的訪談分析則呈現出三個論述主題：(1)存在著性別差異的女性領導；(2)注重細節的授權領導；以及(3)強調溝通的團隊領導（見**表7-4**）。

表7-4　男性部屬的論述主題

論述主題	論述內涵
存在著性別差異的「女性領導」	1.「性別」是一重要因素。 2.上司的領導風格為「有彈性」、「柔性」的、「真誠」的、重「溝通」以及具「親和力」的女性領導風格。
注重「細節」的授權領導	授權但更強調「仔細」與對「細節」的注重。
強調「溝通」的團隊領導	女性主管採取的是開放與互動的溝通模式，因而在決策的過程、團隊的建立、共識的凝聚，以及工作環境的氣氛上都有正面的功能。

一、存在著性別差異的女性領導

儘管多數的女性領導者認為「個性」與「能力」等因素遠超過「性別」對其領導行為的影響，但當研究者分別從企業文化、領導風格與溝通模式等面向來對男性部屬進行訪談時，多數的男性部屬卻會從「性別」的角度來詮釋這些女性上司的言行與作為。

訪談資料中除了三位受訪者認為他們的上司是「強勢」的領導，以及一位受訪者描述其上司是「軟硬兼施」的角色外，多數男性部屬將目前領導者的管理和領導風格歸因為是一種較為「有彈性」、「柔性」的、「真誠」的、重「溝通」以及具「親和力」的女性領導風格：

在性別部分哦其實難免還是會啦！畢竟一些男性跟女性在處事態度上，就是處理事情的作業方式，可能都會有一些不同，那我覺得其實重要是在於溝通啦！（M2）

……女性的主管在leadership或communication上，我覺得反倒
會覺得、會覺得女性主管可能比較真誠一點，你如果講差別的
話，我覺得反而是那種，她是比較真的在跟你談，比較open-
minded跟你談。（M3）

當然啦！身為女性這樣子，我不是說有任何的性別歧視的這個
問題，但是身為一個女性的主管，她要運用一些溫情手法的時
候是比較容易下手……（M7）

二、注重細節的領導風格

雖然多數的高階女性領導者認知自己的領導模式是強調「授權」而
非強勢的領導，她們的部屬也印證了其授權的領導風格，但多數男性部屬
會更強調女上司的「仔細」與對「細節」的注重：

第一個她很仔細，一直到現在為止她看公文等等的細節都是非
常的仔細。我剛剛把兩個她看到的漏的公文，拿去跟他們講這
樣子，對。（M1）

我覺得女性主管會比較注重一些細節，這已經不只是工作上而
已，她可能譬如說組織的氣氛啊、每個人的相處啊、個性啊，
她可能會比較sensitive，然後她會去調整，她可能會因應不同的
狀況，因應不同的人會有不同的方式，我覺得女性主管會比較
瞭解這個部分。（M4）

我們每個人很多事情都要找她去討論，她也授權，但是方
向上來講還是需要有一些討論，給你給一些比較detail的
commands……我都可以發覺到女性在細節上的注意度跟關心的
程度，是比較比較比男性的主管來得多一點的。（M5）

三、強調溝通的團隊領導

在溝通模式上，多數男性部屬都認為女性主管採取的是開放與互動的溝通模式，因此在決策的過程、團隊的建立、共識的凝聚，以及工作環境的氣氛上都有正面的功能：

> 她的leadership在帶領整個team有一個很好的一個communication
> 的方法，因為那是很open-minded，希望大家給她一些input，然
> 後對一些事情的見解，她可能不會只聽事情的表面，而去問為
> 什麼事情會這樣……（M3）

> 她非常重視溝通，那當然這個部門本來就是很需要溝通的一個
> 部門，所以妳說策略形成或決策的部分，她是會非常即時的然
> 後也非常充分的傳達給至少是team leader……（M4）

事實上，這些受訪的男性部屬多數也都是中、高層的管理者，因此當問到三十位受訪者對於好領導需要具備的特質為何時，女性領導者多是強調人的面向——這包括了領導者自身（self）必須具有的特性與能力（如包容性、整合力、視野等）和對他人（others）注重與激勵的能力（如會用人、讓部屬發揮與成長等）兩方面。也因著以人為導向（people-oriented），這些女性領導者會繼而強調溝通的面向——這包括了溝通的能力、人際關係的塑造、團隊的建立，以及良好工作環境的營造等（見**表7-5**）。

而男性受訪者在回答上述問題時固然也會強調人和溝通，但內涵卻與女性領導者有所差異。就前者而言，男性主管強調的是領導者自身是否有足夠的能力扮演好其角色，並達成職務上或是組織的目標；就後者來看，則男性主管強調的是，領導者是否有良好的溝通能力讓屬下有明確的方向以執行任務並解決問題。換言之，男性管理者多是目標導向的，因此重視的是領導者自身必須具有的特性與能力，而溝通能力之所以重要，也

表7-5　男女性對於領導的認定

	面向	內涵
女性受訪者	「人」的面向	1.領導者自身必須具有的特性與能力。 2.對他人注重與激勵的能力。
	「溝通」的面向	1.溝通的能力。 2.人際關係的塑造。 3.團隊的建立。 4.良好工作環境的營造。
男性受訪者	「人」的面向	領導者自身是否有足夠的能力扮演好其角色，並達成職務上或是組織的目標。
	「溝通」的面向	領導者是否有良好的溝通能力讓屬下有明確的方向以執行任務並解決問題。

是為了讓下屬可以分層負責並明確的執行任務。

　　上述的結果顯示，男性管理者的認知傾向於交易式的領導行為，他們看待權力的賦予比較是從職權的概念出發，因而認為領導者必須具有管理和溝通能力以完成團隊或組織的任務，在行使職權時也可能直接的面對衝突。

　　相較之下，女性領導者較為傾向轉換式的領導風格，不僅重視領導者和被領導者間的互動與關係，更強調以「激勵」和「指導」的方式建立團隊和促進和諧，進而在領導過程中透過溝通互動塑造其組織真實與文化。例如在分析資料時發現，部分女性領導者在回答組織文化的相關問題時，具體指出其領導溝通的所言與所行，皆為了建立一個宛如「家庭」般的企業文化，而當再進一步與其部屬對組織文化的認知進行比對時，則男性部屬亦對其組織真實有同樣的理解：

　　我們常常講的就是一個大家庭，我們現在最常講的就是一個大家庭，這也是我們最希望的，真的是如果大家都能這樣感覺，真的就是一個最高境界。（F1）

　　很好的大家庭，我覺得大家同學向心力、凝聚力很強，行政體

系凝聚力非常強，我要特別強調，行政的主管，行政的同仁，
對學校的向心力、凝聚力非常強。（M1）

當然，從資料的分析中也顯示，高階女性領導的風格除了建構其組
織文化外，其領導行為也受到既存組織文化的影響。換言之，這是個雙向
建構的過程（structuration）：

我覺得這個公司有它的一個文化，那它的文化是非常多樣性
的，它常常都是在一個衝突或是不同的領域中達到一個協
調，……那我覺得我們企業文化……好像一直在那種兩極的平
衡當中找尋一個定位，它不是非常的西式，或者是不是非常的
中式。那嗯……這裡的員工也是，你必須要能夠跟團隊合作，
可是又必須要有自己獨特性的差異性跟能力，然後發揮效果。
（F5）

我覺得我們這一個公司它就像一個製造歡樂的、一個人性化
的、有感情的大機器。那機器的原因是，因為它還是要有生
產，我還是要賣我們的產品，提供我們好的服務給消費者，我
還是要有盈餘、要有利潤，這個公司才能經營下去嘛！（M5）

綜合而論，高階女性領導者在進行文化管理時，多是透過參與式的
決策過程，除了讓團隊成員可以公開討論外，也會不斷的進行說服以凝聚
共識，亦即從人的參與互動開始，再進到工作流程的管理，其基本的策略
是：(1)經由溝通將成員的個人利益轉換成團體目標的達成；(2)透過參與
以達到賦權和資訊的分享，並促成對組織目標的認同；(3)透過對人與流
程的管理，提升成員對工作氣氛的滿意度。

第五節　反思組織、性別與領導

　　雖然目前有關領導的相關研究多是以男性領導者為對象，而對女性的領導模式有所忽略或遺忘（Helgesen, 1990），但本章卻是從企業組織中女性領導者的角度與論述出發，探究領導、性別與傳播三者間如何相互連結，而進一步建構出組織真實與文化。為了能將這三個面向及其關係具體的展現，本研究從領導互動的過程中，首先探究女性領導者對於自身角色以及組織經驗的詮釋為何；其次再檢視其在前述的經驗感知中，是如何的對其他組織成員進行溝通與領導；最後並進一步的理解高階女性領導者如何透過溝通與互動來建構組織文化與真實。

　　透過質化研究取徑，研究者蒐集深度訪談、組織文獻以及田野筆記等多重的資料後，再依循紮根理論與基礎隱喻分析的理念與方法，辨識出重要的論述主題，以建立一個概念性的架構來理解現象與回答研究問題。整個研究發現，高階女性領導者的自我認定與角色認知讓她們重視團隊成員的感受和發展，並在決策與管理的過程中，強調共識的凝聚和團隊精神以達成組織績效。

　　高階女性領導者除了傾向從賦權和激勵的角度看待權力的運作，其溝通模式主要為強調互動式對話與說服，並使用明確的溝通策略與步驟來管理衝突。這些固然印證了先前研究所說的女性領導相關特質（如無私利他取向、同理心，以及重視直覺式和充分授權等），但從這些女性CEO的身上也同樣可以看到如管理任務導向、果斷獨立，或是強調非個人的客觀管理等所謂的男性化領導特質。

　　性別因素固然對這些高階女性領導者的領導風格有所影響，但本章的研究結果更證實了好的領導者，無論是男性或女性，其領導風格與行為的呈現，勢必是依組織情境與互動情境所定。因此，研究發現也說明了既有研究對於我們瞭解高階女性領導者認知與行為的幫助確實有侷限，我們

需要從傳播的角度更深入的檢視。

　　當從性別傳播的角度去檢視女性領導時，高階女性領導者身處在充滿性別刻板印象的組織中，主要是透過溝通來對複雜情境（如兩性間、上下屬間、組織間、文化間等）進行管理與連結，並透過符號互動去形塑（和再形塑）意義與組織情境。女性領導者在領導溝通時會建構出一個動態的結構來將多重的自我角色（如女性、領導者）與複雜的組織情境扣連，而也正是從這種認知與行為的複雜性（Hooijberg & Quinn, 1992）中，我們得以瞭解傳播互動是如何建構出領導者與被領導者共同認知的組織真實與企業文化。

　　這呼應了Blackmore（1989）從女性主義觀點重新建構領導概念的看法，她認為組織中權力的運作是多層面與多方向的，領導是使他人彰顯權能（empower others），而非以權力支配他人，因此在人際互動過程中所依賴的不是抽象的道德原則，而是彼此間的關係、關懷與責任，故領導講求的是個體關係的營造和平等社群的形成。

　　另一方面，女性領導者其實是更有自覺與策略性的透過論述的實踐（即透過語言的使用和其他符號的建構）去創造一種互動的情境，以減少性別因素的負面影響與強化領導的效果。這些來自於成長過程以及工作經驗中的性別自覺，提升了她們認知與行為的複雜程度，從而能夠成功的去扮演多重角色。而她們的領導策略，則一方面是透過語藝性的論述建立人際關係與人際網絡，另一方面則是透過跨界（boundary spanning）的行為以穿梭於不同性別的群體與文化之中。

　　學者Cooper和Lewis（1999）曾指出，今日的工作場域強調的是自我管理、賦權、持續改善和學習型的組織，而強調溝通互動的轉化式領導也將成為主流，因此，我們若能對台灣企業組織中女性領導者的形貌、認知以及其組織經驗有更多的探究，並對於組織中性別與溝通的相關議題有更多的瞭解，則除了能豐富相關理論的發展外，亦能提供更多的知識供實務運用。

本章對性別議題的研討，其實進入了相同／差異（sameness/difference)以及包含／排除（inclusion/eclusion)這兩個核心概念的反思。傳統實證研究強調找出性別差異，但忽略組織生活中的真實與現實，有時會讓不同性別的成員做出同樣的決策和行為；而另一方面從女性主義的論點來看組織溝通與領導時，亦須回歸性別研究的真義，乃在於從女性主義、男性主義，或是兩者的交界中去探究性別溝通之可能。換言之，組織中的性別研究，乃是希望改變過往視為理所當然的研究與實務視野，從理解組織真實開始，希望能對現狀有所改變，如此，從性別到世代，乃至族群等各個面向去開展研究，以對於組織中不平等與不公義之處有所改善。

 參考文獻

中文部分

李秀娟（2004）。〈基督教會組織中的女性領導與溝通〉。世新大學傳播研究所碩士論文。

林德明、劉兆明（1997）。〈新傳統女性：由個案資料探討女主管的面貌與調適歷程〉。《中華心理衛生學刊》，10（4），53-79。

徐宗國（1995）。《工作內涵與性別角色》。台北：稻香。

徐宗國譯（1997）。《質性研究概論》。台北：巨流。

彭春蘭、李素珍（2002）。〈從領導特質與行為模式探討女性領導的新典範〉。《研習論壇月刊》，18，23-33。

黃煥榮（2000）。〈組織中玻璃天花板效應之研究：行政院部會機關女性升遷之實證分析〉。政治大學公共行政學研究所博士論文。

黃麗蓉（1996）。〈組織中的女性領導〉。政治大學公共行政學研究所碩士論文（未出版）。

蔡培村（1985）。〈國民中小學的領導特質、權力基礎、學校組織結構及組織氣候

與教師工作滿意關係之比較研究〉。政治大學教育研究所博士論文。

謝秀芬（1998）。〈台灣女性的家庭角色觀與工作觀之研究〉。《東吳社會工作學報》，4，1-34。

英文部分

Alimo-Metcalfe, B. (1995). An investigation of female and male construct of leadership and empowerment. *Women in Management Review, 10*(2), 3-8.

Basow, S. A. (1992). *Gender stereotypes and role* (3rd ed.). Pacific Grove, CA: Brooks/ Cole Publishing Company.

Bass, B. M. (1985). *Leadership and performance beyond expectations.* NY: Free Press.

Bass, B. M. (1990). *Bass & Stogdill's handbook of leadership-theory, research, and managerial application* (3rd ed.). NY: The Free Press.

Bass, B. M., & Avolio, B. J. (1994). Shatter the glass ceiling: Women may make better manager. *Human Resource Management, 33*(4), 549-560.

Bell, E. (1997). Listen up. You have to: Voices from "women in communication". *Western Journal of Communication, 61*, 89-100.

Berdahl, J. L. (1996). Gender and leadership in work: Six alternative models. *Leadership Quarterly, 7*(1), 22-40.

Blackmore, J. (1989). Educational leadership: A feminist critique and reconstruction. In J. Smyth (Ed.), *Critical perspectives in educational leadership* (pp. 93-131). NY: The Falmer Press.

Blanchard, K., Hybels, B., & Hodges, P. (1999). *Leadership by the book: Tools to transform your workplace.* NY: William Morrow & Company.

Buzzanell, P. M. (2000) (Ed.). *Rethinking organizational & managerial communication from feminist perspectives.* Thousand Oaks, CA: Sage.

Buzzanell, P. M. (2001). Gendered practices in the contemporary workplace. *Management Communication Quarterly, 14*(3), 517-537.

Conger, J. A. (1991). Inspiring others: The language of leadership. *Academy of Management Executive, 5*(1), 31-43.

Cook, L., & Rothwell, B. (2000). *The X & Y leadership: How men and women make a difference at work*. London: The Industrial Society.

Cooper, C. L., & Lewis, S. (1999). Gender and the changing nature of work. In G. N. Powell (Eds.), *Handbook of gender and work* (pp. 37-46). Thousand Oaks, CA: Sage.

Creswell, J. W. (2002). *Educational research: Planning, conducting, and evaluating quantitative and qualitative research*. NJ: Merrill Prentice Hall.

Dreher, G. F. (2003). Breaking the glass ceiling: The effects of sex ratios and work-life programs on female leadership at the top. *Human Relations, 56*(5), 541-562.

Eagly, A. H., & Johnson, B. T. (1990). Gender and leadership style: A meta-analysis. *Psychological Bulletin, 108*, 233-256.

Gilligan, C. (1982). *In a different voice: Psychological theory and women's development*. Cambridge, MA: Harvard University Press.

Glaser, B. G., & Strauss, A. (1967). *The discovery of grounded theory: Strategies for qualitative research*. NY: Aldine de Gruyter.

Hackman, M. Z., & Johnson, C. E. (2000). *Leadership: A communication perspective*. Prospect Heights, IL: Waveland.

Helgesen, S. (1990). *The female advantage: Women's ways of leadership*. NY: Doubleday/Currency.

Hooijberg, R., & Quinn, R. E. (1992). Behavioral complexity and the development of effective managers. In R. L. Phillips & J. G. Junt (Eds.), *Strategic leadership: A multiorganizational—level perspective* (pp. 161-175). Westport, CT: Quorum.

Indivik, J. (2004). Women and leadership. In P. G. Northouse, *Leadership: Theory and practice* (3rd ed.) (pp. 265-289). Thousand Oaks, CA: Sage.

Johnston, W. B., & Packer, A. H. (1987). *Workforce 2000: Work and workers for the 21st century*. Indianapolis, IN: Hudson Institute.

Koch, S., & Deetz, S. (1981). Metaphorical analysis of social reality in organizations. *Journal of Applied Communication Research, 9*, 1-15.

Korabik, K. (1990). Androgyny and leadership. *Journal of Business Ethics, 9*, 283-292.

Maier, M. (1997). Gender equality, organizational transformation, and challenger. *Journal of Business Ethics, 16*(9), 943-962.

Medved, C. E., & Kirby, E. L. (2005). Family CEOs: A feminist analysis of corporate mothering discourses. *Management Communication Quarterly, 18*(4), 435-478.

Miller, J. B. (1986). *Toward a new psychology of women* (2nd ed.). Boston, MA: Beacon Press.

Mintzberg, H. (1973). *The nature of managerial work.* NY: Harper & Row.

Morse, J. M. (1994). Emerging from the data: The cognitive process of analysis in qualitative enquiry. In J. M. Morse (Ed.), *Critical issues in qualitative research methods.* Thousand Oaks, CA: Sage.

Olsson, S. (2002). Gender heroes: Male and female self-representations of executive identity. *Women in Management Review, 17*(3/4), 142-150.

Parker, P. S. (2001). African American women executives; leadership communication within dominant-culture organizations. *Management Communication Quarterly, 15*(1), 42-82.

Powell, G. N. (1988). *Women and men in management.* Newbury Park, CA: Sage.

Powell, G. N., Butterfield, D. A., & Parent, J. D. (2002). Gender and managerial stereotypes: Have the times changed? *Journal of Management, 28*(2), 177-193.

Sashkin, M., & Rosenbach, W. E. (1998). A new vision of leadership. In W. E. Rosebach & R. L. Taylor (Eds.), *Contemporary issues in leadership* (4th ed.). Boulder, CO: Westview Press.

Stanford, J. H., Oates, B. R., & Flores, D. (1995). Women's leadership styles: A heuristic analysis. *Women in Management Review, 10*(2), 9-16.

Strauss, A. (1987). *Qualitative analysis for social scientists.* Cambridge: Cambridge University Press.

Strauss, A., & Corbin, J. (1990). *Basics of qualitative research: Grounded theory procedures and techniques.* Newbury Park, CA: Sage.

Strauss, A., & Corbin, J. (1998). *Basics of qualitative research: Techniques and procedures for developing grounded theory* (2nd ed.). Thousand Oaks, CA: Sage.

Vecchio, R. P. (2002). Leadership and gender advantage. *Leadership Quarterly, 13*, 643-671.

Vecchio, R. P., & Gobdel, B. C. (1984). The vertical dyad linkage model of leadership: Problems and prospects. *Organizational Behavior and Human Performance, 34*, 5-20.

Witherspoon, P. D. (1997). *Communicating leadership: An organizational perspective.* Needham Heights, MA: Alley & Bacon.

Yukl, G. (1989). Managerial leadership: A review of theory and research. *Journal of Management, 15*, 251-289.

實踐篇

——組織傳播在華人社會的發展

　　本篇以三章概念性的研究，來探討組織傳播學在華人社會的發展、挑戰與轉機，並提出在地知識框架建構的可能與方向。其中除回溯組織傳播學研究之發展軌跡、與在地的研究取徑和關懷外，並希望透過後現代論與後結構論學者所提出的本體論觀點，說明當代組織與成員都需要正視「變的實在」，因為組織在不斷的進化中乃蘊藏著創造與創新的可能，如此方能賦予組織與其成員更大的能動；而因著對文化、權力以及世界之變的省思，今日組織傳播學研究的思維就本體論而言，已從現代性的存有（being）轉成後現代性的形變（becoming），傳播不僅是組織生活的中心，更是建構文化與權力的要素。如此，則後現代的論點可以為當代以及本土組織提供另一運作模式，透過對於既存組織真實的解構與再建構，並從各個面向上質疑／提問對於被視為理所當然的現狀是如何被建構的，這將促使員工的參與成為形塑組織的過程，並提供了多元發聲與相互對話的機會。而組織傳播在華人社會的發展與契機，乃在將此門知識從現代公民與企業成員所須具備的「組織素養」進一步地詮釋為「組織學養」，亦即將屬於相對較穩定的素質與能力的要求，提升到較為動態的、全面的、多元的、跨界的彈性狀態，以面對多變的組織生活世界，因此包括組織成員、組織本身、甚至是組織研究者都應投身學習的過程。而當處身在華人組織傳播這個正在生成（becoming）的研究領域中時，研究者也必須持續地反思以保持彈性與開放的研究視野。

Chapter **8**

華人社會組織傳播學的發展與建構

第一節　組織傳播學在地化發展

　　近二十年來，西方學者因著政經勢力移轉，逐漸重視東方學術視野與聲音，亞洲的華人傳播學者除了持續進行本土傳播學研究的回顧與整理外（翁秀琪等，2001、2004；陳韜文，1992；孫旭培，2006；須文蔚、陳世敏，1996；陳韜文，1992；汪琪、臧國仁， 1993、1996），也漸續推展華人傳播學門的擘畫與討論，像是2008年政治大學傳播學院的頂尖大學計畫中，邀集世界各地學者討論傳播學術中缺乏「非西方」文化的聲音；2008年陸、港、台學者從中國傳播學的發展談起，召開華人傳播想像會議；2009年第六屆華夏傳播研討會也分別從新聞、公共關係、人際溝通與新科技介面等領域討論華人社會中的傳播現象；以及2009年底世新大學口傳系所召開的亞洲論壇，在陸、港、台與在美華裔學者的對話中，勾勒出華人傳播研究的發展藍圖等活動，皆是希望探討華人傳播研究如何在全球化與本土化的張力中走出新路。

　　源起於歐美的傳播研究成為一獨立學門，至今雖未滿百年，但長久以來，學者在傳播學門存在與發展的正當性、傳播本質為何的存在論，以及傳播知識如何擷取與建立的知識論等問題上，一直存在著論辯、歧見與質疑。對於某些人而言，這似乎是傳播學門無法擺脫的宿命，因而無法「名正言順」的與其他歷史悠久的學門對話；但是也有學者認為，無論是從Kuhn（1977）所論的「學門」定義，或是Craig（1999）所說的「領域」概念來看，傳播學理論與研究的內涵從來都是跨領域、眾聲喧嘩、對話／論辯與反思性的。也因此，對於這些人而言，與其長久在系統論和實用主義（Fisher, 1978），或是詮釋現象學（Hawes, 1976）的歧見中打轉，致力於回答像是傳播本質為何這類本體論的問題（Mumby, 1997），或是移轉到知識論的辯論上（Penman, 2000），倒不如在前述種種的傳播內涵中，從不同的社會情境與脈絡中解讀傳播（Deetz, 1994），或是

從對話／論辯的角度詮釋傳播（Craig, 1999），因為這種建構性思考與論辯的實踐過程，遠比視現況為「學門的危機」更有意義／思（Adams, 2003）。

　　學者陳國明（2001）曾以樹來比喻傳播學領域，樹的主幹就是「傳播」，而樹上長有六大枝幹：人際傳播學，小團體傳播學，組織傳播學，公共傳播學，大眾傳播學與文化間傳播學。其中除了關注媒體與閱聽人研究的新聞學和大眾傳播學外，其餘的研究領域皆屬於口語傳播學門（speech communication）的範疇。然而即使口語傳播的歷史發展，最早可回溯到西元前四、五世紀古希臘時代之語藝學，在美國的發展也一向與大眾傳播分庭抗禮，但綜觀台灣與大陸等華人傳播社群中，則新聞學與大眾傳播的教學與研究仍屬主流。這些，可以從前述所提的本土學門發展的數據現況、相關研討會所提陳的議題與參與者，以及回顧傳播學門研究案的規畫上窺知。

　　如此，則當華人傳播學者意欲為「華人傳播」定義與正名時，除了進行像是當年美國傳播學界分別在1983與1993年的*Journal of Communication*中連續兩次進行整體傳播學門的大型對話與論辯外❶，也應對各個傳播次學門的現狀發展進行盤點與分析（Berger, 1977; Gouran et al., 1994; Lowery & DeFleur, 1988; Putnam & Cheney, 1985）。兩岸傳播學者近年亦曾分別針對口語傳播、組織傳播、公共關係，乃至健康傳播等傳播次學門或是研究領域在當地的發展進行爬梳（李秀珠，2004；胡銀玉、胡河寧，2008；徐美苓，2004；秦琍琍，2000；黃懿慧，2004；趙雅麗，2004），但回顧的範疇僅限於在地的發展現況，而缺乏對於其他華人社會——特別是兩岸三地的整體觀照與探討。

　　本章主要對台、港、陸兩岸三地之組織傳播學的發展與現況做一調查與研究，勾勒出組織傳播學在華人社會的發展軌跡，析論未來教學與研

❶請見*Journal of Communication*在1983年的第33(3)期和1993年的第43(3)期。

究發展的想像與藍圖,以為華人學者發展非西方的組織傳播學奠基。本章主要的研究問題與目的為:(1)組織傳播學在兩岸三地華人社會的現況、發展與流變為何?(2)華人社會組織傳播學的基礎和特色為何?並藉由前述兩點的討論,(3)對華人社會組織傳播學及研究所面臨的挑戰提出一些建議,期待在探究與反思之後,未來能進一步發展出華人社會組織傳播學的教育與實踐方案。

第二節　華人組織傳播學發展現況

當兩岸越來越多的企業與團體認知到組織溝通的重要性,而紛紛求助於相關學界並成立各種員工訓練課程的同時,華人傳播學界本身對此一學門之瞭解與重視,卻顯然不及實務界。雖然,華人傳播學界在最近幾年呈現多元化的發展,但傳播研究似乎仍以大眾傳播為中心,對語藝傳播、人際傳播與組織傳播等相關研究則仍屬缺乏(胡銀玉、胡河寧,2008;陳韜文,1992;孫旭培,2006;陳世敏,2000;鍾振昇,1994;秦琍琍,2000;趙雅麗,2004)。

另一方面,在管理學系與相關商學科系中,組織溝通雖是必要課程之一環,但相對於組織行為、規劃與決策等課程而言,傳播(或是溝通)仍被視為是組織管理的配角,只是一種達成組織目標和人力資源管理的工具,或是組織運作中所產生的產物,而忽略從社會建構論的觀點來看,組織真實的構築與形塑、組織文化的創造與傳承、乃至組織權力的運作與分配等,都必須經由溝通互動而來的。

目前華人社會對「組織傳播」一詞的普遍認知,仍多停留在此領域發展的前期,僅是將組織傳播界定在組織中不同層次的溝通而已(如人際、小團體、公眾溝通等),忽略了傳播其實是組織形塑、結構、運作與管理等過程中不可或缺的基本要素。在新世紀中,當我們從全觀的角度尋

思華人傳播研究如何在全球化與本土化的張力中，建構出一個華人傳播學的領域與願景之時，對於各個傳播次學門的現況檢視與發展方向也應進行各別的爬梳與探討，本節將就論文主題、學院開設課程、教學師資與出版刊物等方面來呈現組織傳播學在華人社會的發展軌跡。

一、台灣組織傳播學的發展與現況

台灣傳播學界之發展，自90年代以來，固然有越來越多口語傳播學者的加入而漸趨多元化，但是大眾傳播、閱聽人研究以及媒介實務等主題仍為主要的研究領域。趙雅麗（2004）曾指出，在整體結構性條件不足的情況下，本地口語傳播相關領域的發展亟待耕耘。

在一份自1993到1995年間的調查中顯示，無論是在研究興趣、發表著作及研究專題，以及博碩士論文主題分析等項目中，「組織傳播」之數量均屬少數（汪琪、臧國仁，1993，1996），其中以此為主題的傳播類博碩士論文僅有七篇，著作發表有五篇，專題研究僅有三篇。而須文蔚與陳世敏（1996）對傳播學現況發展的研究報告中也指出，如從1961到1995年間的專題研究來分析，以組織傳播為研究焦點的篇數則僅有六篇。此外，李秀珠在2004年的文獻回顧中亦指出，該時期僅有九篇期刊文章、八個國科會專題研究、一篇書籍專章、一本專書以及五十篇的碩博士論文是以組織傳播為主或是相關的產出。

在檢視上述之調查時發現，此一學門研究產製數量不多之原因，除了國內目前專精組織傳播之學者的確為數較少，而無法在學術生產上造成影響外，另一個原因則是由於對「組織傳播」之定義與領域範圍的認知不同，而使得一些相關研究乃以其他領域登錄。

在根據各系所提供的資料、國科會網站、全國碩博士論文簡索系統等資料搜尋，並依據本書所討論的組織傳播定義與領域範圍為篩選原則，重新回顧自1989到2010年間傳播類博碩士論文時，則發現在數量上明

顯較之前的調查增加許多。根據調查，論文題目與關鍵字中有「組織傳播／溝通」、「溝通模式」、「組織文化」、「上下行溝通」、組織中「傳播型態」，以及組織中「領導與溝通」等的論文就有五十五篇；至於國科會專題研究則有十個、兩篇書籍專章、一本專書❷以及五本翻譯的教科書。

此一回顧顯現出三點值得我們重視的現象：

1. 當代傳播學域中多元與跨學門的發展，已使各個次學門間的界線日趨模糊，而在台灣傳播學發展尚未臻成熟，並仍以大眾傳播研究為主流的今天，我們對於傳播各次學門的領域範圍以及學科階層的認定上，應採取較為全觀的視野，以有助於我們重新檢視傳播學門中各次領域的分歧與整合，並得以面對全球化、媒介匯流，以及科技發展等新時代的挑戰。

2. 在審視相關論文與專題著作時發現，雖已有越來越多的研究主題直接標以「組織傳播／溝通」、「組織文化」和「上下行溝通」，但其餘則分跨組織傳播與媒介管理、組織傳播與公共關係，以及組織傳播與媒體從業人員研究等範疇，多數論文在學門類目的圈選上，因研究者或是指導老師的學術背景之故，均將組織傳播排除在外。這說明了台灣組織傳播研究的發展軌跡並不同於西方，因此，在闡述組織傳播定義與範圍的同時，更應重返實踐致力於將傳播理論與當代組織現象做一具體的連結。

3. 自1995年之後，台灣組織傳播學的發展除在研究數量上有顯著的增加外，研究主題亦不斷擴張，如傳播科技與組織溝通、組織內電腦中介溝通，以及與行銷傳播扣連等在國外已行之有年的研究面向，也陸續在交大與輔大等傳播研究所的論文中出現。而數篇與組織傳

---

❷ 因調查以組織傳播為主，故未將李茂政（2008）所出版的《團體傳播與組織傳播》一書列入。

播、組織文化與當代社會文化具關聯性的研究顯示，當代台灣人的組織傳播模式與工作價值觀已在逐漸轉變，呈現出在儒家思想、道家思想、日本殖民文化與西方文化交互衝擊動盪下所衍生出的一種特殊型態（Chin, 1994, 1997, 1998）。此外，許多中外學者自社會、心理、管理與傳播等角度研究後發現，台灣社會文化之形成雖深受傳統儒家思想之影響，但在發展過程中因受西方思想之衝擊，以及在特有之地理與歷史發展等種種因素交互作用下，不僅在人格特質、社會行為、價值信念、管理方式與溝通模式上，產生了不同於傳統儒家倫理的性格總和；同時，也因在儒道思想之融合並於西方文明思潮的調和與衝擊之下，衍生出當代台灣本土特有的文化與發展經驗（Bond, 1986; King, 1991; Yang, 1986）。這樣的經驗既不同於西方社會，也不同於中國大陸、香港或新加坡等其他華人社會。因此，研究者應致力探究當代在台灣的中國人所具有的組織真實，以凸顯研究的本土意識。

　　至於教學方面，根據近兩年各校傳播相關科系網站資料庫與全國大學一覽表網址的資料[3]整理後發現（見**表8-1**），在目前國內各大學院校的傳播相關科系中，研究所除了台大、政戰與南華外，其他各校均設有「組織傳播」或相近之課程。其中又以交大、中山、淡江、輔大與世新等校除教授「組織傳播」外，至少設有組織行為、傳播管理、媒介（經營）管理以及傳播科技與組織等兩科以上的相關課程；而在大學部方面，亦有近半數的學校將「組織傳播」或相關課程列為選修，其中唯有世新的口語傳播學系，將該課程列入必修科目中。而各系所之授課師資，除少數學校外，皆由具有博士學位之教師擔任。

　　組織傳播學於台灣的發展過程中，固然在工業教育、企業管理與行政管理等學門的期刊中皆可發現相關研究，但嚴格說來，在傳播學門

---

[3] 全國大學一覽表網址：http://www.iknow.url.tw/University.html。

表8-1　國內各校傳播相關科系所組織傳播課程開設情形

學校	系所	開設課程	相關課程
政大	新研所		
	新聞系		媒介管理與溝通（選修）
	廣電所		媒介組織經營管理（選修）
	廣電系		企業組織溝通（選修） 媒介經營管理（選修）
	廣告系所		
	傳院EMA		媒介組織管理專題（必修）
台大	新研所		
交大	傳研所	組織傳播（選修）	媒介管理（選修）
師大	大傳所		媒體經營管理與財務分析 （選修）
中正	傳播系		傳播產業經營與管理（選修）
	電傳所		傳播經營與管理 （選修）
中山	傳管所	組織傳播（選修）	媒介經營管理（必修）
政戰	新聞系（大學部） （碩士班）		
輔大	大傳所	組織傳播 （選修）	媒介組織與管理專題（選修）
	新聞系		媒介經營與管理（選修） 媒介組織研究（選修）
	廣告系		
	影像傳播學系		
淡江	大傳系（大學部） （碩士班）	組織溝通（選修） 組織與管理（選修）	媒介管理
世新	傳研所（博士班）	組織傳播與媒體管理議題（選）	
	口傳系（大學部） （碩士班）	組織傳播 溝通與組織管理（必修）	非營利組織溝通（選修） 溝通與團隊合作
	公廣系（大學部） （碩士班）		公關與組織行為（選修）
	新聞系（大學部） （碩士班）		新聞媒介經營與管理
	資傳系		
	圖傳系		
	多媒體設計系		

（續）表8-1　國內各校傳播相關科系所組織傳播課程開設情形

學校	系所	開設課程	相關課程
世新	傳管系（大學部）（碩士班）	傳播組織與管理概論（必修）組織理論與管理	媒體人力資源管理媒體規劃與策略管理媒體人力資源管理
文化	新聞系（大學部）（碩士班）		媒體管理實務
	廣告系（大學部）		
	資傳系（大學部）（碩士班）		
	大傳系		
銘傳	廣電系	組織傳播（選修）	廣電經營管理學
	新聞系	組織傳播（選修）	
	廣告系	組織傳播（選修）	
	傳管系（大學部）（碩士班）	組織傳播（選修）	傳播事業管理（選修）管理理論（必修）媒介組織管理（選修）媒介人力資源管理（選修）傳播管理專題研究（選修）
長榮	大傳系	組織傳播（選修）	媒介經營管理媒體組織管理專題媒介人力資源管理
佛光	傳播系（大學部）（碩士班）	組織傳播（選修）	傳播管理概論
玄奘	大傳系		媒介經營管理
	圖資系		
	新聞系		
	影劇藝術系		
	資播所		媒介經營管理研究
義守	大傳系		
慈濟	傳播學系（大學部）（碩士班）	組織傳播（選修）	
南華	傳播系（大學部）（碩士班）		
靜宜	大傳系		媒體經營與管理（選修）

中，政大新聞系之鄭瑞城、彭芸，以及淡江的趙雅麗等人，可算是「組織傳播」在台早期發展之關鍵人物。雖然這幾位學者在學術社群中之定位仍以新聞與大眾傳播為主，但其早期之相關研究與論述，確實為組織傳播在台灣之發展奠下基礎。

在專書方面，自1983年起，陸續有鄭瑞城所著的《組織傳播》[4]，與陳昭郎所譯的《組織傳播》[5]專書出現。及至今日，雖已有多本教科書與叢書的出現，惟相較於其他傳播學門，此類書籍仍多為翻譯著作，或是僅止於適合大學部程度的教科書，而在實證研究、理論建構與核心知識的奠基上，則仍顯得缺乏。在人力資源方面，目前台灣除已有數位在國外拿到博士學位並返國任教者外，由於世新大學傳播研究所博士班亦提供了相關課程，博士生中亦有數人以組織傳播為主修領域進行博士論文的撰寫，這些學者的專長領域，除企業文化、決策過程、組織內人際網絡，以及跨國企業與傳播等，更拓展至媒介管理、公共關係與小團體傳播等相關領域。此一人力資源的增加與研究領域之拓展，勢必對此學門在台灣的發展造成質與量的提升。

二、香港及大陸地區的組織傳播學發展情形

傳播學在70年代進入中國，到80年代後，更多的大陸學者開始對傳播學發生興趣。1982年中國社會科學院在北京召開第一次傳播學研討會，有上海復旦大學、人民大學、廈門大學及《新聞戰線》等單位派人參加。而組織傳播作為傳播學的重要分支學科，在80年代傳入中國後逐漸受到大陸高校的普遍關注（胡銀玉、胡河寧，2008）。2000年以來，眾多新聞傳播學院以及管理學院都已開設組織傳播學課程，越來越多的學者進入

---

[4] 鄭瑞城（1983）。《組織傳播》。台北：三民。

[5] 陳昭郎譯（1983）。《組織傳播》。台北：國立編譯館。

了組織傳播研究領域，組織傳播研究成果多有生產（陶紅，2002）。

　　大陸學者認為組織傳播在大陸的發展，大致經歷了引進、形成和發展三個時期（胡銀玉、胡河寧，2008）。從1988年引進後，林瑞基在1991年出版《組織傳播》一書，於此階段相關文章主要在介紹此一學門與相關理論，這也是大陸第一次出現「組織傳播」的概念；而自2000到2004年，胡銀玉與胡河寧將此時描述為組織傳播的形成期，此時期除了有四本翻譯與編纂的專書出版外，亦陸續有七篇相關文章產出，主要為梳理組織傳播在中國的發展與方向；從2005年起則進入初步發展期，根據胡銀玉與胡河寧的統計共有三十五篇研究文獻產出，胡河寧亦在2006年出版了一本研究生使用的教材《組織傳播——結構與關係的象徵性互動》。

　　從胡銀玉與胡河寧（2008）對於組織傳播在大陸的發展與回顧中可以看出，自2005年起其學科發展脈絡已成形，且相關知識在該社會中也的確漸被重視。從相關文獻的主題與研究方法上亦能看出，大陸內地的研究主題已從組織內部的下行、上行和非正式傳播的面向（顧孝華，2007），拓展至新科技對組織運作的影響（王晨，2006；顧偉泉，2005）；而研究的組織類型也囊括了教育組織與各種企業（劉海波、陳曉霞，2006；周雲倩，2007）；此外，研究的典範也漸從實證學派進入到文化詮釋觀點對於意義建構的重視（胡河寧，2005、2007；黃孝俊，2001）。

　　至於香港的部分，由於浸會大學在其傳理學院的傳播系（communication studies）中，即設有組織傳播的學程，在地理環境與師資專長為中、英文雙語的環境下，多數教師的論文是以英文發表於美國的期刊中（Sheer, 2010; Sheer & Chen, 2004; Song & Chen, 2007）；此外香港浸會大學的研究生亦曾以中國國有企業的組織文化研究為題，參加該年在台灣舉行的中華傳播學會年會（劉雙，1997）。

　　從學科建制的面向來看，大陸直至1992年才將組織傳播編入國家學科目錄。至2002年，中國科技大學科技傳播與科技政策系將組織傳播列為傳播學碩士研究生的學位課程，並將之作為傳播學碩士學位的培養方向之

一。2002年以後，廈門大學、復旦大學、上海大學、南京大學、浙江大學、上海交通大學等眾多學校陸續開設了本科生或者研究生的組織傳播選修課程。2007年9月，第一個組織傳播研究所成立於溫州醫學院。同年陝西省傳播學會成立，該學會除了強調組織傳播研究的緊迫性外，並把組織傳播研究作為學會重點推動的工作之一。

　　綜觀大陸地區的組織傳播學發展，即使由於研究學者的背景過於多元，且缺乏專業知識深化，使得知識的產製與學科的確立仍有很大努力的空間，但近年來確實有明顯的突破。例如，以往相關文獻多發表於新聞傳播類期刊和大學學報，如《新聞與傳播研究》、《現代傳播》、《新聞大學》等，但在2006年《今傳媒》雜誌率先開闢了「組織傳播研究」專欄而產生了改變，此舉為大陸的組織傳播開闢了影響更為深遠的發表平台。該專欄以發表針對企業單位組織傳播的案例分析文章為主，雖然實務導向的內容並無法承載深度的理論內涵，但此舉凸顯了當地社會對於組織傳播實務知識的需求。

　　在〈中國組織傳播研究三十年述評〉一文中，胡河寧（2010）指出大陸組織傳播學的發展應重視以下幾點：

1. 大陸學者對於理解並探討組織傳播本質的重要問題，也就是學科核心內涵的把握上仍充滿歧見。有人將組織傳播與公共關係並列，有的將其視為是一種組織行為而應從管理的角度視之，也有學者將其窄化為組織中的資訊傳播活動。但胡河寧認為上述定義基本上都偏離，甚至是對組織傳播學科的一種「歪曲和誤導」，因此呼籲學界應準確地論述組織傳播的核心內涵。

2. 研究方法以及分析層次的多元也是當代大陸組織傳播學者應重視的議題。組織傳播乃為一門跨學科的知識，因此將其從邊緣推向中心的過程中，研究者除需要整合的知識外，並應妥善運用質化與量化的研究方法，以連結鉅觀與微觀層面的組織傳播過程。

3.組織傳播應用層次的理論模式必須強調「本土經驗」。胡河寧在文
　章最末，一如台灣組織傳播學者般強調本土意識，認為大陸的相關
　研究應該在理解和掌握西方組織傳播理論精髓的同時，創新出有中
　國特色的組織傳播研究的理論模式。

 ## 第三節　在地的研究取徑與關懷

　　從文獻分析與回顧來看，兩岸華人社會的組織傳播研究，即使在發
展過程中面臨到不同的矛盾與挑戰，但兩岸學者進行反思的心得都指向學
術研究的主體性，這呼應了兩岸傳播學界除對於學門正當性危機的省思
外，亦日漸強調傳播理論的建立與運用應植基於在地社會真實的趨勢。像
是海外華人學者鍾振昇與陳國明等人，早年即多次為文，強調本土化的組
織傳播研究應以傳統儒家思想為基礎，而在其以英文發表之文章中，亦指
出儒家思想對包括台灣在內的東方組織傳播模式所產生之影響（Chen &
Chung, 1994；鍾振昇，1994），其中鍾振昇（1994）並主張台灣組織傳
播的發展應在本土化的原則下，以公關廣告或是大眾傳播研究為基礎，走
出新路。

　　對於學術主體性的反思，除了在知識論的面向上對於研究情境的掌
握外，更應致力於建立一套知識的詮釋架構；在本體論上，學者亦應進入
在地華人社會的研究情境中，探究「組織」與「傳播」的本質及意涵為
何；而在價值論的面向上，則應進入當代華人文化價值思維的體系中，對
於組織真實進行描繪與勾勒。如此，方能更貼近與精確的形繪在地者的組
織生活世界，並據以建構概念與理論。

　　黃懿慧（2010）認為，所謂的華人傳播是植基於華人文化之意義建
構與分享的行為，因此華人傳播研究指的是在華人社會所觀察的現象，
或是植基於中華文化所呈現出的華人角度理論或觀察。然而，在探討何

謂「華人傳播」乃至「華人組織傳播」時,重點並非只在定義「華人傳播」和「文化」,真正需要深思與論證的前提是「華人」與「華人文化」的本質(秦琍琍,2000)。這些年來,中華文化在台灣、港澳和大陸早已發展出各自的脈絡與意涵,並非是一普同的文化,何謂華人乃至華人文化,在兩岸三地自有傳承與變遷;在探討文化時,若只圍繞在現有文化定義的整理,而不對全球化/在地化的視野與關係進行梳理,則顯然無視於文化的動態性,也缺乏從知識論和本體論建立一套知識詮釋架構的可能。

華人傳播之興起,正因為我們認為文化對行為的牽制與影響,是不能全盤將西方學說移植到東方社會,而嘗試著從中華文化的角度提出不同的論說,包括從儒家、道家、佛家與法家對華人傳播行為的影響,試圖建立傳播學內不同概念的、適合解釋東方人思想與行為的理論。然而,華人文化在海外、在台灣、在港澳和在大陸亦自有其發展脈絡與異同處,因此一味的「移植」與「挪用」西方理論與方法固然不可取,但將華人文化視為對照於西方文化的普同整體,而忽略從主位研究的概念檢視各個研究場域的歷史與社會發展,並描述在地的特殊文化與其意涵,不僅侷限我們對於華人社會文化真實的瞭解,亦無法說明各個華人社會文化的異同處。

由於組織傳播為一跨學門之領域,因此在學科發展的過程中,除必須界定範疇與內涵外,亦須具體的將傳播的本質與當代的組織現象做一連結。此外,為了更瞭解人類在組織情境中的各樣活動、認知與態度,以及真實的建構與維持,研究的課題勢必將包含個體、人際關係、社會性互動、組織制度與架構、文化,以及整體的社會文化結構等層次,而這也正是傳播學門一向以來所關注的核心焦點(Craig, 1989; Rogers & Chaffee, 1993)。此種以研究課題(或主題)為導向的看法,固然具備了目的性與實務性的特質,使得理論建構與理論導向的能力相對降低,而突出其實踐學科的特性;然另一方面,也正因著此一特質,使得組織傳播得以兼容社會科學與人文學科的理念傳統,而能有一個更廣闊的空間進行論

述與研究，或許，這樣一來反而更能凸顯理論建構的真諦——實踐與應用（Craig, 1993; Littlejohn, 1996）。

在地的研究取徑與關懷固然有許多方法可以使用，像陳世敏（2002）即提出以中國傳統之方誌學來進行華人社群的在地研究以貼近在地實情，此種理念本身即與組織民族誌（organizational ethnography）來探究在地組織文化與真實的理念相通。組織民族誌是一植基於民族誌研究的田野調查法，因此在理論建構與研究取徑的本體論與知識論等層次上，是在闡釋典範的脈絡中。在此深受人類學、現象學與解釋學影響的研究典範中，雖然亦存在著許多相異的學說與論點，但其意涵總不外乎自研究者對於「組織成員理解」的理解過程中（making sense of the organizational members' sense-making），來探究在此文化體系中的各種意義。

正因為組織的社會情境範疇與研究場域界限的顯明與集中，使得組織民族誌研究既不會像針對整個社會文化的民族誌研究操作困難，也比其他實證研究的方式更能展現在地組織真實與文化的建構過程與意涵，使得其成為研究組織文化與意義的極佳方式（Rosen, 1991）。因為其從一個全觀（holistic）的角度出發，去理解與建構組織成員每日生活的社會模式與態度認知（Werner & Rothe, 1979），以及人們如何經由溝通、合作與協調的努力，將組織真實與共享意義具體的呈現。在此同時，語言與社會互動建構真實的過程，亦可經由論述分析（discourse analysis）與傳播方誌學（ethnography of communication）來進行更微觀與精細的分析。

既然是在組織中進行民族誌的研究，研究者即成為整個研究的重點之一。沿襲了民族誌學的最終研究目的，即是在此探索中更瞭解研究對象與自己（Spooner, 1983），如此一來，在進出田野的過程中，受到衝擊或發生轉變的，絕不單是那些被觀察研究的人，當研究者進入／浸入場域裡內以及那些被研究者的生活與生命時，對其本身的衝擊與震撼往往亦不小。

另一方面，由於組織的複雜程度並不亞於任何一個社會，它既是一

個整體社會的縮小版，其中充滿了各種年齡、性別、宗教、政治、族群與意識形態的衝突與矛盾；又因著組織任務與功能的特殊性，成員往往似乎只是理性的因著不同的原因，每天朝九晚五的進出組織，這種組織內／組織外的二元化（the inside/outside dichotomy）狀態，又使得研究者在研究組織文化與意義時，永遠必須顧及一個更大的社會文化意義體系。

當組織民族誌的意涵與組織場域的本質釐清時，我們可以知道研究的核心並非只是資料的蒐集與分析過程，乃是在於研究者與被研究對象的角色認知與互動關係上。這兩造（特別是研究者）對彼此角色與關係的認知與定位，會影響到研究如何設計、資料如何蒐集分析與使用，以及互動的過程與期望。

朱元鴻（1997）曾為文論述民族誌研究的「冥界」，他認為在研究過程中，研究者與被研究者的關係終究逃不出「背叛、洩密與出賣」的宿命。即使，做過相關研究的學者，在某種程度上都會同意他的想法。但這也提醒了研究者在實踐的過程中，須注意以下幾點：

首先，在設計研究、進入場域、離開田野、書寫報告的過程中，研究者必須不斷的自問「我是誰」、「我為什麼做這個研究」及「這個研究是為誰而做的」等基本問題。唯有真實的面對這些問題，才有可能真實（或更趨近於真實）的面對自己和研究對象。

當然，問題的答案或許因人而異，也未必所有人都會同意朱元鴻的論點，但多數在田野中進出的研究者都會同意，我們唯有透過面對這些問題和尋求答案的過程，釐清並反省自己的態度、角色、目的與動機等，才有可能問心無愧。舉例來說，在組織真實與文化的研究中，研究者因著論證與觀點的不同，研究焦點、研究目的與研究動機自然不同；而在民族誌研究中也存在著傳統民族誌研究（traditional ethnography）、自剖性民族誌研究（confessional ethnography）、戲劇式民族誌研究（dramatic ethnography）與批判的民族誌研究（critical ethnography）（van Maanen, 1995）等取向的差異，反映出研究者不同的研究旨趣、方式與風格。

其次，研究者在資料蒐集與分析的過程中，與其一味死守方法，斤斤計較於要採「薄描／厚描」、「主觀／客觀」、「在內／在外」等概念時，倒不如先問問自己究竟把研究對象視為「人」或只是單純的取樣「對象」（as a human being or a subject）？這樣的思考，其實已從傳統強調「厚描」（thick description）的概念中跳脫，轉而強調要做一個更具有「民族誌味道」的研究（Wolcott, 1995）。因為進行民族誌研究隱含了對於其所研究文化的一種持續性對話的責任，這樣對話的本身具有既是過程又是結果的雙重性，其目的強調必須使涉入研究的任何一方經由參與此對話的過程中覺得滿意，而沒有被出賣、傷害或背叛的感覺。

　　最後，民族誌研究如要脫出如朱元鴻所說的悲觀「宿命」，必須增強研究本身的力量與張力，如Ceglowski（2000）所說「研究力量」（research power）的展現，並不只在研究者最後是否要介入，或點出場域中存在著的衝突與矛盾，而是在於其是否能完整的呈現出研究場域中的社會真實與社會正義（social reality & social justice），以及它們是如何在組織成員每天的生活中被建構、傳播與經驗著的（Altheide & Johnson, 1997）。

　　這種如Clifford與Marcus（1986）所說的再現性的書寫與描述文化，其實亦是一種文化建構的形式（Freeman, 2000）。如果回到傳播的角度來看，研究者冀望藉由組織民族誌所探求的「意義」，除了存在於組織中成員互動的過程與結果外，同時也存在於研究者與被研究者互動的過程與結果中，因此，在這個如同Schwandt（1999）文章所說的 "on understanding understanding" 的過程裡，正是在地意識和組織真實得以彰顯與建立之處。

第四節　華人組織傳播學發展的挑戰與轉機

　　組織傳播學在地化發展的內涵亦涉及學術的主體性，是需要覺察與體悟，而在真實生活脈絡中實踐出來的。西方學者Jones等人（2004）提出，組織傳播的發展面臨著理論與方法論的創新、倫理面向的強調、研究分析從微觀到鉅觀層次的挪移、新組織結構與科技的發展、對組織變革的瞭解與組織多元化的探究等六大面向的挑戰。然而，西方對此學門發展的反省之於我們又會是什麼呢？

　　華人組織傳播學的發展，一方面跟西方同樣必須面對一個整合領域如何發展成為獨特學門的挑戰，另一方面則在於能否建構出有別於西方觀點與在地特色的知識體系。這也回應了本書開頭所提出的，應對「組織傳播的理論建構和研究取徑如何反映其多元和跨學門的特性？」「在全球化和科技發展中如何瞭解傳播及組織的變革？」以及「在此變革中我們應如何思考倫理議題？」等面向進行反思的呼籲。

　　本章結語提出幾個論點，供有心致力於組織傳播學在地化發展之學者參考。針對華人社會發展組織傳播所面臨的主要挑戰，首先需要進行的是對於組織傳播的再定義與再思考。目前，有人廣泛的將其定義為「研究組織對內與對外的溝通過程」，然而這樣的定義在相關研究主題上，未必能強調組織傳播所擁有的核心概念，且是無法由其他相關社會學科所取代的，這也正是為何先前文獻探討顯示兩岸組織傳播研究範疇均有無法釐清的困境之故；而若將組織傳播狹義的說成「發生於組織內的傳播行為」，則即使比較具有領域的主題性，卻仍然陷於下置在組織與管理學門邊陲化的情況。

　　目前既存的華人組織傳播研究概念，主要是將傳播理論放入組織脈絡中；然而正因傳播理論的多元與分殊，特別是兩岸三地傳播學門發展偏重新聞與大眾傳播，致使相關研究多著墨於應然分析並提供解決方案，而

缺乏描述性的實然分析、以及對於為什麼有此現象的探討。因此從研究的觀點來看，應避免單一論點與方法論的狹隘與侷限，而能從不同的角度探討當代人的工作與生活場域，並解決其中的問題。

其次，在對組織情境進行研究時，其所關切之情境層次，應不只侷限於組織內部或部門間，對於組織所處之環境的歷史脈絡與當時之社會議題亦應有所關注。畢竟，沒有組織是存在於真空狀態中，社會文化等環境的變遷常常對組織文化與真實有著深遠的影響。

因此，在重新闡述組織傳播定義與範圍的同時，也應進行多層組織傳播理論（multilevel organizational theory）的建構與實踐，以將傳播的理念與當代組織的現象做具體連結。回顧先前華人組織傳播研究，多分為鉅觀思考與微觀思考，但當代社會科學研究已逐漸強調多層次思考的中間取向（meso approach），如此對於組織真實的理解由微觀的行為開始，進入到結構與環境等鉅觀議題，再同時考量組織脈絡，則不僅能呈現出人際、團體、組織與跨組織各個研究層次的關係，更能呈現溝通行為與過程的在地現象與意涵，這也是思考「組織傳播的理論建構和研究取徑如何反映其多元和跨學門的特性」問題的方向之一。

最後，今日組織傳播學研究的思維，就本體論而言，已從現代性的存有（being）轉成後現代性的形變（becoming），傳播不僅是組織生活的中心，更是建構文化與權力的要素。因此，當思考「在全球化和科技發展中如何瞭解傳播及組織的變革」時，則需要進行理論與實務／實踐、西方與本土，以及在地與全球等部分的扣連與共構，如此，華人組織傳播學的發展除進行理論的建構外，更應強調華人社會組織溝通行為、過程與意涵的獨特性；當然這也需要良好與建全的學術環境、足夠的研究人力和知識的傳承方能達成。

組織傳播在華人社會雖仍是一塊有待耕耘的田地，但其發展之脈絡確已漸然成形。雖然此一脈絡與北美之源起和發展不盡相同，但隨著研究論述與成果的累積，華人學術界與實務界對此學門之認識也漸漸增加。然

而，對於多數之我輩而言，若能藉由研究與教學經驗的累積，為組織傳播學在地化發展盡一份心力，以建立華人的組織傳播理論與知識，並能與國際學術社群進行對話，才是我們所衷心企盼的。

 參考文獻

中文部分

王晨（2006）。〈組傳傳播的新媒介技術運行分析〉。《科學訊息》，9，357。

朱元鴻（1997）。〈背叛／洩密／出賣：論民族誌的冥界〉。《台灣社會研究季刊》，26，29-65。

汪琪、臧國仁（1993）。《傳播學門人力資源的現況分析——1993》。行政院國家科

　　學委員會專題研究計畫成果報告。

汪琪、臧國仁（1996）。《傳播學門規劃報告》。行政院國家科學委員會專題研究計畫成果報告。

李秀珠（2004）。〈組織傳播：源起、發展與在台灣的現況〉。翁秀琪編，《台灣傳播學的想像》，265-304。台北：巨流。

林瑞基（1991）。《組織傳播》。湖南：湖南文化出版社。

周雲倩（2007）。〈組織傳播視閾下的企業內刊現象〉。《今傳媒》，2007/03，23-24。

胡河寧（2005）。〈組織意象圖式中的組織傳播隱喻〉。《安徽大學學報》，29(6)，137-142。

胡河寧（2007）。〈組傳傳播研究的學術路徑〉。《學術研究》，1，121-125。

胡河寧（2010）。〈中國組織傳播研究三十年述評〉。取自 http://wenku.baidu.com/view/d92e2342a8956bec0975e3dd.html。上網日期：2010 年 12 月 15 日。

胡銀玉、胡河寧（2008）。〈我國組織傳播研究的發展歷程——二十年來組織傳播研究綜述 1988-2007〉。《今傳媒》，2008/06：36-37。

翁秀琪等（2001）。《台灣傳播學門之回顧與展望》。行政院國家科學委員會專題

研究計畫成果報告，NSC 2420-H-004-008。台北：政治大學新聞系。

翁秀琪（主編）（2004）。《台灣傳播學的想像》。台北：巨流。

秦琍琍（2000）。〈組織傳播的源起與發展現況〉。《新聞學研究》，63，137-160。

孫旭培（2006）。〈中國新聞與傳播研究的回顧〉。《中華傳媒網》。取自 http://media.people.com.cn/BIG5/40628/41747126.html。上網日期：2010 年 11 月 3 日。

徐美苓（2004）。〈健康傳播研究的回顧與展望——從國外到台灣〉。翁秀琪編，《台灣傳播學的想像》，479-542。台北：巨流。

陳世敏（2000）。〈傳播學入門科目的現實與理想〉，《新聞學研究》，65，1-18。

陳世敏（2002）。〈華夏傳播學方法論初探〉。《新聞學研究》，71，1-16。

陳國明（2001）。〈海外華人傳播學研究初探〉。《新聞學研究》，69，1-28。

陳韜文（1992）。〈香港傳播研究的回顧與前瞻〉。朱立、陳韜文編，《傳播與社會發展》，417-442。香港：香港中文大學新聞與傳播學系。

陶紅（2002）。〈組織傳播學：中國組織傳播研究的創新之作〉。取自 http://big5.xinhuanet.com/gate/big5/news.xinhuanet.com/newmedia/2010-04/12/c_1227904.html。上網日期：2010 年 11 月 15 日。

須文蔚、陳世敏（1996）。〈傳播學發展現況〉。《新聞學研究》，53，9-37。

黃孝俊（2001）。〈組織傳播的研究模式及思考〉。《浙江大學學報》，31(5)，112-117。

黃懿慧（2004）。〈台灣公共關係學與研究的探討：1960-2000〉。翁秀琪編《台灣傳播學的想像》，441-476。台北：巨流。

黃懿慧（2010）。〈華人傳播研究：研究取向、辯論、共識與研究前提〉。《新聞學研究》，105，1-44。

趙雅麗（2004）。〈台灣口語傳播學門發展之綜論〉。翁秀琪編《台灣傳播學的想像》，115-164。台北：巨流。

劉海波、陳曉霞（2006）。〈試論學校教育的組織傳播屬性〉。《中國西部科技》，6，66-67。

劉雙（1997）。〈國有企業的組織傳播文化與組織效益〉。中華傳播學會 2009 年會。台北：政治大學。

鍾振昇（1994）。〈組傳祕方——組織傳播研究與教育之新模式〉。《新聞學研究》，48，237-257。

顧孝華（2007）。《組織傳播論》。上海：交通大學出版社。

顧偉泉（2005）。〈網路環境下高校組織傳播系統的構建〉。《黑龍江高教研究》，2，29-30。

英文部分

Adams, K. L. (2003). Of all things, communication is most wonderful. *Western Journal of Communication, 67*(4), 449-552.

Altheide, D., & Johnson J. (1997). Ethnography and justice. In G. Miller & R. Dingwall (Eds.), *Context and method in qualitative research* (pp. 172-218). Thousand Oaks, CA: Sage.

Berger, C. R. (1977). Interpersonal communication theory and research: An overview. In B. D. Ruben (Ed.), *Communication yearbook* (vol.1, pp. 217-243). New Brunswick, NJ: Transaction Press.

Bond, M. H. (Ed.), (1986). *The psychology of the Chinese people*. Oxford: Oxford University Press.

Chen, G., & Chung, J. (1994). The impact of confucianism on organizational communication. *Communication Quarterly, 42*, 93-105.

Chin, L. (1994). "Keeping the faith: A metaphor analysis of cultural transformation in China airlines". Texas Conference on Organizations, Lago Vista, TX.

Chin, L. (1997a) "Bridging the past and the future: An ethnographic study of a Chinese/Taiwanese organization during a time of change". The Annual Meeting of the Western States Communication Association, Monterey Bay, CA.

Chin, L. (1997b) "The talking culture of TECO: Communication patterns of A Taiwanese organization during a time of change". The 47th Annual Meeting of International Communication Association, Montreal, Canada.

Chin, L. (1998). " The impact of organizational culture on organizational conflict: A field study at Ford Lio Ho in Taiwan". The 48th Annual Meeting of International Communication Association, Jerusalem, Israel.

Clifford, J., & Marcus, G. E. (Eds.). (1986). *Writing culture: The poetics and politics of ethnography*. Berkeley, CA: University of California Press.

Craig, R. T. (1989). Communication as a practical discipline. In B. Dervin, L. Grossberb, B. J. O'Keefe, & E. Wartella (Eds.), *Rethinking communication, vol. 1, paradigm issues*. Newburg Park, CA: Sage.

Craig, R. T. (1993). Why are there so many communication theory? *Journal of Communication, 43*(3), 26-33.

Craig, R. T. (1999). Communication theory as a field. *Communication Theory, 9*, 119-161.

Deetz, S. A. (1994). *Communication yearbook, 17,* 565-600. Thousand Oaks, CA: Sage.

Eisenberg, E. M., & Riley, P. A. (1987). Organizational symbolism and sense-making. In G. Goldhaber & G. Barnet (Eds.), *Handbook of organizational communication*. NJ: Anlex.

Fisher, B. A. (1978). *Perspectives on human communication*. NY: Macmillan.

Freeman, M. (2000). Knocking on doors: On constructing culture. *Qualitative Inquiry, 6* (3), 359-369.

Gouran, D. S., Hirokawa, R. Y., McGee, M. C., & Miller, L. L. (1994). Communication in groups: Research trends and theoretical perspectives. In F. L. Casmir (Ed.), *Building communication theories: A socio/cultural approach* (pp. 241-268). Hillsides, NJ: Lawrence Erlbaum Associates.

Hawes, L. C. (1976). How writing is used in talk: A study of communication logic-in-use. *Quarterly Journal of Speech, 62*, 350-360.

Jones, E., Watson, B., Gradner, J., & Gallois, C. (2004). Organizational communication: Challenges for the new century. *Journal of Communication, 54*(4), 722-750.

King, A.Y. (1991). Kuan-his and network building: A sociological interpretation. *Daedalus*, 120, 63-84.

Kuhn, T. S. (1977). Second thoughts on paradigms. In F. Suppe (Ed.), *The structure of scientific theories* (pp. 459-482). Chicago, IL: University of Illinois Press.

Littlejohn, S.W. (1996). *Theories of human communication* (5th ed.). Belmont, CA: Wadsworth.

Lowery, S. A., & DeFleur, M. L. (1988). *Milestones in mass communication* (2nd ed.). NY: Longman.

Mumby, D. K. (1997). Modernism, postmodernism, and communication studies: A reading of an ongoing debate. *Communication Theory, 7*, 1-28.

Penman, R. (2000). *Reconstructing communication: Looking to the future*. Mahwah, NJ: LEA.

Putnam, L., & Cheney, G. (1985). Organizational communication: Historical developments and future directions. In T. Benson (Ed.), Speech communication in the 20th century (pp. 130-156). Carbondale: South Illinois University Press.

Rogers, E. M., & Chaffee, S. H. (1993). The past and the future of communicaiton study: Convergence or divergence? *Journal of Communication, 43*(4), 125-131.

Rosen, M. (1991). Coming to the terms with the field: Understanding and doing organizational ethnography. *Journal of Management Studies, 28*(1), 1-24.

Scherer, A. G., & Steinmann, H. (1999). Some remarks on the problem of incommensurability in organization studies. *Organization Studies, 20*, 519–544.

Schwandt, T. S. (1999). On understanding understanding. *Qualitative Inquiry, 5*, 451-464.

Sheer, V. C. (2010). Transformational and paternalistic leaderships in Chinese organizations: Construct, predictive, and ecological validities compared. *Intercultural Communication Studies, 19*, 120-141.

Sheer, V. C., & Chen L. (2004). Improving media richness theory: A study of interaction goals, message valence, and task complexity in manager-subordinate communication. *Management Communication Quarterly, 11*(1), 76-93.

Song, Z., & Chen, L. (2007). A qualitative study of organization hero stories in two Chinese companies. IIC Annual XXX, 259-288. Thousand Oaks, CA: Sage.

Spooner, B. (1983). Anthropologists and the people they study, and the significance of anthropology for non-anthropologists. Unpublished lecture notes, University of Pennsylvania.

Van Maanen, J. (1995). Style as theory. *Organizational Science, 6*, 133-143.

Werner, W., & Rothe, P. (1979). Doing school ethnography. *Monograph Series, 2*. The University of Alberta.

Wolcott, H. F. (1995). *The Art of fieldwork*. Walnut Creek, CA: AltaMira Press.

Yang, K. S. (1986). Chinese personality and its chang. In M.H. Bond (Ed.), *The psychology of the Chinese people* (pp. 106-170). Oxford: Oxford University Press.

Chapter 9

現代主義、後現代主義與本土組織傳播學研究的再思[*]

---

[*] 本章內容改寫自(1)秦琍琍（2004）。〈建構／解構組織——現代主義、後現代主義與組織傳播學研究的再思〉。中華傳播學會2004年會。澳門。(2)秦琍琍（2006）。〈建構／解構組織——現代主義、後現代主義與本土組織傳播學研究的再思〉。成露茜、黃鈴媚編，《傳播學的傳承與創新》。台北：世新大學出版。

第一節　解構與建構組織

　　自1970年代的典範大辯論（the Great Paradigm Debate）開始，傳播領域的學者們似乎從不間斷的對我們所處的學術定位、所進行的理論建構與所使用的研究取向等，進行回顧與展望，而這些思辯的過程與結果，也分別在1983年與1993年的傳播期刊（*Journal of Communication*）中有具體的揭示。雖然在過去幾十年間，學者們對於如何定義傳播，以及如何釐清各次級傳播領域的範疇等問題上並無法達成共識，但在每次的辯論、回顧與展望中，我們對於自己所投入的研究領域——人類傳播所需要的知識基礎之輪廓，卻是越來越清楚。

　　組織傳播學這個在華人社會尚未受到應有重視的研究領域，於其發源地美國仍持續發展，學者除呼籲在研究主題、研究方法與研究範疇上應不斷擴大與加深外（DeWine & Daniels, 1993; Eisenberg & Goodall, 2001; Poole, Putman, & Seibold, 1997），也指出此研究領域正在典範轉移中。所謂的移轉主要是在於對「組織」的認知，從一個非常強調理性的論點，轉移到一個全面向的動態（transactional）論點（Putnam & Pacanowsky, 1983; McPhee & Tompkins, 1985; Taylor, 1993, 1995; Taylor, Cooren, Giroux, & Robichaud, 1996）。

　　這除了反映各界對於「組織」和「傳播」兩個概念的本質、意涵，以及兩者間關係有著不同的看法外，也使得在從事組織傳播研究時，形成了兩種完全不同的認知與定位：對某些人而言，組織才是研究的焦點，因為傳播是產生於組織中的（communication is produced within an organization）（Mintzberg, 1979; Morgan, 1986）；然而對於另外一些學者而言，傳播是任何組織研究的中心點，唯有經由傳播，組織與其架構才能產生（communication generates organization and its structure）（Weick, 1969, 1979 ; McPhee & Tompkins, 1985; Taylor, 1993, 1995）。

這種二分法，簡單的來說，即如Smith（1992）指出，我們對於組織傳播學研究的認知可分成由組織到傳播（organization→communication）和由傳播到組織（communication→organization）兩種。此認知途徑也代表了研究者對何謂組織、何謂傳播與兩者間關係為何的基本假設，以及如Taylor（1995）所說的世界觀的差異。這種根深柢固的歧見，也影響到探討新的研究課題，如組織多元化、虛擬化或是全球化時所採取的論點。對於採「傳播乃為組織建構源頭」論點的學者們，若從傳播的觀點出發，則新世紀的研究焦點其實不在於新的組織形式，而在於新的組織建構過程，以及傳播在其中所扮演的角色（Putnam, 2001）。

　　自1980年代起，從事組織傳播研究的學者們，即認為這個領域正在進行典範的轉移（Lincoln, 1985; Putnam & Pacanowsky, 1983; McPhee & Tompkins, 1985）。當然，典範的轉移勢必源起於對後設哲學部分的基本認知不同，由於對何謂傳播、何謂組織的本質界定不同，以及對如何去探究組織現象的取徑與方法的差異，使得此一學門漸漸呈現出兩個分歧的論點。

　　Morgan在極有影響力的一本書《組織意象》（*Images of organization*, 1986）中，曾對組織的本體（organizational ontology）提出過精闢的見解。他認為事實上我們對於所謂「組織」的認知，是概念性而非物體性的（conceptual but not physical），而這個概念的本質（essence）是經由我們想像（imagination）的連結，並將其建構在我們所知道的事物（object）之上的。換句話說，我們對組織的認知，其實是植基在隱喻（metaphor）的轉換之上，這也正是為什麼我們常把自己所處的組織比喻成機器、細胞、有機體、大家庭、小社會等等。

　　雖然，Morgan的書提供了一個新的視野去瞭解組織，但是其書的重點卻對組織與傳播兩個概念的連結著墨甚少。而另一名學者Smith（1992）則從文獻探討中重新出發，由基礎隱喻分析中，發現組織傳播學者們對組織與傳播兩個概念，以及這兩者之間關係的認知，有三種不同

的看法：(1)一些學者從「容器」（container）的概念出發，認為傳播是發生（或是存在）於組織裡面，組織中既然本來就有人，自然也就會有傳播行為；(2)另有一派學者則採用「產製」（production）的概念，認為不管是傳播產生組織，或是組織產生傳播，或是兩方面同時進行，任何組織真實的建構都是由傳播互動而出的產物；(3)第三派學者則視組織與傳播為「同義」（equivalence），即這兩者其實是一體之兩面，端看從哪個面向去討論罷了。

Smith所分析出的隱喻類目，正說明了學者們對於從事組織中的傳播研究時所抱持的基本差異，乃在於視其中之一為「主體」（figure），另一者為「襯底」（ground）（Taylor, 1995）。這種前景（foreground）與背景（background）的關係，也即是代表了對組織傳播學研究的認知是由組織到傳播，還是由傳播到組織的。對於許多持實證—功能論的管理學者和傳播學者而言，應該是先有組織才有傳播，傳播既是發生在組織中，充其量也只是反映組織現狀，或是達成組織管理目標的工具而已；然而對於另一派學者而言，沒有傳播互動則根本無法產生組織，傳播並非只是反映組織現狀，而是在建構組織真實。

如此的辯論，並非是陷入了「雞先生蛋，或蛋先生雞」的漩渦中，而是涉及到我們對於何謂組織本體論的辯證上，以及如何研究組織中傳播現象的知識尋求過程中。本章從(1)本體論與知識論的面向上討論不同的論證觀點、理論建構以及研究取向；以及(2)由傳播的論點出發，分別從現代性與後現代性組織傳播學研究的差異中，探究組織文化、權力與掌控等重要課題，以及組織真實的再現，希望對本土組織傳播學研究未來之走向提出一些看法，並思想組織傳播學研究的終極目標。

第二節　組織的後設論證

　　從本體論的面向來說，則問題的核心直指「組織」一詞的本質與意涵究竟為何。在1993年與1995年的論文中，Taylor認為傳統的論點在回答什麼是組織時，乃是將其視為一個結構性的實體，並且深深受到了其所處環境的左右。這個實體的內部結構如同網絡一般，乃是由人、事及物所扣連起來，整個結合成的一個生產系統，同時不斷的與其外在環境進行輸入與產出的互動。

　　此本質的深層意涵在於視組織為機器（machine）或是有機體（organism），一般深受其環境所影響，一旦環境改變，則組織的結構與內在各部分的關係也將隨之調整，以適應改變。這樣的一個輸入與產出的論點，強調實體是客觀存在著的，因此任何組織經驗都可以具體呈現與測量到的，尤其是效能和產能更是檢視的重點。

　　因此，傳統組織學中無論是採古典管理理論、人際關係學派、決策理論或是系統理論等學派，均視組織為結構的運作，而其中個體成員的參與只是被動或次要的，雖然這些學派對於組織中傳播研究的關注點有所不同，但傳播於此被視為是組織運作中所產生的一種產物。

　　相對於上述論點，則有另一派學者深受Anthony Giddens（1979）的結構化理論（theory of structuration）所影響，視組織為一連串產製與再產製內部結構和要素的過程（Varela, 1989）。組織的深層意涵乃決定於結構和要素的產生過程，以及其間所互動產出的關係，而此一關係並非是全由外部環境所左右的。所以，當外部環境變動時，組織固然會做出調整，但整個結構的調整乃是經由各個要素間不斷互動的過程所達成之結果。

　　這樣的過程其實是非常動態的，因此強調資源依賴理論、生態學理論與組織週期理論等論點，不僅關注組織與環境間的互動關係，更超越了

傳統只從技術與經濟的面向去檢視組織中的現象，轉而注意到組織間，以及組織與環境間，在社會、政治和法律等面向上所產生的議題。傳播在此則不僅僅是組織所產出的一種產物，更是創造組織產物的產製者。

近年更有學者視組織如會話（Broekstra, 1998）或對話般（Eisenberg & Goodall, 2001），強調更深層的去瞭解人類是如何的建構與運作組織。換言之，這類的學者主張從多元以及變動中的組織情境裡，去瞭解組織成員是如何的經由互動，創造出組織的真實以及對自我與他人的認知。也因此，現代組織所追求的乃是在個體的創造力和組織的拘束力間尋出一個平衡點。

當學者們將組織視為論述而進行分析時，並非只是單指研究組織中所產生的論述而言，其所指陳的意涵乃是視組織為其成員的論述所建構出來的（Mumby & Clair, 1997）；換言之，組織論述乃是其成員藉以共創組織真實、結構以及認知框架的主要途徑。也正因為組織論述實踐的場域乃在每一天的組織運作過程中，因此研究組織論述文本的範疇變得十分多元。

若從知識論的面向出發，則其核心問題為「我們應如何去瞭解／研究一個組織？」這其中主要陳述了應使用何種方法，以及採取何種取徑的意涵，而答案自然是因著對上述本體論的差異而有所不同。

對於持傳統論點的學者而言，如果一個組織的產出端視其受外在環境的輸入而定，則檢視其結構和產出最好的方法，就是使用實驗法控制輸入的變項，觀察其產出並形成假設，以重複驗證此一過程達成確認。從十九世紀起迄今，許多學者受到自然科學發展的影響，採用此一科學實證的取向，專注於因果關係的研究（Taylor, 1995）。對於組織中的人類行為，研究者主要的目標在於尋找出其一些固定的法則，以供預測與管理。因此，在組織的情境中，管理學者們即沿襲著自啟蒙時代以來「現代性」的精神，遵循著所謂的科學方法來追求知識的傳統，主張從可以獲得證實的經驗觀察中，去找出人類組織行為的因果關係，以期透過理性檢

驗的過程達到可以預測的結果，特別是在組織的生產力和問題解決的面向上，能夠為組織謀得最大的經濟利益。

這些「現代主義」的思維，藉由對於理性和知識的追求過程，瓦解了以往人們對於傳統價值、迷思，甚至於威權的認知，於是如Taylor和Weber等學者所提出的理性管理和官僚體制等學說成為主流，因而在論及人際關係、工作的品質，甚至是組織規範等議題時，學者都習於從管理的效率和效能面出發，探究如何能更有策略性的理性控管。這些基本假設在近代漸漸受到了挑戰，因為對於許多有心更深入瞭解組織現象的人而言，如果組織不是一個硬梆梆的實體，而是經由社會互動所產製與再產製（produce and reproduce）的一個抽象性概念，那麼探究組織行為的過程就絕對不是先前所謂的「客觀」或「科學化」的操作，而是必須去尋出人們行為背後對此概念的闡釋與所代表的意義。

也正因為人在瞭解世界與自身上面，永遠存在著一些最基本的限制，所以當我們希望去理解他人的認知與思想時，其過程和方法自然是無法「操作」的，因此我們只能運用一套系統性的研究過程去探究組織和傳播，而研究結果的好與壞，不是取決於傳統信度與效度的類目上（因為這也是由人所定出來的），乃是在於是否合理、真切與有足夠的說服力（Taylor, 1995），這一切認定的終極，乃端賴於研究社群中的所有對話。

許多學者對於Weber等人對於現代社會組織所提出的所謂技術性、工具性與科學性的解決方式已漸感不耐，原因無他，因為在現代的社會組織中，一種過度依賴現代主義論點的衝突，正取代了以往現代主義與傳統論述的衝突，正如Horkheimer和Adorno所言，現代主義某種程度上亦是植基於迷思（myth）之上。

而若是將組織視為「論述」，則有另一派學者從Foucault的論點切入，認為Foucault對於論述的概念其實是策略性的（the tactical use of the concept of discourse）（Cousins & Hussian, 1984），因此論述與論述的形

構（discursive formation）對Foucault而言，必須從社會、歷史、文化與組織資源的角度，去檢視其是如何的與知識系統的形構連結，以及其是如何的建構出真實與權力的。

Foucault（1988）所認為的真實，乃是一種真實的遊戲（the games of truth），真實的建構必須經由語言論述，然而這樣的過程，必然是有個說者或有權力運用語言文字的人；相對的，會有聽者或是受話的對象。這種過程，由於必然牽涉到彼此在社會文化中的階級地位和角色扮演，以及誰有權說和說什麼的論述的形構，因此永遠蘊含著一種權力的關係，而這也指陳出知識系統（即何為知識、誰能論述此等知識，以及透過此種知識是如何看待個體等）也都與權力有關。

雖然學者對於現代主義與後現代主義間的關係有著不同的看法：有人認為後現代主義其實延續了現代主義的內涵，有人認為兩者間的本質是斷裂與對立的，而又有另一派學者認為兩者間既有延續又有斷裂；然而，無論兩者關係為何，後現代主義在知識論的面向上，的確更豐富了組織傳播研究的深度與廣度。

由於後現代性的思維方式不再將知識視為是個絕對又嚴謹的系統，而是將此語言體系視為是一場論述展現的語言遊戲，因此在將組織視為是論述文本而進行分析與解構時，則其方法、形式與取徑等，絕不應只定於一尊，而其研究內涵更應該對於組織中許多被視為理所當然的現狀產生質疑，這種解構與再建構的（deconstruction and reconstruction）的過程，無疑將充實了現有的理論與知識。

就方法論的面向而言，前述研究組織的傳統實證—功能論點，亦反映在傳播研究上。傳統從事組織傳播研究的學者們，仍抱持著傳播機械性的論點，視組織中的傳播為理所當然，只要訊息與指令一出，經過管道就能送到收訊者腦中，唯一只要注意噪音的干擾即可，而所有的訊息內容自然主要是以達成組織目標為主。基於上述的認知，使得一些傳統實證的組織傳播研究發現，常常是將組織問題歸咎於沒有充分的溝通上（Taylor,

1993）。

　　但對某些學者而言，組織中的任何訊息與傳播過程本身其實是非常暗昧不明的（Orton & Weick, 1992），因此，意義的建構除了訊息本身之外，還必須仰賴說者與聽者這些社會演員的互動，以及語言和符號的使用等才能達成，因為如此，新的研究取徑才會逐漸獲得重視。

　　植基於此批判—闡釋論點的研究方法主要有三：(1)除了部分學者使用組織民族誌的研究方法先進行場域研究，再進行結構性的批判外；(2)另有一部分學者使用語藝批判的理論與方法，對企業中的對話和文本進行分析；(3)同時，亦有一些學者深受傳播批判理論，以及Foucault和女性主義的影響，對組織的本質、意識形態的宰制、權力的運作與不平等現象進行論述（Carlone & Taylor, 1998; Mumby & Stohl, 1998; Mumby, 1993; Deetz, 1992; Alvesson & Willmott, 1992）。

第三節　現代主義、後現代主義與組織傳播學研究

　　組織傳播的傳統論點視訊息的流動一如在系統般的網絡中流進與流出著，其內容主要以工作指令為主，而因為此一傳播系統與內容的穩定性，對管理者而言是可以計畫與掌控的。然而，近期學者將組織傳播視為言說互動性的流動，由人們使用語言與非語言的表達所達成的。在其中人們自然而然的形成一種規則性行為，使得身處在不同傳播情節中知道該如何應對進退（Sacks, Schegloff & Jefferson, 1978），而意義並非在於會話本身，乃在於人們如何使用會話去達成多面向的互動。

　　因此，學者們分別從隱喻、故事與敘事、典禮與儀式、語藝、語言遊戲、文本、戲劇、會話和感知等，對日常的組織會話與論述過程進行分析，以瞭解組織成員所認知的組織文化與社會真實。此一研究領域呈現出兩大類型：獨白式的取向（monological approaches）與對白式

的取向（dialogical approaches）（Eisenberg & Goodall, 1993; Keenoy et al., 1997）。獨白式取向乃在於組織中尋求一個整體一致的故事（Boje, 1995），無論是在研究中採取了多少組織成員的觀點，研究者都習慣將其整合成一個單一、貫穿的論述，這也即是在1980年代初期，在研究組織文化時，許多學者都認為在任何組織中勢必存在著一個整體的文化，而此一強勢文化決定了組織的成功與失敗。Mumby和Clair（1997）視此種取向為現代性的闡釋—文化論點。

對白式的取向研究則認為，組織中存在著多元論述與多種真實，研究者無法建立一個單一貫穿的論述以抹殺多重聲音同時並存（co-exist）的現狀，而此現狀正反映出其中不同聲音和觀點的不斷角力，以爭取掌控的權力。因此，論述本身就可以解釋成是權力的來源（Deetz, 1995; Mumby & Stohl, 1991; Clegg, 1975）。Mumby和Clair（1997）視此種取向為後現代性的批判論點。

為了進一步對現代性與後現代性的組織傳播研究進行爬梳，將就組織傳播的文化研究和再現與權力概念的再建構兩個方向討論：

一、文化研究和再現

組織學與組織傳播的學者們自1980年代起，就已將研究重心放在組織文化以及各種相關議題上。雖然繼承自人類學的文化概念在歷年來的研究中被賦予不同的定義，但無可諱言的是，早期從實證—功能論點出發，將文化視為組織所擁有的傳統想法（culture is what an organization has），雖曾是主流，但在闡釋—文化論點視組織即文化（an organization is culture）的逐漸壯大下，傳統的文化論點已漸次凋零。

然而曾幾何時，在社會思潮由現代性邁向後現代性的過程中，卻也有許多學者對於闡釋—文化論點中從田野調查的組織民族誌出發，對於組織文化進行深入的理解和描述，以及生動的刻劃組織中的生活與意義和行

動的連結等面向感到不滿意,轉而倡議批判性的論點。

在這一連串的典範轉移中,許多闡釋—文化論點的學者是站在一個反對的立場,抗拒原先視為主流的功能論點所主張的所謂「社會科學方法」,而自稱為文化闡釋者(cultural interpreters)(Geertz, 1973)。因此,當此一論點逐漸成為主流時,其基本假設卻取代了原先功能論的主張,成為另一種主流論述。

「文化」一詞對這些學者而言,本身就是個符號表徵,顯明了一個組織的外在行為與內在信念,因此探究文化的方式,就由傳統的社會科學方法先定義問題然後解決問題的思維(這樣的思考模式其實是建立在認為已有一個既存的與真實的秩序存在),轉而從個體的經驗與詮釋中去尋求意義,以及經由社會互動所建構出來的秩序,於是最好的方式就是經由組織民族誌研究,透過對組織場域的觀察和組織論述的分析,不再只從管理者與如何獲利的觀點來研究組織,而是將組織視為一個社群去探究整個工作場域中的意義系統。

儘管組織符號論逐漸成為文化研究的主流,研究重心也逐漸轉移到人們是如何經由論述與對話來溝通、協調、共享意義以及建構真實的過程上。但另有一批學者亦開始強調應重視此一過程所產生的後果(consequences)。學者如Stanley Deetz、Dwight Conquergood、和Joanne Martin等人分別從意識形態、霸權、語藝的反思性(rhetorical reflexivity),以及文化的多元性與分殊性等面向上,呼籲從事組織民族誌的研究者,在探究文化的創造、維持與變革之餘,更應正視權力與宰制的相關議題。

對持批判與後現代論點的學者而言,上述的典範轉移無疑仍是在現代主義中打圈圈,依舊如Habermas(1983)所言「雖是主流,但其已垂垂死去」(dominant, but dead)。因為,後現代主義的精義乃在於抗爭(resistance)而非反對(opposition)(Smircich & Calás, 1987)。反對意味著因對既有真實(reality)或真理(truth)的不滿,而尋求用另一個

真實或真理來取而代之；但後現代論的抗爭則強調對於任何主宰的真實或真理，永遠可以存著一種質疑，而不必馬上接受。換言之，當傳統的主流思考模式只停留在辯證「真與假」的形式時，抗爭的精義乃在於以「質疑尋獲真理可能性」的理念本身，成為一種尋獲真理的可能性（Foucault, 1976）。而這正牽涉到Derrida（1974）解構（deconstrcution）的概念，去質疑、去分解、去延緩接受一些被視為理所當然的想法與論點。

於是，後現代主義對於所謂的「主流」，絕對不是只尊於一的獨攬大權，而是除此之外仍必須讓其他聲音發出來並被聽到。至於這些邊緣的或是少數的聲音與論點，其存在並不在於等待有朝一日成為重心與主流，而是持續的對既存的宰制聲音與威權提出抵抗與質疑（Smircich & Calás, 1987）。如此的真諦，則展現在對於何謂真理、何是真實等答案的多元詮釋上。

而回到組織傳播的文化研究上，則再現（representation）正是最好闡述後現代性的課題。因為在後結構主義的發展中，如Derrida（1974）的解構（deconstruction）、Foucault（1972）的知識考古學（the archeology of knowledge）、Barthes（1972）的神話論（mythologies）等，指出了一些思想的總結：首先，既然任何字（word）並沒有一個固定的意義（fixed meaning），那麼字的本身是可以與其所指代表的事物（thing）分離的；其次，即使任何字有其固定的意義，字與其所指陳的事物仍然是兩個不同的本體。而上述的概念是適用在任何我們用以代表事物的符號，如影像、聲音、數字與姿勢上的，於是，這個我們所熟知的世界，乃是我們對一切事物再現的認知（Smircich & Calás, 1987）。

再現乃是指將一件事轉換成（transform）另一件事，而經由後者我們得以瞭解前者。Smircich與Calás（1987）就曾舉例說明，任何研究論述的本身就是一種再現，因為研究者將其所認知的真實轉換成研究論文，而當其於學術期刊發表時，再現更成為一種以專家之名而說的權力。這種認知在傳統的組織研究中，從來不是問題。因為，在實證—功能論點中，只要

研究者使用正確的研究方法與過程，正確的捕捉真實自然不是問題。

　　但是再現的問題顯然對採詮釋與批判論點的學者們極為重要，因此如何在情境脈絡中再現真實，成為關注的焦點。語言作為一種再現的過程，其實包含了權力與控制，透過語言再現的組織文化重塑了成員的想像與認同，因而就後現代的觀點看來，所謂的真實其實是一種存在與不存在的遊戲（the playfulness of presence and absence）而已（Smircich & Calás, 1987），任何真實都有著多重的面向，也有著多重解讀，因此闡釋論點的組織文化研究雖然推翻了傳統論點不重視再現問題的弊病，且強調在多重的情境脈絡中理解組織成員眼中的真實並忠實的呈現，但其所謂的再現也只是在於「什麼被看到」與「如何被看到」的差異而已。

　　對於學者如Harris和Sutton（1986）、Jermier（1985）與Smircich和Calás（1987）等而言，後現代的組織文化研究重點，其實不在於用什麼研究取向，而是對任何真實的再現不斷的提出質疑（questioning），因為唯有在讀任何一篇文化研究論文時，我們將「它提供了哪些知識」、「它是如何呈現的」、「誰的觀點被呈現」、「它呈現出哪些意識型態」等問題置於腦海中，才有可能在作者所提供的某一意涵外，為其他可能存在的意涵與真實預留空間。這種批判的態度，是對任何作者的陳述與再現進行不間斷的解構過程，因為意義乃是端賴讀者而定的。

二、權力概念的再建構

　　在進入二十世紀之時，美國的工業發展由1970年代以降傳統的資本主義，進入到另一個新的里程。由於全球化與新傳播科技的衝擊，造成了革命性的改變，特別是在全球與在地的關係上，傳統的組織傳播層級被扁平、彈性的團隊組織所取代，以便能更迅速的對全球性經濟形式做出反應。而當全球工作場域的面貌產生變革時，整個挑戰的核心即在於權力的議題上。

　　早期對於權力的認知，乃是視其為某個人或某個團體所擁有且能運作的事物。French和Raven（1968）曾提出五種權力的類型：報償型的權力、高壓式的權力、參考型的權力、專家式的權力以及法理上的權力。French和Raven對權力的詮釋，其實是反映出之前對於順服的取得（Kipnis, Schmidt, & Wilkinson, 1982）以及改變行為的技術（Richmond et al., 1984）等研究取徑，主要聚焦在表面的權力運作行為，而較少論及隱藏在權力背後的結構與深層意涵。

　　而批判論點則視組織為政治運作的場域，其中充滿了霸權與宰制，因此特別強調對於女性、勞工階層，以及少數族裔等群體的權力／利的取得。組織中掌控團體所具有的意識形態和權力是批判論點關注的焦點，而此種意識形態的養成是從管理者在求學時期就開始的，在培養管理階層的商學院中，主要的學習重點即在學習如何藉由不同的技術，對被管理者進行文化與意識形態的控管（Eisenberg & Goodall, 2001）。

　　對於組織傳播的學者們而言，傳播乃是組織中權力的產生與運作最重要的場域。因此在Foucault、Gramsci、Habermas與Frankfurt學派的新馬克思主義影響下，許多學者從權力的正當性、權力的深層結構、霸權與扭曲的傳播、權力與衝突，以及意識形態的掌控等面向探討組織文化與真實（Daniels, Spiker, & Papa, 1997）。Dennis Mumby（1993）就曾說，組織從來不是一個能夠中立客觀解讀的場域，它乃是經由不同利益的團體，以及不同詮釋和再現系統所不斷抗爭所建構出的情境脈絡。因此，研究者必須更貼近他們的研究對象，從組織中被視為理所當然的運作模式、規範章程與例行的事物中，去解析組織中所隱藏的深層權力結構。

　　如果，意義是存在於不同的再現裡，那麼我們對於再現的認知就不可能停留在一個情境與歷史的恆定不變中（contextually and historically stable）（Clegg, 1998）。Foucault（1977, 1980）在其知識／權力（knowledge/power）的論點中，即認為再現乃是一種論述權力的展現，而在其《臨床醫學的誕生》（*The Birth of The Clinic*, 1975）一書中，

Foucault更視論述為社會—組織真實建構的要素，且論述更進一步的定義出這個真實的架構與內容。在組織情境中，任何論述都內含了權力與控制的關係，而這樣的權力關係對Foucault而言，是存在於組織內部有限時間與空間中一種最基本的循環結構。因此，權力的關係並不是如一場遊戲般，我們可以選擇玩或不玩，它事實上是遊戲的本身（the very nature of the game itself）（Dryberg, 1997），我們其實是別無選擇的置身於這種社會真實中。

　　Foucault之於當代組織理論的貢獻，在於其對權力的認定並非固定不變，因而關注的焦點應該是在其移轉中。對他而言，如果權力是在複雜如機器般的系統中運作，那麼在整個系統中起作用是人的位置而非主體性，因為自主性消融於位置所隱含的權力中。如此，組織中的論述並不只是單純的言談行為，而是一種陳述的系統，藉由這種形構，組織真實世界可以為成員所瞭解、應用且運作，並進一步形成主體與客體間的權力關係。透過對話語的解構，Foucault意在把深蘊在其中的權力作用機制公開，一方面消解傳統對於科學真理和理性的迷思；另一方面，也呈現了社會結構中無所不在的權力，如何馴化與消弭了人的能動性。然而，Foucault的終極關懷，應該不在否定人的主體，而是強烈質疑歷史與傳統所塑造的單一主體，他提陳的是一種藉由自發、自由的方式而解放與實踐所構造出的主體與自我（Foucault, 1988）。

　　批判的論點代表著組織研究從現代性進入後現代性的轉折，傳統重理性、強調秩序、重視階層的組織模式，轉而成為持後現代主義論點學者所推崇的一種非線性、揚棄理性與網絡模式的組織秩序。這樣的組織生活是複雜與矛盾以及多元化的。在後現代的新紀元中，無論是組織或個人都面臨新的挑戰，首先，是對於傳統組織權威模式的挑戰。越來越多的企業組織面臨縮編、重組或倒閉，於是集中的階層制逐漸傾倒成為扁平結構或是團隊的模式，因而也改變了決策、資訊處理和傳播的形式。傳統的「經理人」角色，也必須轉變為團隊的「教練」或是「協調者」的角

色。而在同時，企業組織要求員工付出更多的工作時間，於是提供了許多諸如託嬰服務、在家中上網與傳訊的設備，以求延長員工為組織效力的時間。

另一方面，對於新世代的組織成員而言，他們所具有的世界觀與工作觀，未必像其父母一般視「工作」為生命中最重要的價值，對講究家庭生活、自我意識與強調國際視野的年輕一代而言，如果「人生不是只有工作、人的價值不在於隸屬於哪個組織、人不需要一輩子只待在一個組織中工作」的話，那麼傳統的組織激勵與控制員工的策略都將不再適用。

然而，後現代的論點並不是沒有受到質疑，學者對於其批判主要有兩點：(1)對於理性的揚棄——如果沒有層級、分工、考績與集中式的控管權威，組織將如何運作？(2)以馬克思主義取代西方社會行之已久的資本主義——馬克思主義有其形成的歷史脈絡，若一味的將其理念套用在現代組織中也未必適合。

關於以上的批評，Eisenberg與Goodall（2001）認為，後現代的論點並非是反企業（antibusiness）或是揚棄理性的，而是提供了企業組織另外一個運作的方式，經由鼓勵員工對於傳統公司真實（corporate truths）的全盤解構與再建構，反而可能因為員工的參與而有助於企業的營運。事實上，後現代性的論點強調「解構」（Derrida, 1976）的概念，這牽涉到從社會、專業、政治的面向上質疑／提問對於被視為理所當然的現狀是如何被建構的？而這樣的概念使得溝通與詮釋成為組織生活的重心。傳播的實踐與符號的詮釋成為建構真實與理解文化的重要途徑，而對於既定真實的抗爭則為形塑組織的多元聲音提供了對話的機會。

第四節　對話的加入與延續

　　本章自組織傳播學門典範轉移的過程中，分別從本體論與知識論的面向上，重新檢視原本不同的論證觀點與理論建構；同時更從新的研究典範出發，陳述不同的研究取向，以深入探討組織傳播學研究中，如組織論述、組織文化以及權力與控制等重要課題。在整個論證過程中，也對組織真實與再現的問題深入探討，以凸顯其中所存在著的矛盾與弔詭本質。

　　顯然，新世紀的組織傳播學研究必須植基於上述組織情境的變動中，正因為我們每一天的組織生活，充滿了矛盾、掌控，以及充分反映出人心與人性的，因此在探究組織真實的過程中必須要採取一個反思性的論點（a reflexive approach），以期能掌握到隱藏於其中的矛盾與衝突（Dunford & Palmer, 1998）。

　　華人傳播學者目前對於組織傳播的認識，多停留在定義其為組織對內與對外的溝通，如此固然凸顯了溝通技巧的實用功能，卻欠缺對傳播本質與內涵的彰顯，這似乎與這些年來傳播學面臨學門正當性挑戰的情況相似。究其原因，除了目前從事組織傳播研究的學者的確為數甚少，且無法累積出具體的研究成果外，另一個原因則是由於學界對於「組織傳播」之定義與領域範圍的認知存在歧見，而使得一些相關研究乃被歸為其他的領域。

　　華人組織傳播學研究的分歧與轉向，反映了學者對於組織實體與傳播角色的不同認知，使得理論建構和研究取向產生分歧，也對於「組織是什麼、該如何運作，以及該如何被研究」等答案存有歧見，而從理論到實務面，也多停留在對於什麼是既存的（what is out there）（即實務或是本體論）、它應如何被知道（how it can be known）（即理論或是知識論）、和前述兩者之間的關係應為何（what is the nature of their interrelationship）（Keat & Urry, 1975）等的辯論中。

前述所提之反思性論點，應能幫助學者重新質疑與批判我們所既有的理論假設（Hassard, 1993）。理論的建立乃是不同學者在特定情境中的論述形構，一旦認清真相之後，若能透過反思與對話，那麼也許新世紀的願景不在於爭執誰優誰劣以成為主流典範，而是應如Poole、Putnam與Seibold（1997）所說，連結不同典範以讓組織傳播的研究呈現出一個更全面的發展，使我們對組織中的人類傳播與真實建構有更完整的知識產製。

所有的論述，都只是一種意義建構的再現，任何對於組織真實的詮釋，也都只是一種論點的呈現與再現，重要的並非只在於真與偽（truth or falsity）的論證，而在於我們能否體認到任何一種研究組織的取徑只是一種「看見」真實的方式，在其中都可能隱含了「沒有看見」他種真實的危險。

對於研究組織傳播的學者而言，建構理論固然是關切點，但對於置身於組織掌控和宰制的大眾而言，如何扣連理論與實務以幫助我們每天的生活與工作，恐怕是更重要的。事實上，理論、實務以及這兩者間的關係並非固定，而是隨著組織中論述的實踐而權變（contingent）與流動（fluid）的。因此，我們真的需要有更多的省思與洞見，方有可能將兩者間的關係做更精準的扣連與更貼切的論述。

雖然，在每一天的群體與組織生活中，我們都期望藉著傳播與互動以尋求一種平衡，然而多數人的組織生活卻都是不斷的在自治與控制、獨立與依賴、創意與侷限，以及彰顯自我與順從群體之間擺渡與掙扎著；雖然社會現狀以及組織研究的論點逐漸傾向後現代性與後現代主義，而對性別、族群以及文化等議題更加重視，但是回到當代華人社會的組織真實與情境中，仍不禁要問：「現在的情況如何呢？」當前的情形是否仍然如James Brown在60年代的名言：「這是個男性的，男性的，男性的世界」（It's a man's, man's, man's world.）般，仍固著於傳統的主流中呢？而本土組織傳播學研究的新契機以及與國際接軌的可能性又是什麼呢？

多年前Berger與Luckmann[2]就曾指出，社會與組織的構成都是人們經由固定的行為模式所形塑出來的，經由日積月累之後，人們又視這些行為模式為理所當然的真實而繼續遵行。此類的學說亦如Giddens（1979）在其結構化理論中所謂的結構之雙重性一般，常被引用來說明人們一方面在社會與組織中受到結構的框架與限制，但另一方面人們在此系統中所說所做的，結果又會再回去影響、衝撞與重新形塑結構。因此，在這樣一個限制與衝撞的形塑過程中，傳播的本質即是個不斷建構與再建構組織真實的過程。

　　Eisenberg和Goodall（2001）指出，人類組織生活的內涵，其實即是在個體的自我展現／創意與社群的框架／侷限中尋求平衡，而這樣的過程唯有透過傳播方可達成。也因此，這兩位學者更進一步建議將「組織」視為「對話」，並將所謂的「對話」分為三個層次：公平的互動（equitable transaction）、移情的會話（empathic conversation）與真實的面見（real meeting）。

　　對於這兩位學者而言，唯有當在組織中的每位成員都能有平等發聲的權力，同時對話的兩造都願意去瞭解對方，並且組織能確實提供對話的場域時，理想的組織傳播與平衡的組織生活才有可能發生。然而，若從批判的角度來看，當把任何人類的社會與組織視為政治與經濟角力的場域之時，這種理想要實踐的機率恐怕不高。因此，作者不打算就上述三個層次的「對話」多做討論，而想純就「對話」的本質與定義來討論，因為當從傳播的觀點出發時，「對話」本身就是我們定義自我、認識他人、建構真實以及賦予意義的最基本過程（Evered & Tannenbaum, 1992）。

　　對於Mikhail Bakhtin而言，社會生活並非是封閉有如只有一種聲音的獨白劇般，相反的，人類的社會生活是多重聲音、多重理解與多重意義同時並陳的（Baxter, 2004）。因此，儘管Bakhtin的學說對不同領域的學者

[2] Berger, P., & Luckmann, T. (1967). *The social construction of reality*. Harmondsworth: Penguin.

而言有著不同的解讀，但其所謂「對話」的與意涵，則主要是指一種將整體扣連起來（bring coherence to the whole）的概念（Holquist, 1990）。這也是為什麼他會認為生命的本身即是對話，活著的意涵即在於對話的參與（Bakhtin, 1984，轉引自Baxter, 2004）。

　　若將組織視為「對話」，則組織中的傳播不僅是文本（text）的論述與交換，更是情境（context）的勾勒與建構。因此組織傳播並非是線性或是只是單純互動性的，相反的，它是一個流動（fluid）、眾聲喧嘩（multi-vocal）、展演（performative）以及永無止境（never finished）的過程。也因此，組織應如對話一般，容許差異性的存在，而不企圖去解決、克服或是整合這樣的歧異，如此方有可能匯流出一種新的組織、管理以及權力運作的可能性。

　　對話的論點凸顯了差異（difference）乃是人類所有經驗的基礎（Baxter, 2004），也為人類的傳播開啟了新的視野，它讓傳播得以創建自我、他者，以及這兩者間的關係。如Bakhtin所說，話語並非只是反映或是呈現已存在的事物，相反的，話語總是新創前所未有的事物。而若是著重於對應（responsiveness）而非自我表述（self-expression）式的對話，那麼組織傳播學在台灣乃至華人社會的發展，也應該可以採取如Buber（1958, 1965）所建議的是一種「之間」（the between）與「自我─他者」（I-Thou）的概念來思考（轉引自Arnett, 2004）。換言之，當我們從一個「對話」的取徑來檢視知識與認同時，那麼本土組織傳播學研究的發展重點，就應該是一方面在台灣的土地上，努力發展出多元的研究取徑與成果，以建構出一套本土組織傳播研究的體系與理論架構；而另一方面也應致力於將發展出的知識體系與華人社會、全球的知識體系做一扣連，因為本土組織傳播研究體系與理論的建立，就如同自我的確立與認同般，只能定義出我們今日是如何（who we are today），但若能透過不斷與全球體系學術社群的對話，則我們更可以確立對於未來想望（who we can become）的主體性。

 參考文獻

英文部分

Alvesson, M., & Willmott, H. (1992). On the idea of emancipation in management and organization studies. *Academy of Management Review, 17*, 432-464.

Arnett, R. C. (2004). Dialogic ethic between Buber and Levinas. In R. Anderson, L. A. Baxter, & K. N. Cissna (Eds.), *Dialogue: Theorizing difference in communication studies*. Thousand Oaks, CA: Sage.

Barthes, R. (1972). *Mythologies*. NY: Hill & Wang.

Baxter, L. A. (2004). Dialogues of relating. In R. Anderson, L. A. Baxter, & K. N. Cissna (Eds.), *Dialogue: Theorizing difference in communication studies* (pp. 107-124). Thousand Oaks, CA: Sage.

Boje, D. M. (1995). Stories of the storytelling organization: A postmodern analysis of Disney as Tamara-Land. *Academy of Management Journal, 38*(4), 997-1035.

Broekstra, G. (1998). An organization is a conversation. In D. Grant, T. Keenoy, & C. Oswick (Eds.), *Discourse and organization*. Thousand Oaks, CA: Sage.

Carlone, D., & Taylor, B. (1998). Organizational communication and cultural studies: A review essay. *Communication Theory, 8*(3), 337-367.

Clegg, S. R. (1975). *Power, rule and domination*. London: Routledge & Kegan Paul.

Clegg, S. R. (1998). Foucault, power and organizations. In A. McKinlay & K. Starkey (Eds.), *Managing Foucault: Management and organization theory*. Thousand Oaks, CA: Sage.

Cousins, M., & Hussian, A. (1984). *Michel Foucault*. London: Macmillan.

Daniels, T. D., Spiker, B. K., & Papa, M. J.(1997). *Perspectives on organizational communication* (4th ed). Madison, MI: Brown & Benchmark Press.

Deetz, S. A. (1992). *Democracy in an age of corporate colonization: Developments in communication and the politics of everyday life*. Albany, NY: State University of New York Press.

Deetz, S. A. (1995). *Transforming communication, transforming business*. Albany, NY:

SUNY Press.

Derrida, J. (1976). *Of grammatology*. Baltimore, MD: Johns Hopkins University Press.

DeWine, S., & Daniels, T. (1993). Beyond the snapshot: Setting a research agenda in organizational communication. In S. A. Deetz (Ed.), *Communication yearbook, 16*. Newbury Park, CA: Sage.

Dryberg, T. (1997). *The circular structure of power: Politics, identity and community*. London: Verso.

Dunford, R., & Palmer, I. (1998). Discourse, organizations and parado. In D. Grant, T. Keenoy & C. Oswick (Eds.), *Discourse and organization*. Thousand Oaks, CA: Sage.

Eisenberg, E. M., & Goodall, H. L. Jr. (1993). *Organizational communication: Balancing creativity and constraint*. NY: St. Martin's Press.

Eisenberg, E. M., & Goodall, H. L. Jr. (2001). *Organizational communication: Balancing creativity and constraint* (3rd ed.). NY: St. Martin's Press.

Evered, R., & Tannenbaum, R. (1992). A dialog on dialog. *Journal of Management Inquiry, 1*, 43-55.

Follett, M. P. (1982). Power. In E. M. Fox & L. Urwick (Eds.), *Dynamic administration: The collected papers of Mary Parker Follett*. NY: Hippocrene Books.

Foucault, M. (1972). *The archeology of knowledge*. London: Tavistock.

Foucault, M. (1975). *The birth of the clinic*. NY: Vintage.

Foucault, M. (1977). *Power/knowledge*. NY: Pantheon.

Foucault, M. (1980). *Power/knowledge: Selected interviews and other writings 1972-1977 (ed. C. Gordon)*. Brighton: Harvester Press.

Foucault, M. (1988). The ethic of care for the self as a practice of freedom. In J. Bernaueer & D. Rasmussen (Eds.), *The final Foucault* (pp. 1-20). Cambridge, MA: MIT Press.

French, J. R. P., & Raven, B. (1968). The bases for social power. In D. Cartwright (Ed.), *Studies in social power*. Ann Arbor, MI: University of Michigan Press.

Geertz, C. (1973). *The interpretation of cultures*. NY: Basic Books.

Giddens, A. (1979). *Central problem in social theory*. London: Hutchinson.

Habermas, J. (1983). *Modernity-an incomplete project*. In H. Foster (Ed.), *The anti-

aesthetic: Essays on postmodern culture (pp. 3-15). Port Townsend, WA: Bay Press.

Harris, S. G., & Sutton, R. I. (1986). Functions of parting ceremonies in dying organizations. *Academy of Management Journal, 29*, 5-30.

Hassard, J. (1993). Postmodernism and organizational analysis: An overview. In J. Hassard & M. Parker (Eds), *Postmodernism and organizations*. London: Sage.

Holquist, M. (1990). *Dialogism: Bakhtin and his world*. NY: Routledge.

Iannello, K. P. (1992). *Decisions without hierarchy: Feminist interventions in organization theory and practice*. NY: Routledge.

Jermier, J. M. (1985). When the sleeper wakes: A short story extending themes in radical organization theory. *Journal of Management, 11*, 67-80.

Keat, R., & Urry, J. (1975). *Social theory as science*. London: Routledge & Kegan Paul.

Keenoy, T. et al. (1997). Organizational discourse: Text and context. *Organization, 4*(2), 147-157.

Kipnis, D., & Schmidt, S. (1982). *Profile off organizational influence strategies*. San Diego, CA: University Associates.

Lincoln, Y. S. (1985). *Organization theory and inquiry: The paradigm revolution*. Beverly Hills, CA: Sage.

Marshell, J. (1993). Viewing organizational communication from a feminist perspective: A critique and some offerings. In S. Deetz (Ed.), *Communication yearbook 16*. Newbary Park, CA: Sage.

McPhee, R., & Tompkins. (Eds.) (1985). *Organizational communication: Traditional themes and new directions*. Beverly Hills, CA: Sage.

Mintzberg, H. (1979). *The structuring of organizations*. Englewood Cliffs, NJ: Prentice-Hall.

Morgan, G. (1986). *Images of organization*. Beverly Hills, CA: Sage.

Mumby, D. K. (1993). Feminism and the critique of organizational communication studies. In S. A. Deetz (Ed.), *Communication yearbook 16*. Newbury Park, CA: Sage.

Mumby, D. K., & Clair, R. (1997). Organizational discourse. In T. A. van Dijk (Ed.), *Discourse as structure and process, vol. 2*. London: Sage.

Mumby, D. K., & Stohl, C. (1991). Power and discourse in organization studies: Absence and the dialectic of control. *Discourse and Society, 2*, 313-332.

Mumby, D. K., & Stohl, C. (1998). Commentary feminist perspectives on organizational communication. *Management Communication Quarterly, 11*(4), 622-634.

Orton, J. D., & Weick, K. E. (1992). Loosely couple systems: A reconceptualization. *Academy of Management Review, 15*(2), 203-223.

Poole, M. S., Putnam, L. L., & Seibold, D. R. (1997). Organizational communication in the 21st century. *Management Communication Quarterly, 11*(1), 127-138.

Potter, J., & Wetherell, M. (1987). *Discourse and social psychology: Beyond attitude and behaviour*. London: Sage.

Putnam, L. L. (2001). Shifting voices, oppositional discourse, and new visions for communication studies. *Journal of Communication, 51*, 38-51.

Putnam, L. L., & Pacanowsky, M. E. (1983). *Communication and organizations: An interpretive approach*. Beverly Hills, CA: Sage.

Richmond, V., Davis, L., Saylor, K., & McCrosley, J. (1984). Power strategies in organizations: Communication techniques and message. *Human Communication Research, 11*, 85-108.

Sacks, H., Schegloff, E. A., & Jefferson, G. (1978). A simplest systematics for the organization of turn taking for conversation. In J. Schenkein (Ed.), *Studies in the organization of conversational interaction*. NY: Academic Press.

Smircich, L., & Calás M. B.(1987). Organizational culture: A critical assessment. In F. M. Jablin, L. L. Putnam, K. H., Roberts, & L. W. Porter (Eds.), *Handbook of organizational communication: An interdisciplinary perspective*. Newbary Park, CA: Sage.

Smith, R. C. (1992). Images of organizational communication: Root-metaphors of the organization-communication relation. In the annual conference of ICA.

Taylor, J. R. (1993). *Rethinking the theory of organizational communication: How to read an organization*. Norwood, NJ: Ablex.

Taylor, J. R. (1995). Shifting from a heteronymous to an autonomous worldview of organizational communication: Communication theory on the cusp. *Communication Theory, 5*(1), 1-35.

Taylor, J. R., Cooren, F., Giroux, N., & Robichaud, D. (1996). The communicational basis of organization and the text. *Communication Theory, 6*(1), 1-39.

Varela, F. J. (1989). *Principles of biological autonomy*. NY: Elsevier.

Weick, K. E. (1979). *The social psychology of organizing* (2nd ed.). Redding, MA: Addison-Wesley.

Chapter **10**

從素養到學養——再思組織傳播在華人社會的實踐與發展[*]

[*] 本章內容改寫自秦琍琍（2009）。〈從素養到學養——再思組織傳播在台灣的實踐與發展〉。中華傳播學會2009年會。新竹：玄奘大學。

第一節　實踐社群與組織素養

　　本書源／緣起於「驚奇」與「提問」，希望在書寫的過程中，回應與思考關乎自身的「組織傳播學之於自我人生意味著什麼？」關於社會的「組織傳播學之於社會的其他人有何意義與幫助？」以及關於學術建制的「華人社會能有自己的組織傳播學嗎？」等問題。在這個梳理與反思的過程，種種的努力並非只為尋求完美的答案，而是期待在不斷詮釋著意義、關係與嘗試著發聲、對話的過程中，能為自己安身立命的學術領域拓展出新的可能性。

　　這數十年來，組織傳播學在華人社會的發展，經歷了發酵、分歧以及建制的種種過程。本章則提出素養、學養與修養三個層次的視野，為組織傳播在華人社會的實踐與發展提出新方向。從素養開始的原因是，近年來包括管理學院在內的其他學門，紛紛開設組織溝通相關課程，這除了說明組織傳播是個跨領域的研究範疇外，也說明其在今日社會中的重要性；此外，相關研究與業界調查也顯示，企業組織在徵求人才時，都會將溝通能力列為主要的審核項目之一。

　　既然有效的溝通與互動是新世紀職場人才所必須具備的基本能力，組織傳播學的內涵也應被視為是現代社會公民須具備的一種素養。這種從傳播觀點所提出的「組織素養」，不同於從管理者角度出發，以提高組織效益為基本前提，並關懷如何有效激勵與掌控的傳統管理學及組織學的實證觀點，因為「組織素養」的概念，乃是視傳播為組織建構與再建構的核心過程，因此，當組織成員越能掌握傳播時，則越能因應組織中各種角色的扮演與轉變，以建立關係、完成任務、達成目標、共享意義或是形塑文化。

　　如此，則組織傳播學應關注個體與群體如何超越結構的束縛與限制，而創制實踐的形式以達成多重的想望與目標。Brown和Duguid

（1991）認為應將組織視為是實踐社群（community of practice），以解決個人主體性與組織結構性的對峙。實踐社群強調人類行為與社會情境之間的合作，雖然「社群」原有地域之意，指特定地理位置的一群人，但更深層的內涵則為一種特殊的社會關係，這種關係包含了持續的互動、共同的興趣、相互依賴與歸屬的認同感，以致能夠形塑特定的價值文化體系，並存於參與者心中；另一方面，「實踐」則是指這一群人因有共同利益與願景，而形成對彼此工作有幫助之共同目標，如此方有實踐的意涵（林宜瑄、李鴻志譯，2003）。

　　實踐社群的形成需要社群成員在工作實務之中進行互動，Lave和Wenger（1991）更進一步指出，實踐社群乃組織知識存在的情境本身，對於成員理解組織傳統與文化十分重要，如此，從組織學習的角度來看，則任何組織成員皆須具備知道在何時、何處、該與何人進行什麼樣互動的能力，這種參與社會情境並學習所產生的知識能力就是素養。

　　「素養」（literacy）原是指一種有教養的、文明的、能讀能寫、能辨別好壞的能力。如此，則某種程度上它代表了能區分「較精緻的」與「較粗糙的」識別能力。Hoggart（1900）在其《素養的運用》（*The Use of Literacy*）中，強調運用好的素養足以讓人辨識生活的真實樣貌，而在傳播領域中亦逐漸注重所謂的「識讀能力」（literacy），像是Postman（1983）在《童年的消失》（*The Disappearance of Childhood*）中呼籲面對巨變的媒體環境應該持有的能力之培養。將此概念移植到組織傳播學中，則在當代的組織生活中亟需要培養一種能夠運用、辨識、學習與實踐自身所處之組織環境的能力，這即是所謂的「組織素養」。

　　當組織中的個人能藉由學習以掌握與生活世界的關係，為自己做出生活中更具有主權的抉擇時，那麼從過去、現在與未來時間序列的意義上來看，個體的存在便從過去的單調穩定，到現在的無奈掙扎，轉而邁向開放式的未來，使得主體在此時被賦予了積極的能動性。植基於此，當「組織素養」之概念落實在教學時，其教育目標除了傳授包括人類傳

播、組織與管理理論、組織行為與組織傳播學在內的相關學說與技巧外，更應在社會感知、訊息設計、互動管理與倫理責任等四個方面的能力培養，以提升學生的知覺。

一、社會感知能力的培養

這是指能在組織場域中感知他人與社會情境的能力。此能力始於對自我感受的理解，而延伸至理解與同理他人，以及對組織真實的認知。此種知覺能力（cognitive ability）融合了Littlejohn和Jabusch（1982）所提，對於傳播過程的理解力和人際互動的敏感度。換言之，此知覺除讓個體能思維其在組織互動中個人的參與外，並能夠瞭解與其互動的他人、辨識組織系統的規則，以及決定如何參與組織系統和互動過程。尤其是今日組織中任何工作，都有著情緒勞動（Hochschild, 1983）的痕跡與情緒展現的規範，而社會感知的培養，除了強調自我情緒商數（EQ）外，也能因著對他人的同理心和合適互動規範的選擇，而讓個人與組織同蒙其利；在面對急遽變遷的當代組織生活時，社會感知能力的提升，也意味著自我反思與調適能力的強化。

二、訊息設計能力的培養

組織中的傳播結構（organizational communication structure）乃是組織傳播學的重點，組織中無論正式或非正式的溝通，都承載了如何執行工作、解決問題、協調合作，激勵士氣，或是建立文化等工具性、政治性與關係性的功能。因此，如何產製和傳達訊息都是組織與個人能否達成目標的重要因素，而此種能力的培養則近似於語藝敏感度（rhetorical sensitivity）（Hart, Carlson, & Eadie, 1980，轉引自Littlejohn & Jabusch, 1982）的概念，聚焦於是否能根據聽者做調整，而非以說者自我為中

心。而在當代複雜的組織結構中，並非所有的互動皆是理性、線性與系統性的，因此訊息設計能力的培養，也意味著組織成員對於組織中種種充滿了政治角力與暗昧不明的「檯面下」的訊息能有所掌握。

三、互動管理能力的培養

由於組織的互動有著工具性、政治性與關係性的功能，因此無論是內部的人際與小團體溝通，或是對外的跨組織與公眾溝通，都可以從Daniels等人（1997）所提的策略傳播（strategic communication）之概念來看。策略傳播的概念凸顯組織溝通是個全方位（transactional）與多功能的互動過程，因此能管理互動流暢進行的能力自然極為重要。

另一方面，Eisenberg等人（2007）則指出組織即是對話（organization as dialogue），其中建構認同與社群的基本概念即是自我、他人與情境，因此組織如對話意味著平等與平衡的溝通，其實踐除參與者能擁有平等的權力與機會發聲外，所進行的會話亦必須是移情（empathic）與真實的（real）；亦即是如Buber（1958, 1965）所建議的「自我─他者」（I-Thou）間關係的概念來思考（轉引自Arnett, 2004），在對話中的每一分子都有責任，也必須尊重對方的主體性與世界觀，如此方能在組織的多重情境中認識自我與他人，並得以學習和成長。當然，Eisenberg等人也承認這樣的理想未必容易實現，但互動管理能力的培養，顯然可以幫助我們朝此理想邁進。

四、倫理責任能力的培養

倫理責任（ethical responsibility）即Hart等人（1980）所提的互動意識（interaction consciousness）（轉引自Littlejohn & Jabusch, 1982），亦即互動的參與者是否有意願在此過程中分擔責任，並致力於維護自我與他

人的權益和福祉。這其實是態度的養成，當我們越有互動意識時，我們就越容易在每天的組織溝通中，達到利己與利他的平衡。在組織實務中，許多的商業決策都牽扯到倫理的抉擇，傳播行為顯然會是任何倫理爭議的外顯（Redding, 1991），這可以從應徵面試時對個人先前工作經驗是否據實以告，到企業組織是否具有社會責任等微觀與鉅觀的面向得知。倫理責任亦可以視為是一種自我超越（personal mastery）能力的培養，成功的組織生活應該不是只把事情做對，而是能做出利人利己的正確事情。

上述能力並非只指出當代組織成員應該做什麼（what people do）的技巧面行為，而是包含了應該如何去做（how people do it）的倫理面與知識面向的行動。透過這些能力的培養，方能讓組織中的個人較輕鬆、明晰地在結構與能動中掌握行動原則。因為，組織生活是一連串具有互動意義的細緻活動，而組織素養的培養啟蒙了組織成員對於自我行動的關注，以及如何在傳播過程中聯繫出組織的整合作用，故而組織素養的概念，指的並非個體的行為或是技能，而是關乎個體人格特質與態度的作為。

如此，則無論是組織中的情感面向、文化與認定，甚至是倫理與道德的維繫，都指涉了組織素養在當代的重要性。然而其之所以重要，並非只是一種解決問題的理性思維或科學性的知識，而是一種「知於行中」（knowing-in-action）的實踐與反思。這樣一來，這種實踐與反思的能力不僅能扣連個體與組織，亦能跨越不同的專業與職業。

第二節　組織學養——組織傳播在華人社會的學術發展與契機

如果說「素養」強調的是一種人類本質素樸性的彰顯，像是本來就應該有，只是在世界的變動中被拭去了，那麼「學養」（learned wisdom）所注重的便是知識學習與深化的過程。把「組織素養」進一步

地詮釋為「組織學養」，是要將屬於相對較穩定的素質與能力要求，提升到較為動態的、全面的、多元的、跨界的彈性狀態，以面對更加變動的組織生活世界，因此，包括組織成員、組織本身，甚至是組織研究者都應投身學習的過程。而當身處華人社會中組織傳播這個正在生成（becoming）的研究領域時，研究者其實必須持續地反思，以保持彈性的研究視野，並盡可能的將其在科技快速發展與文化多元共存的當代延展開來。

　　因此，儘管仍缺一方沃土，但回顧與展望華人社會組織傳播學門的發展，仍可以從科技、文化、論述與實踐四個面向來勾勒，因為這些面向本身就蘊含著跨學門／學域間的對話與知識的統整。

一、從科技的面向來看

　　傳播科技的發展不僅改變了現代組織的形貌，也改變了組織成員對內與對外的傳播行為、模式、方法與使用的媒介，因此，從人際、團體、組織與跨組織等層次中，探究傳播科技之於組織成員訊息處理過程、語藝形塑、關係發展、組織認同、文化建構，以及對外部環境溝通等議題的影響與現狀，實有其重要性與迫切性。

　　特別是網際網路的發展，對於組織管理者與成員的影響，可以從兩個面向進一步的探討：(1)由於網際網路的發達與電腦仲介互動的頻繁，許多組織的運作、監督和表現評估都已電腦化，這固然提高了管理效率，但也對組織機密的控管、員工隱私權的保障，以及智慧財產權的維護等議題造成衝擊；(2)科技的發展使得虛擬辦公室、虛擬團隊成為可能，許多員工雖然每天一起工作，卻可能沒有或是甚少見過面，這樣的工作型態雖然跨越了時間與空間的障礙，但也可能因為電腦仲介傳播，而形成不同的人際互動模式與關係。

　　無論科技如何發展，傳播的本質依然是我們藉以創造，並維繫個體存在，以及與他人共享世界的過程，而我們所處的也仍然是個經由傳播所

建構與存有的世界，但在本土組織情境中，傳播科技的使用與影響，顯然也是個需要關切的面向。

二、從文化的面向來看

在全球化浪潮的席捲下，組織文化相關議題更為凸顯，因為文化的建構、認同、展現、解讀與批判等，都必須在本土的組織情境下進行；然而部分研究，仍習慣從西方族群中心主義（ethnocentric）或是父權的（patriarchal）的觀點出發，忽略了不同性別、族群與世代的聲音，因此主位取徑（emic approach）的民族誌研究有其重要性，也能為華人社會的組織傳播學拓展更多元的視野。

而凝聚華人社會組織文化研究的成果，除了可以經由紮根理論的發展而建構在地，甚至更巨型的知識理論外，對於實務亦有極大的幫助。從華人社會組織的發展來看，組織文化研究可延伸至兩個方向：(1)文化與組織認同的相關研究：組織認同是個組織對其自我概念界定的過程，乃為組織建構文化的重要基礎，當組織將所定位的自我概念與文化意涵，透過語言符號的運作與策略性的溝通，以對內建立整合的認知，並對外部進行形象塑造時，則除了能使內部成員產生組織認同外（Dutton, Dukerich, & Harquail, 1994），亦能在社會上累積企業聲望（Scott & Lane, 2000），提高組織競爭力；(2)文化與組織同化（organizational assimilation）的相關研究：組織同化過程是新成員理解、學習與融入組織文化的過程，Jablin（1987）認為同化是個雙重進行的過程，一方面組織會運用各種方法來社會化個體，另一方面當個體融入組織後亦會逐漸出現個人化的行為。此概念的探究，將有助於對華人社會職場新世代的理解與領導。

三、從論述的面向來看

此概念在於視組織如文本般檢視，可以從兩方面思考華人社會組織傳播研究未來的走向，其一是將傳統語藝研究與論述分析中的語用（pragmatics）、言詞行動論（speech act theory）、會話分析（conversational analysis）等方法結合，使語藝從以往強調分析公共演說的文本研究，延伸到可以運用在各種組織傳播情境的互動性分析，國外近年已有這類的研究（Grant et al., 2004）。其次，由於論述強調語言的使用（language in use），自然將我們對傳播的關懷轉到實踐的面向上，這種對於日常言說行動（talk-in-action）的探討，有助於我們對於組織溝通中的意義協商、互文性、認知以及反思性有更多的瞭解。

四、從實踐的面向來看

重視實踐為傳播研究的重要內涵（Craig, 1993, 2006），而實踐亦必須具有相關理論的基礎，因此，華人組織傳播學者除應建構更多關於規範和倫理等面向的實務性理論外，更應透過組織傳播教育的體現，反思知識實踐的可能性，這即是本章一開始所提「組織素養」的概念。

如果我們想要成為優質組織人，並能夠真正的樂在工作中，我們確實應該瞭解與重視組織傳播學，這意味著組織傳播教育的目標不只在傳遞知識與培養技能，而是在於如Eisenberg和Goodall（2004）所建議，以「用心」（mindfulness）來實踐組織傳播，簡單說，就是在任何的溝通互動中，我們必須對人、對事與對物都要能知覺與自覺。換言之，我們應深切意識到組織中的溝通互動是兼具了目的性與策略性的行動，因此「用心的傳播」（mindful communication），不僅要傳播知識和技能，更要具備溝通倫理和自我節制，如此，我們為人處世才會有道德感，也才有可能建立正直良善的組織。透過組織素養與學養的建立與養成，我們才有

可能在自治與控制、獨立與依賴、創意與局限，以及彰顯自我與順從群體間拉扯的組織生活中，尋獲一個利己與利他的平衡點。

第三節　修養與連結

　　社會學者葉啟政近年因著對結構—行動困境之反思，提出了「修養」的思維。他呼應日本社會思想家青井和夫的論述：「我們也認為只要變革社會經濟體制，就會自然而然地成為嶄新的人的類型，其實似乎並非如此。只要我們停留在『日常生活世界』的境地，僅靠變革社會就不可能塑造出更高層的人來。」（青井和夫，2002，頁173，轉引自葉啟政，2008）他指出，我們若要在日常生活中得到層次的提升，必須要經過「修養」的。因此，本章結尾試圖再將「素養」與「學養」往上挪移到「修養」的層次[1]。

　　此處的「修養」，並非西方社會哲學中所強調的人與命運結構的對立或抵抗，而是強調在個體化趨勢的當代，以「修養」這個源自人本身的努力過程，證成人之主體能動性之可能（葉啟政，2008）。與其呼應的，則是組織傳播學者Linstead的說法，他將組織生活比喻為一系列被動與主動的讀寫活動，如此，則組織成員既是讀者也是作者，終其一生在巨大的互文結構中書寫著「自傳」——邊讀邊寫，書寫自己也書寫他人，閱讀自我也閱讀組織（Linstead, 2001）。這亦表明了一種主體在組織中綿延的生成（becoming）過程。生成是在亦步亦趨的實踐中一連串之學習，令具有修養的組織人在主體的學習過程中，主動地連結起多元、流動、層疊的複雜世界。

　　而從此觀點再去思考組織學養與素養，則是進行二度反思。組織傳

---

[1] 感謝世新大學傳播研究所博士生李長潔對本章提供的意見，包括對素養的想像與到修養層次的可能。

播學的發展歷經實證、詮釋、批判，乃至後現代等論點的流變，主要起因於行動─結構、個體─集體，以及自主─限制等二元對峙的困境中。這樣的對峙固然帶來了典範與論點的分裂，自然也呈現出在知識論與本體論上對於何謂組織以及何謂傳播的歧異。然而，本章從素養、學養，乃至修養的思維來看組織傳播，其實是跳脫了傳統對於「學門」的定見來討論，而是以一種新的視野來看待這個學術領域的存有。

這個視野乃是將行動─結構、個體─集體，以及自主─限制的概念從對峙消融為連結，並產生新的相互聯繫關係（interrelationships）。這樣一來，也讓我們有一個共同點（common ground）得以兼容並蓄多元的論點與取徑；更重要的是，這樣的思維將喚起努力連結的意識，這也即是本書一開頭所言，「組織」既非人之作為的無條件產物，也並非獨立於人的作為而存在著，因此人類組織生活的內涵，乃透過「傳播」在個體的自我展現／創意，以及社群的框架／局限中尋求平衡與契機。若從傳播的觀點出發將組織視為對話（Eisenberg & Goodall, 2004; Eisenberg, Goodall, & Trethewey, 2007），並透過組織素養與學養的養成，使得新世代的組織成員都能有知識、能力和權力，也有意願用心去進行對話，那麼理想的組織傳播與平衡的組織生活才有可能發生，因為對話是我們定義自我、認識他人、建構真實，以及賦予意義的最基本過程（Evered & Tannenbaum, 1992）。換言之，對話不僅是形成自我的實踐過程，也是連結的開始。

Foucault後期的研究在其「生存之美學」（an aesthetics of existence）中所展現的，乃是一種從關懷自身，到省察他者，而至一種普遍性社會實踐的概念（高宣揚，2004；許宏儒，2007；蔡慶樺，2005），這種類似「自身修養」、「自身實踐」與「自身轉化」的概念（蔡慶樺，2005），強調行動與互動，乃至反思與創新的作為，其實是回歸了人的主體與存在。研究Foucault的學者Gros（1996）就曾說過，關懷自身不僅僅只是以哲學生活方式來顯示其特性，而似乎是重新覆蓋了一種更為普遍的社會實踐（轉引自何乏筆、楊凱麟、龔卓軍，2006）。

　　本書的產生，毋寧也可以說是一系列對於自身關懷與實踐的過程。從思考與剖析「組織傳播學之於自我人生意味著什麼？」開始，在自我形塑的過程中，其實隱含了意欲透過論述逾越與逃離既有學術權力所規範的定義與價值，並透過個體化達到自由的狀態；而關懷自身涉及到的是安身立命與立身處世的態度，這種態度除了關乎自己還會涉及到他者，這也是提問「組織傳播學之於這個社會的其他人有何意義與幫助？」的原因。關懷自身本來就是要讓主體與社會發生關係，這也凸顯了組織傳播學核心的關懷，乃在於人與人是如何在組織脈絡中扣連的；在這個過程中也必須要有所實踐，意味進入社會與世界中，這就帶出了「華人社會能有自己的組織傳播學嗎？」第三個問題，因為他者的介入與世界的牽連必然引出了教育關係，我們如何產出並傳遞在地的知識，以幫助自我、引領他人，並讓每個主體能夠運作與生存，不正是完善了這個實踐的過程。

 ## 第四節　未盡之語

　　一直認為，組織傳播學不只是關乎組織中的傳播行為，而是彰顯人們如何在組織中透過符號互動來展現人心與人性，以及建構真實與文化的。書寫的過程，既是一系列生成／展現／實踐自我的過程，也是描繪／詮釋／界定研究者、被研究者、學門、組織與所處社會及彼此間關係的過程，從行動者到實踐場域的一路梳理，是蘊含著對當下生活世界建構一個知識框架以解決種種問題的企圖，這也是本書取名「重・返實踐」之意。

　　走筆至此，實在未能就此結語，因為本書彰顯的是在地／迸生的知識，好讓我們能知其所以然的更貼近真實。既然並非強調放諸四海皆準的律則，那麼結語就不適合線性的、目的論的知識構築，只希望能啟發讀者從新的視野與思維看待組織傳播。就如每個不完美的個體一般，這是個並不完善仍在發展的學域，但在書寫、對話、行動中，新的知識、概念與實

踐也在延續生成中，這，不也是一種知識的豐美與溝通的喜悅！

 **參考文獻**

中文部分

何乏筆、楊凱麟、龔卓軍（2006）。《傅柯考》。台北：麥田。

林宜瑄、李鴻志譯（2003）。《知識優勢》。台北：遠流。原書為 Rudy Ruggles & Dan Holtshouse (Ed.) (1999). *The knowledge advantage.* Dover, NH: Capstone.

高宣揚（2004）。《傅科的生存美學》。台北：五南。

秦琍琍（2006）。〈建構／解構組織──現代主義、後現代主義、與組織傳播學研究的再思〉。《傳播研究的傳承與創新》，台北：世新大學。

許宏儒（2007）。〈自身、他者與教育：傅柯的「關懷自身」概念與他者之間的關係〉。《台東大學教育學報》，18(2)，105-130。

葉啟政（2008）。《邁向修養社會學》。台北：三民。

蔡慶樺（2005）。〈重拾主體──傅柯與泰勒的倫理自我〉。第一屆台東大學人文藝術研討會。台東大學。

英文部分

Alvesson, M., & Kärreman, D. (2000). Taking the linguistic turn in organizational research: Challenges, responses, consequences. *The Journal of Applied Behavioral Science, 36*(2), 136-158.

Alvesson, M., & Willmott, H. (1992). On the idea of emancipation in management and organization studies. *Academy of Management Review, 17,* 432-464.

Arnett, R. C. (2004). Dialogic ethic "between" Buber and Levinas. In R. Anderson, L. A. Baxter, & K. N. Cissna (Eds.), *Dialogue: Theorizing difference in communication studies* (pp. 75-90). Thousand Oaks, CA: Sage.

Baxter, L. A. (2004). Dialogues of relating. In R. Anderson, L. A. Baxter, & K. N. Cissna

(Eds.), *Dialogue: Theorizing difference in communication studies* (pp. 107-124). Thousand Oaks, CA: Sage.

Bergson, H (1911/1992). *The creative mind*. New York: Citadel Press.

Boje, D. M. (1991). The storytelling organization: A study of performance in an office supply firm. *Administrative Science Quarterly, 36*, 106-126.

Broadfoot, K. J., & Munshi, D. (2007). Diverse voices and alternative rationalities: Imagining forms of postcolonial organizational communication. *Management Communication Quarterly, 21*, 249-267.

Broekstra, G. (1998). An organization is a conversation. In D. Grant, T. Keenoy, & C. Oswick (Eds.), *Discourse and organization*. Thousand Oaks, CA: Sage.

Brown, J. S., & Duguid, P. (1991). Organizational learning and communities of practice: Towards a unified view of working, learning, and innovation. *Organization Science, 2*, 40-57.

Burrell, G. (1998). Modernism, postmodernism and organizational analysis: The contribution of Michel Foucault. In A. McKinlay & K. Starkey (Eds), *Managing Foucault: Management and organization theory*. Thousand Oaks, CA: Sage.

Carey, J. W. (1989). *Communication as culture: Essays on media and society*. Winchester, MA: Unwin Hyman.

Carlone, D., & Taylor, B. (1998). Organizational communication and cultural studies: A review essay. *Communication Theory, 8*(3), 337-367.

Cheney, G. (2000). Thinking differently about organizational communication: Why, how, and wnere? *Management Communication Quarterly, 14*(1), 132-141.

Chia, R. (2003). Organization theory as postmodern science. In H. Tsoukas & C. Knudsen (Eds.), *The Oxford handbook of organization theory: Meta-theoretical perspectives* (pp. 113-140). London: Oxford University Press.

Craig, R. T. (1993). Why are there so many communication theory? *Journal of Communication, 43*(3), 26-33.

Craig, R. T. (1999). Communication theory as a field. *Communication Theory, 9*, 119-161.

Craig, R. T. (2006). Communication as a practice. In G. J. Shepherd, J. St. John, & T. Striphas (Eds.), *Communication as ……: Perspectives on theory* (pp. 38-47).

Thousand Oaks, CA: Sage.

Cousins, M., & Hussian, A. (1984). *Michel Foucault*. London: Macmillan.

Daniels, T. D., Spiker, B. K., & Papa, M. J. (1997). *Perspectives on organizational communication* (4th ed). Madison, MI: Brown & Benchmark Press.

Deetz, S. A. (1982). Critical interpretive research in organizational communication. *Western Journal of Speech Communication, 46,* 131-149.

Deetz, S. A. (1992). *Democracy in an age of corporate colonization: Developments in communication and the politics of everyday life*. Albany, NY: State University of New York Press.

Deetz, S. A. (1994). Future of the discipline: The challenges, the research, and the social contribution. In S.A. Deetz (Ed.), *Communication yearbook 17* (pp. 565-600). Thousand Oaks, CA: Sage.

Deleuze, Gilles.(2003). *Proust et les signes*. Universitaires de France.

Dryberg, T. (1997). *The circular structure of power: Politics, identity and community*. London: Verso.

Dutton, J. E., Dukerich, J. M., & Harquail, C. V. (1994). Organizational images and member identification. *Administrative Science Quarterly, 39,* 239-263.

Eisenberg, E. M., & Goodall, H. L., Jr. (2001). *Organizational communication: Balancing creativity and constraint* (3rd ed.). New York: St. Martin's Press.

Eisenberg, E. M., & Goodall , H. L., Jr. (2004). *Organizational communication: Balancing creativity and constraint* (4th ed.). NY: Bedford/St. Martin's.

Eisenberg, E. M., Goodall, H. L. Jr., & Trethewey, A. (2007). *Organizational communication: Balancing creativity and constraint* (5th ed.). Boston, MA: Bedford/ St. Martin's.

Evered, R., & Tannenbaum, R. (1992). A dialog on dialog. *Journal of Management Inquiry, 1,* 43-55.

Gabriel, Y. (2004). Narratives, stories, and texts. In D. Grant, C. Hardy, C. Oswick & L. Putnam (Eds.), *The SAGE handbook of organizational discourse* (pp. 61-77). London: Sage.

Giddens, A. (1991). *Modernity and self-Identity: Self and society in the late modern*. London: Polity Press.

Grant, D., Hardy, C., Oswick, C., & Putnam, L. (2004). *Handbook of organizational discourse*. Thousand Oaks, CA: Sage.

Hochschild, A. (1983). *The managed heart*. Berkeley, University of California Press.

Holquist, M. (1990). *Dialogism: Bakhtin and his world*. NY: Routledge.

Hoggart, R. (1990). *The use of literacy*. Harmondsworth: Penguin.

Jablin, F. (1987). Organizational entry, assimilation, and exit. In F. Jablin, L. Putnam, K. Roberts, & G. Miller (Eds.), *Handbook of organizational communication* (pp. 615-654). Newbury, CA: Sage.

Jameson, F. (1993). *Postmodernism or the cultural logic of late capitalism*. Duke University Press.

Johnson, G. (1987). Commentary on chapter I. In A. Pettigrew (Ed.), *The management of strategic change*. Oxford: Basil Blackwell.

Lave, J. & Wenger, E. (1991). *Situated learning: Legimate periperal participation*. Cambridge: Cambridge University Press.

Linstead, S. (2001). Rhetoric and organizational control: A framework for analysis. In R. Westwood & S. Linstead (Eds.), *The language of organization*. Thousand Oaks, CA: Sage.

Littlejohn, S. W., & Jabusch, D. (1982). Communication compentence: Models and application. *Journal of Applied Communication Research, 10*(1), 29-37.

Morgan, G. (1986). *Images of organization*. Beverly Hills, CA: Sage.

Mumby, D. K. (1988). *Communication and power in organizations: Discourse, ideology, and domination*. Norwood, NJ: Ablex.

Mumby, D. K. (1993). Feminism and the critique of organizational communication studies. In S. A. Deetz (Ed.), *Communication yearbook 16*. Newbury Park, CA: Sage.

Mumby, D. K., & Clair, R. (1997). Organizational discourse, In T. A. van Dijk (Ed.), *Discourse as structure and process, vol. 2*. London: Sage.

Mumby, D. K., & Stohl, C. (1998). Commentary feminist perspectives on organizational communication. *Management Communication Quarterly, 11*(4), 622-634.

Mumby, D. K., & Stohl, C. (2007). (Re)disciplining organizational communication studies. *Management Communication Quarterly, 21*(2), 268-280.

Parker, M. (1992). Post-moder organizationas or postmodern organization theory. *Organization Studies, 13*(1), 1-17.

Postman, N. (1983). *The disappearance of childhood.* London: W. H. Allen.

Redding, W. C. (1991). *Unethical messages in the organizational context.* Paper presented at the Annual Conference of the International Communication Association, Chicago.

Reed, M. (2003). The agency/structure dilemma in organization theory: Open doors and brick walls. In H. Tsoukas & C. Knudsen (Eds.), *The Oxford handbook of organization theory: Meta-theoretical perspectives* (pp. 289-309). Oxford University Press.

Sartre, Jean-Paul.(1976). *L'être et le néant.* Galimard: Saint-Amand.

Scott, S. G., & Lane, V. R. (2000). A stakeholder approach to organizational identity. *Academy of Management Review, 25* (1), 43-62.

Smircich, L., & Calás M. B. (1987).Organizational culture: A critical assessment. In F. M. Jablin, L. L. Putnam, K. H., Roberts, & L. W. Porter (Eds.), *Handbook of organizational communication: An interdisciplinary perspective.* Newbary Park, CA: Sage.

Smith, R. C. (1992). Images of organizational communication: Root-metaphors of the organization-communication relation. In the annual conference of ICA.

Taylor, J. R. (1995). Shifting from a heteronomous to an autonomous worldview of organizational communication: Communication theory on the cusp. *Communication Theory, 5*(1), 1-35.

Tyotard, J. F. (1984). *The postmodern condition: A report on knowledge.* Minneapolis: University of Minnesota Press.

Varela, F. J. (1989). *Principles of biological autonomy.* NY: Elsevier.

Weick, K. E. (1979). *The social psychology of organizing* (2nd ed.). Reading, MA: Addison-Wesley.

Williams, E. D.(2005). *The puzzle of the matrix.* Williamsquire Ltd.

新聞傳播叢書7

重・返實踐——組織傳播理論與研究

作　　者／秦琍琍
出 版 者／威仕曼文化事業股份有限公司
發 行 人／葉忠賢
總 編 輯／閻富萍
執行編輯／吳韻如
地　　址／新北市深坑區北深路三段260號8樓
電　　話／(02)8662-6826
傳　　真／(02)2664-7633
網　　址／http://www.ycrc.com.tw
　E-mail ／service@ycrc.com.tw
印　　刷／鼎易印刷事業股份有限公司
　I S B N ／978-986-6035-02-9
初版一刷／2011年9月
定　　價／新台幣320元

國家圖書館出版品預行編目（CIP）資料

重‧返實踐：組織傳播理論與研究 / 秦琍
琍著. -- 初版. -- 新北市：威仕曼文化,
2011.09
　面 ；　公分. --（新聞傳播叢書；7）
ISBN 978-986-6035-02-9 (平裝)

1.組織傳播

541.831　　　　　　　　100017073